Ben Hecht, geboren am 28. Februar 1894 in New York, ist dort am 18. April 1964 gestorben.

George Grosz, geboren am 26. Juli 1893 in Berlin, ist dort am 6. Juli 1959 gestorben.

Wer die großen Hollywood-Kultfilme wie Howard Hawks' *Scarface* oder Billy Wilders *Front Page* oder Alfred Hitchcocks *Spellbound* kennt, der kennt auch Ben Hecht. Er war *der* Hollywood-Drehbuchschreiber schlechthin, der für fast alle Regisseure in 60 Filmen Ideen, Plots und Dialoge lieferte.

Der im jüdischen Viertel von New York geborene Ben Hecht arbeitete zunächst als Journalist – immer auf der Suche nach der Extrablatt-Geschichte. Er konnte nicht nur glänzend berichten, sondern auch spannend erzählen, und nicht umsonst hieß die 1922 erschienene Sammlung, in der Ben Hecht seine ersten Kurzgeschichten zusammenfaßte, *1001 Afternoons in Chicago*. Er schrieb zahlreiche Erzählungen, Romane und Theaterstücke.

In den zwanziger Jahren lebte er zwei Jahre als Korrespondent in Deutschland. Aus dieser Zeit rührt die Freundschaft mit George Grosz, der die 1941 erschienene Ausgabe *1001 Afternoons in New York* mit über 80 Zeichnungen illustriert hat.

Wie großartig Ben Hecht erzählen kann, genau beobachtet und auf die Pointe präzis formuliert, das zeigen diese oft sozialkritischen Geschichten, die hier erstmals in deutscher Übersetzung vorgelegt werden.

insel taschenbuch 1323
Ben Hecht
1001 Nachmittage
in New York

FOUR Rabbis SPEAK
The fatal Truth
HITLERS LOST CAUS
I WANT TO GO HOME

Ben Hecht

1001 Nachmittage in New York

Aus dem Amerikanischen von
Helga Herborth
Mit Illustrationen von
George Grosz
und einem Vorwort von
Helga Herborth und Karl Riha

Insel Verlag

to Pascal Covici, old friend

insel taschenbuch 1323
Erste Auflage 1992
Deutsche Erstausgabe

Vertrieb durch den Suhrkamp Taschenbuch Verlag
Umschlag nach Entwürfen von Willy Fleckhaus
Satz: MZ-Verlagsdruckerei GmbH, Memmingen
Druck: Nomos Verlagsgesellschaft, Baden-Baden
Printed in Germany

1 2 3 4 5 6 – 97 96 95 94 93 92

Ben Hecht und George Grosz
Zwei Kinder unseres Jahrhunderts

Vorwort von Helga Herborth
und Karl Riha

Sein Name taucht im Abspann alter amerikanischer Filme auf und hat sich auf diese Weise bis heute lebendig gehalten: Ben Hecht war Hollywoods Drehbuchschreiber schlechthin. Für fast alle Regisseure, welche die Kultfilme der untergegangenen Welt des großen Kinos schufen, schrieb Ben Hecht die Szenarien, so zum Beispiel zu Josef von Sternbergs ›Underworld‹ (dt. Titel: Unterwelt), Howard Hawks' ›Scarface‹ (dt. Titel: Narbenhaut), Alfred Hitchcocks ›Spellbound‹ (dt. Titel: Ich kämpfe um dich) und ›Notorious‹ (dt. Titel: Weißes Gift bzw. Berüchtigt) oder Billy Wilders ›Frontpage‹ (dt. Titel: Extrablatt). Insgesamt waren es sechzig Filme, zu denen er die Ideen, Plots und Dialoge lieferte; an fünfzig weiteren Hollywood-Produktionen wirkte er mit, ohne daß sein Name auf der Leinwand erschien.

Den Beinamen ›Shakespeare von Hollywood‹ hat sich Hecht aber nicht allein durch seine illustren Talente im Celluloid-Imperium Hollywoods verdient, vielmehr rief man dort erst nach ihm, als er sich bereits als Journalist und als Autor von über hundert Kurzgeschichten, mehreren Romanen und Theaterstücken einen literarischen Namen gemacht hatte. Diese autonome literarische Seite Ben Hechts ist hierzulande weitgehend unbekannt, wurden doch bislang lediglich das gemeinsam mit Charles Mac Arthur verfaßte Theaterstück ›Reporter‹ und einer seiner Romane ins Deutsche übersetzt. Informiert man sich hingegen über den Aufstieg der amerikanischen ›short story‹ oder schlägt in entsprechenden Verzeichnissen die erfolgreichsten amerikanischen Theaterstücke der Jahre 1929 bis 1945 nach, so wird man immer wieder auf den Namen Ben Hecht gestoßen.

Da die Drehbuchschreiber des Films – anders als die Movie-Stars, denen sie mit ihren Textvorlagen zum Leben auf der Leinwand verhelfen – offensichtlich keine Biographie haben, weiß man auch wenig über das Leben Ben Hechts und seine wechselhaften Stationen: die Reporterzeit im Chicago der ›Roaring Twenties‹, unterbrochen durch eine zweijährige Arbeit als Berliner Zeitungskorrespondent zum Ende des Ersten Weltkriegs und Start in die Weimarer Republik, das Leben in New York und schließlich sein politisches Engagement gegen das Naziregime in Deutschland während des Zweiten Weltkriegs. Dabei hat er sich ausführlich über die wechselhaften Details seines Lebens ausgelassen – in seiner 1954 veröffentlichten Autobiographie ›A child of the century‹ (Ein Kind des Jahrhunderts).

Hecht wurde 1894 im jüdischen Ghetto von New York geboren. Seine frühe Jugend verbrachte er in der Kleinstadt Racine. Als Sechzehnjähriger brach er von dort auf. Drei Tage besuchte er die Universität von Wisconsin, dann wußte er, daß diese Einrichtung nicht sein Metier war. Auf der Suche nach einer Zirkustruppe, der er sich als Trapezkünstler anschließen wollte, reiste er nach Chicago. Vermittelt durch gute Beziehungen eines Onkels zu den lokalen Zeitungsleuten, trat Ben Hecht im Juli 1910 in die Redaktion des ›Chicago Daily Journal‹ ein. Für diese Zeitung durchstreifte er die quirligen Straßen der Stadt und frequentierte ihre offenen und verborgenen Schauplätze: Gerichtssäle, Theater, Irrenhäuser, Todeszellen, Slums, Freudenhäuser und Staatsbankette – immer auf der Suche nach einer ›Extrablatt‹-Geschichte. Chicago war für ihn Fest und Rausch, die wogende Großstadtmasse ein modern-mythisches Ereignis. Die gefallenen Mädchen, die Mörder in ihren Todeszellen, die großen und kleinen Glückssucher – für sie alle hatte er eine immense, durch keine Selbstgerechtigkeit und falsche Moral getrübte Neugier; sie waren ihm Rohstoff für Schlagzeilen und Poesie zugleich, poetisch deshalb, weil in ihnen das Leben pulsierte, auch wenn es manchmal verschlungene Wege durchlief und auf die ›schiefe Bahn‹ geriet.

Ben Hecht war zu dieser Zeit ein leidenschaftlicher Reporter – und ein ebensolcher Bücherleser! Während er mit seinem Notizblock durch die Stadt streifte und darauf wartete, daß ihm dieser oder jener ›arme Schlucker‹ seine Konfessionen diktierte, daß ein plötzliches Feuer ausbrach und in greller Farbe beschrieben sein wollte, daß wieder einmal einer der ›Großen dieser Welt‹ das Zeitliche gesegnet hatte und seiner Zeitungsschlagzeile als Nachruf harrte, standen ihm die ›Helden‹ der Weltliteratur immer zur Seite, kolorierte er seine Chicagoer Typen nach dem Vorbild Scotts, Balzacs oder Dostojewskis. ›1001 Afternoons in Chicago‹ (1001 Nachmittage in Chicago) lautet bezeichnenderweise der Titel jenes Sammelbandes, in dem Hecht seine ersten auf diesem Wege gewonnenen Kurzgeschichten versammelt: hatte er in den Reportagen aus seinem literarischen Talent Nutzen gezogen, so belebte er nun seine literarische Produktion durch den neugierig-respektlosen Reporterblick in die erleuchteten Säle und dunklen Nischen der Großstadt. In seinen Short stories, Romanen, Theaterstücken und nicht zuletzt in seinen Hollywood-Drehbüchern erfährt diese in ihre Gegensätze sich auflösende Welt ihre literarische Wiedergeburt: die Figuren aus Hechts wohl berühmtestem Drehbuch ›Extrablatt‹ – ursprünglich als Bühnendrama verfaßt – sind alle gradlinige Abkömmlinge dieser Reporter-Biographie. Und eben deshalb zog man den Autor später in Hollywood als Kenner der Chicagoer Verhältnisse zu Rate, wenn es darum ging, einem Unterweltkönig die richtigen Worte in den Mund zu legen oder einem Revuegirl eine passende Rolle auf den Leib zu schneidern. – Gleichzeitig schuf er in seinen Romanen den Prototyp des amerikanischen Intellektuellen der ›Twenties‹, jener Narzissusjahre Amerikas, in denen die Reichen auf extravagante Weise reich und die Armen ohne Neid arm waren, denn noch war der große amerikanische Traum vom Reichtum für alle nicht ausgeträumt. Die Jazzwelle überzog die großen Städte,

das Theater blühte und zeigte sich in allen Schattierungen seiner unterhaltenden Möglichkeiten.
Ende des Jahres 1918 schickte die Chicagoer Zeitung ihren Reporter nach Berlin, um von hier aus über das Ende des Krieges und den Umbruch der politischen Verhältnisse in Deutschland zu berichten: so geriet Ben Hecht plötzlich ins Zentrum der Weltpolitik. An einem kalten Novembertag traf er in Berlin ein, drei Tage vor dem Ausbruch der Revolution. Er sprach kaum Deutsch, kannte lediglich ein paar Namen deutscher Dichter: sein Hauptinformant der ersten Berliner Tage wurde ein englischsprechender Kellner des Hotels ›Adlon‹, in dem er Quartier bezogen hatte. Trotzdem kam er, der sich zudem für Politik bis dahin nicht sonderlich interessiert hatte, zu erstaunlichen Einsichten. Er betrachtete die Revolution als eine Spielwiese, auf der sich bald ganz andere Protagonisten tummeln würden; im Hintergrund sah er die ungebrochene Macht des preußischen Militärs und Junkertums, auf die man bald wieder rekurrieren würde, um das ›Gespenst des Bolschewismus‹ zu verjagen. Hecht übermittelte diese Beobachtungen seiner Chicagoer Zeitung und erhielt prompt den Verweis, statt solcher Philosophien doch besser ›harte Fakten‹ zu berichten. Als er dem folgte und dann tatsächlich Tatsachen festhielt, so etwa die Erschießung unbewaffneter Aufständischer im Moabiter Gefängnis, wurde er noch selbigen Tages von den deutschen Behörden aufgefordert, das Land bis Mitternacht zu verlassen: er versteckte sich jedoch bis zur Ausrufung der Weimarer Republik in Berlin – danach wurde seine Ausweisung aufgehoben.
Das Nachkriegs- und Aufbruchs-Berlin um 1920 konnte den Amerikaner Ben Hecht nur in Grenzen beeindrucken: Verglichen mit seiner Chicagoer Welt und Halbwelt blieb ihm die deutsche Metropole doch nur ein schaler Ersatz. Selbst den wilden Aktionen der Avantgarde, der Kunst-Antikunst-Programmatik der Berliner Dadaisten stand er fremd gegenüber,

aber deren Akteure gewannen seine Sympathie, allen voran der Zeichner und Karikaturist George Grosz: ihn lernte er gleich während seiner ersten Berliner Tage kennen, mit ihm frequentierte er Kneipen, Kabaretts und Maler-Ateliers und ließ sich durch ihn in die Wirbel der hier politisch akzentuierten Dada-Bewegung hineinziehen. Grosz widmete dieser Begegnung einen kurzen, aber informativen Abschnitt in seiner Autobiographie ›Ein kleines Ja und ein großes Nein‹ (englische Ausgabe 1946, deutsche Ausgabe 1955) – dort hält er fest:

»Mit Daimonides (d.i. Karl Döhmann alias Edgar Firn) ging ich eines Abends ins Hotel Adlon; das war 1919 das Hauptquartier der amerikanischen Journalisten. Es war eine ›party‹ im Gange. Der Gastgeber, der Benny genannt wurde, saß mit untergeschlagenen Beinen auf dem Klavier und spielte auf seiner Geige: ›Everybody shimmies now –‹. Seine Frau begleitete ihn. Überall standen Gläser und stummelgefüllte Aschenbecher; auf dem Tisch standen Havannas, Zigaretten, zwei langhalsige Rheinweinflaschen auf Eis, eine viertelvolle Flasche Black & White und eine Flasche Kognak. Von einer Riesenblechdose beim Klavier hieß es, sie enthielte Schiffszwieback. (In Deutschland war noch alles rationiert). Später wurden Taxis bestellt, und wir fuhren alle in ein geheimes Tanzlokal an der Weidendammer Brücke; gegen vier dirigierte Benny dort die Salonkapelle und instruierte den Klavierspieler im Ragtime.

Dieser Amerikaner hieß Ben Hecht und war vielleicht der erste, der nach dem Krieg nach Berlin kam außer den Militärs von der Ententekommission. Eine große amerikanische Zeitung bezahlte ihm viele Dollars, um an Ort und Stelle zu sehen, ob wir wirklich so scheußlich seien, wie Raemaekers uns abgemalt hatte, und ob unsere neue Republik auch eine richtige Republik sei und kein neuer Trick des deutschen Generalstabs. (...)

Wir waren bald gute Freunde. Er nahm als Ehrengast an einer berühmten Dadaveranstaltung teil: einem Wettrennen zwischen 6 Schreibmaschinen und 6 Nähmaschinen, verbunden mit einem Schimpfturnier. An diesem Abend wurde ihm auch die ›Uhrkunde‹ eines ›Ehrendada‹ verliehen – ein schwarz angemaltes, zur Hälfte mit Sand gefülltes Bierseidel; doch bei der jeder Dadaaufführung folgenden Schlägerei zwischen Dadaisten und empörten Zuhörern wurde das Symbol dem zusehenden Ben entrissen und als Hiebwaffe benutzt, wobei es leider in Scherben ging. Ein neues Ehrenbierseidel durften wir Ben nicht geben; nach den strengen, im Dadacon niedergelegten Regeln der Bewegung konnte das erst nach einer Zeit von fünfundsechzig Jahren geschehen ...
Das Dadacon wurde später Ben zum Kauf angeboten, zu dem außerordentlich billigen Preise von 25 000 Dollar. Er wollte aber nur die Hälfte bezahlen, und nach langem Hin und Her zerschlug sich das Geschäft. Das Dadacon soll schließlich vom Oberdada in der Nähe seines Hauses in Lichterfelde-Ost vergraben worden sein.
Ben Hecht ging nach Chicago zurück, schrieb erfolgreiche Bücher, verachtete den Literaturbetrieb, wandte sich zum Film und wurde einer der höchstbezahlten Drehbuchautoren Amerikas, mit dem Beinamen ›der Shakespeare von Hollywood‹. Wenn ich von Jahr zu Jahr einmal mit ihm zusammenkomme, tauschen wir immer erst ein paar Erinnerungen an Berlin aus – an das verrückte, verkommene, phantastische Berlin gleich nach dem ersten Kriege.«
Gelegenheit dazu war gegeben, als sich Grosz – nach einer Gasteinladung im Jahr zuvor – 1933 dem drohenden Zugriff der Nationalsozialisten entzog und nach Amerika emigrierte: er war sich sicher, daß er in Deutschland »nicht lebend davongekommen wäre«. Die reale Begegnung und Auseinandersetzung mit dem ›neuen Kontinent‹ hatte dabei für ihn eine interessante Erlebnis-Vorgeschichte: Wir wissen, daß er

an die Wände seines Berliner Ateliers die Skyline von New York skizziert hatte und seine Gäste in amerikanischem Habit mit ›amerikanischer Pose‹ zu begrüßen pflegte. Die amerikanische Metropole taucht in seinen frühen Zeichnungen auf – zum Beispiel als ›New Yorker Vision‹ des Jahres 1915 – und so auch in seinen expressionistischen Gedichten, mit denen er im Kreis um die von Franz Jung herausgegebene Zeitschrift ›Neue Jugend‹ hervortrat:

»Turbulenz der Welt!
Liebe Freunde! – ahoi!
Seid gegrüßt, boys, über den Atlantic!
Du I. W. Hurban, du Lewis, du Abraham,
Du Theo F. Morse
Und du Lillian Elmore.
Den Urwald zogt ihr auf Noten
Mit eurer Banjo-Musik der Neuen Welt.
Starr hochwachsende Turmhäuser.
Frei das Auge
Glattrasiert und breit.«

Diese Erwartungshaltung ließ sich in der Lebenswende des Jahres 1933 reaktivieren und für die Begegnung mit dem realen Amerika nutzbar machen. Eine ganz besondere Faszination ging dabei von der Erfahrung des öffentlichen Lebens in New York aus, der bunten Fülle der Eindrücke: »ich gehe mit offenen Augen durch die Straßen und mache meine Notizen – von den zerrissenen, unbeschäftigten Bummlern, die auf Zeitungsfetzen schlafen am Union Square, bis zu den feinen eleganten Bummlern, die auch beschäftigungslos sind, in der Fifth Avenue. Ungemein interessant für einen Zeichner meines Kalibers. Die Stadt ist reich an scheinbar unvereinbaren Gegensätzen.« Gleich in einem seiner ersten Briefe an seine Frau entwirft er ein ausführliches, das ganze simultanistische Leben dieser Straße erfassendes Broadway-Gemälde:

»Tolle Straße. Zwischen kleinen alten Häusern, rot mit Feuerleitern außen, unvermittelt Wolkenkratzer. Alle Fassaden überklebt mit Reklamen, auch bei Tage schon erleuchtet. Kinos schon früh in Betrieb. Halb Sankt Pauli, halb Friedrichstraße, halb Paris – und dabei durch die überraschenden Ausblicke auf aufgerichtete schmale Turmhäuser doch wieder gänzlich anders (...) überall stehen desperadohaft (...) sonderbar nervös aussehende Männer in Gruppen zu Dutzenden – alle Rassenmischungen. Halb Gangster, halb Businessmen. Was haben die alle zu besprechen??? Zigarren, große, in den goldplombierten Zähnen. Immer wieder ein eigentümlich verlebter angespannter Zug im Gesicht – faltig. Ein großer ironischer Mann mit nur einer Krücke. Weicher Filzhut. Neger mit Regenschirmen. Elegante jüdisch-spanische weithosige kurzjackige gents mit gelockertem Kragen – alle Hände in den Taschen.«

»Es lag in Manhattan etwas unerklärlich Erregendes in der Luft, das die Arbeit anstachelte«, hält Grosz noch in seiner späteren Autobiographie fest und bestätigt das frappierende Erleben über die Distanz der Jahre hinweg. In weiteren Original-Reaktionen, die sich brieflich erhalten haben, ist die Rede davon, daß er endlos durch die Straßen bummle, sich fleißig Notizen mache und auch kleine Skizzenhefte anlege – »für spätere Aquarelle und Zeichnungen«. An Wieland Herzfelde gerichtet, schreibt er:

»Die Menschen um mich herum hier, boy, ist Babylon – ein melting pot aller Rassen. So stelle ich sie dar. Feine Leute wandeln durch den Central Park – fast vertrocknete liebliche Seidenmumien, bunt, geschminkt – aber auch daneben die zerrissenen arbeitslosen bums – have a shine Sir – mit ihren niedlichen aufgeräumten Schuhscheinkisten wartend auf den Vorübergehenden, der einen nickel spenden soll. Viele bunte Neger, reiche und arme, aber alles lustig und meistens sehr kindlich – große Sänger und Tänzer vor dem Herrn. (...) Menschen, 14. Straße, Iren, Italienermamies, dick, mit Bambinos, volle – gesteckt volle – Bazare und ein Gewühl von Käufern – alles kleine Leute; billig, unwahrscheinlich billige Preise an Waren, bunt – kein Ende. Manchmal wird man fast schwindlig. Ja, das reizt mich, dieses volle Leben darzustellen. Ich könnte Seiten davon tippen. (...) Ich bin auf dem Weg, dies Amerika für mich zu entdecken – viele kleine Skizzenbücher zeugen schon von meiner vorbereitenden Arbeit. Ja, ich arbeite mit neuer Freude hier.«

Natürlich suchte Grosz nun auch erneut den Kontakt mit Ben Hecht, nahm briefliche Verbindung auf und traf sich mit ihm. Während der emigrierte Karikaturist durch Zeichenunterricht an der ›Arts Student League‹ ein bescheidenes Auskommen fand, war der unfreiwillige Berliner Dada-Genosse von einst nun ein berühmter, gutverdienender amerikanischer Film-Autor geworden, der freilich mit seinem Geld auch etwas anzufangen wußte: von 1939 bis Kriegsende kämpfte er gegen die Nazipolitik Hitler-Deutschlands und ließ sich dieses politische Engagement sogar etwas kosten. In allen großen Tageszeitungen Amerikas plazierte er selbstbezahlte Anzeigen, mit denen er Fakten über den deutschen Massenmord an den Juden publik zu machen suchte, gegen deren Veröffentlichung sich die amerikanische Presse in ihren redaktionellen Teilen zu diesem Zeitpunkt – ein Jahr nach der so ›glänzenden‹ Berliner Olympiade – noch sperrte. Um die amerikanische Bevölkerung gegen die rassistische Nazi-Politik Deutschlands zu mobilisieren, schrieb er Theaterstück um Theaterstück. In ›We will never die‹ (Wir wollen niemals sterben) treten die Juden Europas als die Ankläger der Welt auf; Kurt Weill, der emigrierte Brecht-Komponist, schrieb die Musik zu diesem Stück, das im Juli 1943 mit zwei Vorstellungen pro Abend im New Yorker ›Madison Square Garden‹ aufgeführt wurde: vierzigtausend Menschen drängten sich durch die Eingänge, weitere zwanzigtausend verfolgten die Darbietung auf der Straße über Lautsprecher. Weitere Inszenierungen in Washington, Philadelphia, Boston, Chicago, St. Louis und Los Angeles folgten: in ihren Berichten über diese Aufführungen nahm die amerikanische Presse erstmals entschieden gegen die Naziverbrechen Stellung.

Mit ›1001 Afternoons in New York‹ (1001 Nachmittage in New York) von 1941 griff Ben Hecht auf den Titel des vor zwanzig Jahren veröffentlichten Erzählbandes zurück, ersetzte nun aber das Sujet Chicago durch New York. Aus Alltäglichkeiten, Kuriositäten und Monstrositäten, wie sie in den Polizeiprotokollen ihren Niederschlag finden, aus Interviews und aufgeschnappten Geschichten, die man ihm zuträgt, mit Hilfe von Vivisektionen vor Ort, deren Lokalitäten das teure Hotel so gut wie das Leichenschauhaus abgeben, bildet er ein faszinierendes Personal- und Geschehnis-Puzzle der damaligen Zeit. In seinem Vorwort verweist der Autor auf die Zeitung als Fixpunkt der Recherche und reflektiert seinen Status als verwunderter, selbst verblüffter Reporter, seine Verwirrungen und Verunsicherungen, aber auch das Spezifische und Authentische seines Blicks; indem er seine eigene Arbeit für die Zeitschrift ›PM‹ nun buchmäßig dokumentiert, protestiert er zugleich »gegen das schwindelerregende Beispiel zynischer Verachtung für die Intelligenz von Zeitungslesern«, wie sie nach seiner Ansicht der gewöhnliche Zeitungs- und Zeitschriften-Journalismus der Zeit tagtäglich liefert.

Aus diesem ›Vorwort‹ hob der Verlag folgende Sätze heraus und setzte sie in den Klappentext des Buches: »I have written this book as a newspaperman writes, with a point of view that plays weathervane to a great many winds« (Ich schrieb dieses Buch, so wie ein Zeitungsmann schreibt – aus einem Blickwinkel, der für die vielfältigsten Winde den Wetterhahn spielt), »I will say quickly that there are pieces here which seem to me much more alive than on the day I wrote them, and that, on the whole, I have a hope that this is as good as

any I have written« (Schnell möchte ich hinzufügen, daß es in diesem Band auch Stücke gibt, die ich heute als viel lebendiger empfinde als an dem Tag, an dem ich sie schrieb, und daß ich die Hoffnung habe, daß dies, im Ganzen gesehen, ein ebenso gutes Buch ist wie alle anderen, die ich schrieb), »I wrote from day to day what I saw and felt. And what I saw was the addle-headed city of New York – the teeming and invincible citadell of ball games, slum dramas, night life, soap-box revolutions, and all the other jackstraw items of democracy« (Ich schrieb Tag um Tag, was ich sah und fühlte. Und was ich sah, war die unbesonnene Stadt New York – diese brodelnde und unbesiegbare Zitadelle des Baseballs und Nachtlebens, von Slumdramen und Maulhelden-Revolutionen und all den anderen schrillen Erscheinungen der Demokratie) und »What I felt was that its famed lights will never dim to a conqueror, nor will its hundred different languages ever stop clacking their varied and Humpty-Dumpty version of freedom« (Was ich fühlte, war, daß seine berühmten Lichter sich von keinem Eroberer werden auslöschen lassen und seine hundert Sprachen nie aufhören werden, ihre vielfältigen und Humpty-Dumpty-Versionen von Freiheit kundzutun).
Genauso bemerkenswert wie der literarische ist jedoch der Illustrationspart dieses Buches: mit ihm fand George Grosz zu jenem amerikanischen Karikaturstil, den er vom Beginn seiner Emigration an intendierte. Dabei hatte er zunächst mit seiner politischen Graphik in den Vereinigten Staaten kein Glück! Die aggressiven Illustrationen seiner Mappe ›Interregnum‹ von 1936, zu der John Dos Passos das Vorwort schrieb, waren beim amerikanischen Publikum nicht angekommen, das zu diesem Zeitpunkt die Nazi-Propaganda des ›Dritten Reichs‹ noch nicht durchschaut hatte und dem Publicity-Rummel um die Berliner Olympiade des Jahres 1936 erlegen war. Nun aber standen die Vereinigten Staaten vor dem Eintritt in den Zweiten Weltkrieg und waren entschlossen,

sich an die Seite der Anti-Hitler-Mächte zu stellen. In eben diesem weltpolitisch entscheidenden Augenblick bot sich für die wiedererwachten karikaturistischen Talente des George Grosz ein neues Forum – und er nutzte die Chance, im Rahmen seines scharfen Blicks auf ›amerikanische Zustände‹ die Kritik seiner Zeichenfeder speziell auch gegen Hitler und die Nationalsozialisten im gar nicht mehr so fernen Europa zu wenden. In gewandeltem Stil tauchen zahlreiche sozialkritische Motive auf, die dem Kenner seiner satirischen Blätter aus den Mappenwerken und Buch- und Zeitschriften-Illustrationen der zwanziger Jahre bekannt sind.
Grosz schuf für jeden einzelnen der insgesamt sechsundachtzig Texte Ben Hechts ein eigenes graphisches Entree, das den Blick des Lesers einfängt und auf das angesprochene Geschehen hin fokussiert. Gelegentlich verweist der Schriftsteller Ben Hecht ausdrücklich auf diese graphischen Emblemata. Der Zeichner konnte sich dabei die politisch-gesellschaftskritische Ausrichtung seiner deutschen Karikaturen der Weimarer Republik so gut zunutze machen wie seine Skizzier-Übungen während der ersten Exil-Jahre im modernen Babylon New York. Alle Zeichnungen zusammengenommen ergeben, wie der Buchumschlag nach einem Aquarell des Künstlers ausdrücklich vermerkt, eine »beeindruckende Kollektion« dieses deutschen Amerika-Emigranten, der im Berlin der Weimarer Republik zu seiner spezifischen satirischen Schärfe gefunden hatte und den es nach dem Zweiten Weltkrieg noch einmal magisch nach Berlin zurückzog, wo er – freilich ohne wieder Fuß zu fassen – 1959 starb.
Die erste – hier vorgelegte – deutsche Übersetzung dieses auf diese Weise in mehrfacher Hinsicht merkwürdigen Buches erscheint exakt fünfzig Jahre nach seiner Erstpublikation. Es hat sich, wie wir meinen, überraschend frisch gehalten! In einem seiner Artikel stellt sich Ben Hecht selbst der Frage der historischen Distanz, die der heutige Leser zum Ende des

Jahrhunderts und Jahrtausends gegenüber seinem Blick von damals hat. Als einen »sehr verwirrenden Gedanken« stellt er sich vor, man werde – kaum ein halbes Jahrhundert später – vielleicht auch sein schriftstellerisches Porträt der sozialen und politischen Zustände der Zeit nur noch mit jenem nostalgischen Auge betrachten, das ihm seinerseits die Stiche und alten Drucke des neunzehnten Jahrhunderts als Dokumente einer vergangenen Ära verkläre: »Hingerissen von dieser Vorstellung«, hält er fest, »blicke ich mich um und frage mich, ein wenig skeptisch, was es wohl sein könnte, das im Jahre 1991 diesen untergegangenen Zauber ausstrahlt. Was in unserer verhexten Zeit könnte das Auge der Zukunft mit einer nostalgischen Träne benetzen? Wo in diesem Gewirr von Gier und Verkehr, in diesen unmenschlichen Wolkenkratzern, in diesen Stunden von Verzweiflung und Zynismus wäre jener zärtliche Ton zu finden, der in Großvaters Schlitten und Cap Ansons Backenbart lag? Und was an unserem Gerangel mit dem Desaster könnte je unschuldig oder zumindest auf pittoreske Weise dramatisch wirken? / Und während ich so in die mich umgebende Szenerie starre, kommen geisterhafte Antworten aus dem Morgen.« – Mit diesen Sätzen ist der heutige Leser apostrophiert; er selbst mag entscheiden – doch vor die Antwort ist die Lektüre dieses Buches gestellt!

1001 Nachmittage in New York

Nachmittag eines Autors

Ich schrieb dieses Buch, so wie ein Zeitungsmann schreibt – aus einem Blickwinkel, der für die vielfältigsten Winde den Wetterhahn spielt.

Es ist so voll von Widersprüchen (und Verwirrungen) wie eine Junibraut, und Sie werden Angelegenheiten erörtert finden, die einen so langen Bart haben wie Methusalem. Sie werden auch Empörungen und Befürchtungen begegnen, die vielleicht nicht immer einleuchtend sind – aber das trifft für die meisten Stimmungen zu, die durch bestimmte Ereignisse ausgelöst wurden. Ein gestorbenes Ereignis – und sei es eins, das Geschichte macht – nimmt gewöhnlich alle seine Kommentatoren mit ins Grab.

Damit Sie sich von meiner Bescheidenheit nicht gleich in die Flucht schlagen lassen, möchte ich schnell hinzufügen, daß es in diesem Band auch Stücke gibt, die ich heute als viel lebendiger empfinde als an dem Tag, an dem ich sie schrieb, und daß ich die Hoffnung habe, daß dies, im ganzen gesehen, ein ebenso gutes Buch ist wie alle anderen, die ich schrieb.

Da es aber für die Zeitung *PM* geschrieben wurde – die unabhängige, känguruhhafte, von Mr. Ingersoll herausgegebene Gazette – mußten diese täglichen Diskurse mit aktuellen Ereignissen zu tun haben. Ihre Nase war fest an die Stunde gepreßt, und wie die meisten journalistischen Nasen übersah sie manchmal das, was direkt vor ihr lag.

Dies ist nicht nur ein Fehler der Journalisten. Mir fallen auch keine Dichter oder Philosophen ein, die heute irgendwelche bemerkenswerten Erklärungen oder Einsichten von sich gäben.

Obwohl dieser Band eine große Anzahl von Erzählungen enthält und alle von wirklichen Geschehnissen berichten, so wie es bei Zeitungsgeschichten der Fall sein sollte, ließ ich mich bei der Auswahl für diesen Band nicht vom Inhalt der Geschichten leiten. Mehr, als immer noch ein wenig von den Charakteren, Sätzen und Anekdoten angetan zu sein, darf ein Autor nicht erwarten, wenn er aus seiner Feder Stammendes noch einmal durchsieht.

Es war mein Status als *catch-as-catch-can*-weiser-Mann der Zeitungen, der mich bei der Auswahl und Herausgabe dieses Buchs faszinierte. Denn während ich über meinen eigenen Status nachdachte, begann ich, auch über den anderer Zeitungs-Weiser nachzudenken. Ich dachte an all die feierlichen Reden, Disputationen, Blicke in die Kristallkugel und Ankündigungen von Verhängnis und Verzweiflung, die die Zeitungsarchive von 1940-1941 füllen werden. Und ich fragte mich, wie weise wir morgen klingen werden.

Für die Philosophie waren Zeitungsarchive nie eine ergiebige Quelle. Ich habe oft in ihnen gestöbert und mich über die eigenartigen chemischen Prozesse gewundert, die in den Köpfen von Journalisten vorzugehen scheinen. Ihre wildesten Drohungen und Untergangsprophezeiungen und ihr endloser Redeschwulst haben die Tendenz, von Tag zu Tag mehr zu verblassen und auf der Totenbahre der Zeit zu landen.

Hierin liegt eine uralte Lektion für alle Schreiber: daß der Sturm unbeständiger ist als das Meer und daß all die Ängste, die uns verstören, mögen sie auch noch so übermächtig oder gar von historischer Bedeutung sein, auf Dauer gesehen von geringem Interesse sind, verglichen mit den kleinen Dramen menschlicher Beziehungen.

Was uns weise Zeitungsmänner von heute betrifft, so bin ich mir sicher, daß die Zukunft, wenn sie innehält, um sich die von uns gefüllten Spalten anzusehen, darüber erstaunt sein wird – was die Zukunft immer ist –, wie wenig wir sahen, wie verwirrt wir waren und wie geschickt wir den um unser Haupt tosenden Winden auswichen, indem wir einen Kopfstand machten.

Das Bild, das sich die Zukunft von uns macht, wird nur zum

Teil stimmen. Denn die Zukunft ist immer ein Snob gegenüber der Vergangenheit, und schon immer hatte sie ihren Spaß auf Kosten der Naivität von gestern. Außerdem ist sie so damit beschäftigt, ihre eigenen Fehler zu machen und ihre eigenen Irrtümer heiligzusprechen, daß sie selten Zeit hat zu bemerken, daß wir, die wir ihr vorausgingen, nicht alle Kindsköpfe und Verrückte waren. Ich bin sicher, daß man uns – all uns Weise und Schlauköpfe von heute – als die Anführer eines riesigen Blinde-Kuh-Spiels ansehen wird. Eine jede neue Ära hat die Angewohnheit, ihre Vorgängerin in diesem Licht zu betrachten. Ich brauche Sie nur daran erinnern, wie wir heute die Weisen und Wegweiser von 1910 bis 1935 empfinden.

Einen Trost gibt es jedoch. Wir leben in einer Ära, über die die Zukunft nichts Abfälliges sagen kann, das irgendwie neu wäre. Denn ich bezweifle, ob es je eine Zeit gegeben hat, der es so an Optimisten und Narzißten mangelte wie der unseren. Unser Pessimismus gegenüber uns selbst, das strenge und gallige Auge, mit dem wir jede Posse registrieren – zu dieser Haltung hat sich kaum je ein Philosoph der Vergangenheit gegenüber seiner zeitgenössischen Szenerie aufgeschwungen. Heute sind wir alle Voltaires und Schopenhauers, Jesaias und Jeremias. Und wenn uns irgend etwas klar ist, dann, daß ein riesiges Blinde-Kuh-Spiel um uns abläuft. Es gibt kaum jemanden unter uns, der nicht zuweilen einen Hühnerkäfig umarmte und um einen Kuß bat. Mit dieser Neuigkeit wird uns also kein Historiker überraschen.

Während des vergangenen Jahres hatten unsere Zeitungen (zusammen mit unseren Politikern und Stammtisch-Cromwells) nicht nur ihren Spaß beim Blinde-Kuh-Spiel; sie durften sich auch daran erfreuen, die letzte freie Presse zu sein, die noch auf der Welt funktioniert. Dieser Aspekt meiner Zeitungsarbeit war es, der mich am meisten interessierte, als ich mich daran machte, diesen Band zusammenzustellen. Ich erschrak ein wenig, als ich bei der Durchsicht auf so viel Erbrochenes, so viele ausgequetschte Augen und Verstümmelungen stieß.

Das Wissen, daß ich nicht allein damit stehe, beruhigt mich ein wenig. Seit den Tagen des *boom-town*-Journalismus hat es keine solch scharfen Attacken mehr gegeben wie sie durch unsere Zeitungen fegen. Voreingenommenheiten und Verleumdungen sind ihre Hauptstrategie. Ihre Kolumnen strotzen vor Verunglimpfungen und Schmähungen. Sie bekämpfen einander bis aufs Blut. Sie haben die Regierung – während ihres erklärten Zustands der Not und Verzweiflung – heruntergeputzt wie altmodische Kellerkonspirateure mit Bomben unter den Rockschößen. Von allen Seiten haben sie die Luft mit Lügen, Flüchen, Sophistereien, schwarzen Künsten, Lynchgeschrei und Katzengeheul erfüllt. Ich bezweifle, ob die Welt je eine freiere Presse gesehen hat.

Ich bin sicher, daß sich die Zeitungsarchive des Jahres 1940-41 morgen so lesen werden, als hätten Anarchisten unser Land regiert und unsere Druck-Medien sich einander auf den Kopf gestellt wie ein neuer Turm von Babel.

Ich finde nichts Störendes an diesem Bild. Um die Wahrheit zu sagen, ich bin stolz, daß ich dazugehörte und an dem wilden Tinteverspritzen des vergangenen Jahres nach Kräften teilnahm. Dieses Jahr bereitete der ganzen Nation schwere Kopfschmerzen. Und es ist möglich, daß die meisten von uns, die in die meuchelmordartigen Debatten verwickelt waren, zu irrational geworden sind, um in ruhigeren Zeiten jemals wieder etwas Vernünftiges von sich zu geben. Trotzdem kann jeder Leser, gleich wie empört und verärgert er sein mag, stolz sein. Jedes andere Volk außer den Amerikanern wäre allein durch unsere Kolumnenschreiber längst in ein Dutzend Revolutionen gestürzt worden.

In der Tat, die Leidenschaften und Ausuferungen, die unseren Journalisten einen Schluckauf verursachten und sie mit den

Augen rollen ließen – die unsere Zeitungsspalten mit so viel Klagen füllten, wie sie seit dem alten Testament nicht mehr in Druck erschienen –, all dies läßt einen in Deckung gehen, aber auch applaudieren. Denn das fortgesetzte Gezeter unserer Zeitungen ist eine so wichtige Phase der Demokratie wie die Anstrengungen unseres Verteidigungsapparates. Gerade die Leichtfertigkeit, mangelnde Fairneß und vor allem die Gefährlichkeit unserer Zeitungen haben dazu beigetragen, unseren Freiheitssinn zu stärken. Unsere Presse hat uns den Verstand vernebelt und das Firmament mit intellektuellen Gerüchen höchst widerwärtigen Charakters erfüllt. Aber das Trümmerfeld, das sie anrichtete, ist ein gesundes, und der Gestank, den sie verbreitete, ein ehrlicher.
Denn es ist nicht nur unsere Verwirrung, die sich in diesem opheliaartigen Zustand der journalistischen Affairen ausdrückt. Wir werden uns selbst auch als ein Volk vor Augen geführt, das sich der ehrenvollen Aufgabe widmet zu beweisen, daß jeder Amerikaner jedem anderen Amerikaner in die Leisten treten kann, wann und wo es ihm beliebt. Und wenn wir uns ein wenig schwer getan haben, dorthin zu Hilfe zu eilen, wo andernorts die menschlichen Freiheiten in Gefahr sind, ist es doch gut zu wissen, daß wir nie auch nur einen Moment lang (jedenfalls bis jetzt nicht) versäumt haben, uns als Beweis unserer eigenen Freiheit so anzuschreien, bis wir rot anliefen.
Das ganze Spektakel unserer freien Presse ist der unwiderlegbare Beweis, daß eine Nation die Rechte des Individuums nicht zerstören muß, um ein unbesiegbarer Staat zu sein. Wir sind der einzige Beweis, der in der Welt übriggeblieben ist, daß menschliche Versklavung und militärische Macht keine siamesischen Zwillinge sind.
Solch edle Überlegungen wie die obigen, muß ich gestehen, spielten während der Zeit, als ich diese Geschichten schrieb, oft nur eine sehr geringe Rolle. Unseren Kreuzzug gegen die

Nazis empfand ich oft als schreckliches Hasardspiel, weil es ja auch jeder Opposition erlaubt war, ihren benebelten Verstand zu ventilieren. Als Journalist, der sich als Partisan verstand, war ich überzeugt, daß solch übler Verrat an unserer Sache ihr nur großen Schaden zufügen könne.

Diese Gefahr besteht zweifellos. Sie besteht insbesondere, seit jedermann klar ist, daß sich unter den arglistigsten Bewunderern unserer freien Presse der Deutsche befindet, diese Riesenschlange, die dabei ist, die Welt zu verschlingen. Dieser gierige Eroberer sieht in unserem Katzenkampf-Journalismus das hoffnungsvolle Zeichen jener Uneinheit, die er schon immer, seit seiner teuflischen Erfindung des Dritten Reichs, für seine eigenen Zwecke zu nutzen verstand.

Wenn es mir jedoch gelingt, meine Nase für einen Moment aus der politischen Kontroverse herauszuhalten, das Ganze sozusagen von einer höheren Warte aus zu betrachten, dann entdecke ich auch ein Gutes in dieser Gefahr und sehe, daß sich das Risiko dieses Hasardspiels lohnte. Es hat dazu gedient, den Feind ans Licht zu bringen. Es hat dem amerikanischen Nazismus und Antisemitismus den eigenartigen Glanz und den siechen Beifall genommen, die solche Warzenschwein-Philosophien offenbar gewinnen, gedeihen sie im Verborgenen.

Unsere freie Presse hat den Feinden der Regierung reichlich Erquickung gespendet und den Aposteln der Intoleranz viel Trost. Aber unser offener Kampf gegen diese Dunkelmänner brachte uns auch großen Nutzen. Wir erlaubten uns den Spaß, ihnen den Teufel aus dem Leib zu prügeln, und der frontale Zusammenstoß mit ihren mechanisierten Geistern war eine gute Probe für die kommende große Schlacht. Erquickung und Trost, die unsere den Nazis wohlgesonnenen Zeitungen dem Feind gaben, sind nichts verglichen mit der Kraft und Leidenschaft, die sie damit uns verliehen, um unser Land zu verteidigen.

Beim Wiederdurchlesen der Geschichten in diesem Buch fällt mir noch etwas auf, was, wie ich meine, einer Erklärung bedarf. Da sie von einem Tag zum andern geschrieben wurden und von einem Blickwinkel aus, der oft von englischen, griechischen und französischen Katastrophen diktiert war, muten sie zuweilen düsterer an, als ich sie gern hätte. So wie fast alle, die diese bedrängte Zeit durchlebten, hatte ich das Gefühl, daß tragische Dinge geschehen und grausame Umwälzungen die Wurzeln menschlicher Existenz bedrohen.
Diese Umwälzungen finden immer noch statt, und es besteht auch immer noch kein Mangel an Tragödien. Wir schreiben Juli 1941, und die Erfüllung unserer Hoffnung, daß so etwas wie Zauber oder wohltuende Intaktheit in die Welt zurückkehren, liegt in weiter Ferne. Ich bin mir sogar sicher, daß der menschliche Himmel, ehe dieses Buch in Druck erscheint, noch schwärzer aussieht als heute. Hunger, Tod und Gefahr vergrößern täglich ihren Herrschaftsbereich, und täglich, Schritt für Schritt, nähert sich unser Land seiner verzweifelten, aber erleuchteten Bestimmung. Unsere Gewehre sind bereit, aber noch schweigen sie. Und wenn sie schließlich sprechen, so bin ich sicher, daß unsere Sorgen neue Tiefe und Substanz gewinnen werden.
Aber wenn es mir gelingt, meine Nase für einen Moment aus der Kontroverse herauszuhalten, dann sehe ich die Hoffnungslosigkeit, in der ich mich als Journalist suhlte, als kurze und vorübergehende Episode an. Trotz der häßlichen Dinge, die augenblicklich geschehen, und der noch häßlicheren, die uns bevorstehen, ist uns die Zukunft so gewiß wie der Umriß der Erde.
Wir alle, die wir nicht auf dem Schlachtfeld fielen, werden zum Zeugen dieser Zukunft werden und sie bewundern. Wenn sie kommt, werden wir, die wir zugegen sind, staunen, wieviel gesunde Kraft und Intaktheit es noch auf der Welt gibt.

Der deutsche Barbar wird eine haarsträubende Ansammlung von Zeitungsarchiven und die Erinnerung an eine lange, böse Nacht hinterlassen haben. Aber auf der Evolutionsgeschichte wird er nur eine verblassende Narbe hinterlassen.

Sie trägt bereits viele solcher Narben. Denn immer wieder gab es bösartige und ansteckende Krankheiten, die wie die heutigen Nazis im menschlichen Geist wüteten. Und der Kampf gegen diese Pocken und Plagen war schon immer von einem hoffnungslosen und düsteren Blick in die Zukunft begleitet. Aber immer hat sich der Patient auch unerwartet wieder erholt, warf seinen Grabstein aus dem Fenster und hüpfte unbeschwert davon.

Ich hoffe, etwas von dieser Grundintaktheit werden Sie in den Geschichten dieses Buchs finden. Auch wenn die meisten von unserer Niedertracht gegenüber den Unglücklichen und von unserem großen Vorrat an Selbstzufriedenheit und Selbstsucht handeln, wurden sie doch in dem unbeirrbaren Glauben an das Gute im Leben geschrieben. Der Zorn, der in ihnen steckt, ist das Privileg des Schriftstellers, mit dem er in die vielen Abirrungen von diesem Guten stochert, in die wir alle stolpern.

Einst lebte ich in einer guten Welt. Ich war jung und recht gleichgültig gegenüber ihrem Zauber. Noch mehr: des Nachts stand ich auf und verdiente mir meine Sporen als Bilderstürmer. Ich verbrachte meine Jugend mit dem Versuch, eine versprengte Leserschaft davon zu überzeugen, wie dumm und grausam, wie gierig und unvollkommen jene Zeit des »Lustige-Witwen-Walzers« und des »St. Louis Blues« war.

All dies war sie. Und wenn die Welt wieder gesundet, wird sie immer noch so sein. Aber seit die Walzer nicht mehr erklingen, habe ich eines gelernt: Wie die Gier, die Grausamkeiten und Unvollkommenheiten jener Welt, die wir zurückerobern werden, auch aussehen mögen – solange diese Welt sich Ideen verschreibt, die besser sind als ihre Taten, und Träumen, die schöner sind als ihre Wirklichkeit, wird es sich wieder in ihr zu leben lohnen. Sie wird, wie alle Welten, unter Kälte, Hunger und Ungerechtigkeit leiden. Und sie wird voller Heuchler und Hysteriker sein. Aber vergleichen Sie sie mit dem Morast, in dem wir heute existieren – mit dem Sumpf von Intoleranz und nicht ruhender Machtgier, in den uns die fieberkranke und rückschrittliche Seele des Deutschen niederdrückt –, und diese zukünftige Welt wird Ihnen in strahlendem Licht erscheinen.

Ich wünschte, ich hätte ein wenig mehr von diesem strahlenden Licht in meine Geschichten hineingebracht. Aber wie es scheint, hat ein Journalist keine Zeit, hohe Berge zu erklimmen, um alles zu überblicken. Ich schrieb Tag um Tag, was ich sah und fühlte. Und was ich sah, war die unbesonnene Stadt New York – diese brodelnde und unbesiegbare Zitadelle des Baseballs und Nachtlebens, von Slumdramen und Maulhelden-Revolutionen und all den anderen schrillen Erscheinungen der Demokratie. Und was ich fühlte war, daß seine berühmten Lichter sich von keinem Eroberer werden auslöschen lassen und seine hundert Sprachen nie aufhören werden, ihre vielfältigen und *Humpty-Dumpty*-Versionen von Freiheit kundzutun.

Juli 1941 *Ben Hecht*

Fest der Penner

Es ist ein elender Tag in der Gegend um die Houston Street und die Bowery. Der Wind pfeift. Die Kälte läßt das Blut in den Adern gerinnen. In der Luft hängt ein abgestandener Geruch, so als wäre irgend etwas tot.

Drei Penner schlendern die Houston Street hinauf bis zur Ecke der Bowery. Dort kann man einen Job ergattern, ein paar Dollar aufhäufen, wenn man den ganzen Tag Lastwagen ablädt.

Die drei Penner tragen Sozialversicherungsausweise in der Tasche, ein Zeichen, daß sie bessere Tage gesehen haben. Später wird die Polizei ihnen die Ausweise aus der Tasche ziehen und erfahren, daß sie es mit den sterblichen Überresten

von Thomas Colgan, Stephen Fitzpatrick und Benjamin Ward zu tun hat.
Im Augenblick jedoch stehen drei namenlose Gentlemen mit tropfenden, rotgefrorenen Nasen an der Ecke Houston zur Bowery. Sie sind sich nie zuvor begegnet, aber wie auf ein geheimes Erkennungszeichen hin wissen sie mit einem Blick, daß sie alle aus demselben Heringsfaß stammen. Sie haben das zerknautschte Gesicht, den verkniffenen Blick und den eingeklemmten Schwanz der Getretenen. Sie sind Mitglieder derselben Loge – der Bruderschaft der Versager –, alle drei Vogelscheuchen ersten Ranges.
Jeder kam aus einem anderen Obdachlosenasyl hervorgekrochen. Dann war das trübe Trio auf Jobsuche mit stierem Blick zur Ecke der Bowery hinaufgeschlurft, so leer und taub im Innern wie drei Spatzen, die auf dem kalten Pflaster Krumen suchen. Das geheime Erkennungszeichen treibt die drei zusammen. Nachdem sie eine halbe Stunde beieinander gestanden haben, gründen die drei Penner einen Verein, sie sind jetzt die Bruderschaft vom Schlaraffenland.
Zusammen schlurfen sie los. Keine Arbeit heute. Kein Kistenheben auf leeren Magen, kein Abfrieren der geschundenen Knochen.
Es ist ein elender Tag. Die Kälte sägt in einem fort in deinen Eingeweiden, und in deinem Magen sind fünfzig Jahre Kotze. Ungeziefer spielt Haschen auf deiner vereisten Haut, und in deinem Herzen ist ein dunkles Loch, in dem eine Ratte sitzt und sich den Schwanz leckt.
Gott weiß, wer euch durch die Wringmaschine gezogen hat, ihr Penner, welcher schändliche Chirurg euch aufschnitt und eure Eingeweide mit einem Schneebesen bearbeitete. Gott weiß, wer das Loch in eure Herzen getreten und euch den Mumm aus den Knochen gesaugt hat. Aber wer es auch war, er ließ euch eine Gurgel und einen Magen und die Freude an Geselligkeit.

Das ist immerhin etwas – genug jedenfalls für die Ziele eures neu gegründeten Vereins.
Drei hungrige Musketiere stapfen mit lüsternem Blick die Straße entlang. Sie haben einen Plan. Sie wollen feiern. Als erstes wollen sie »Spezialfusel« auftreiben. Dieser Fusel ist ein Alkohol, den man mit geschlossenen Augen die Kehle hinunterschüttet. Er versengt dir die Leber und läßt Feuerwerkskörper in deinem gefrorenen Magen explodieren. Er verbrennt die Kotze von fünfzig Jahren und verwandelt das Ungeziefer auf deiner Haut in Sonja Henies. Es ist eine Mischung aus Rattenvernichter, Küchenschabenkiller und Farblösungsmittel. Aber eines hat er Champagner voraus: man braucht nicht viel davon, bis man anfängt auf den Müllhalden der Stadt Rosen zu pflücken.
Etwas Freudiges, Überschwengliches ist jetzt um die drei Penner. Wer je eine Gesellschaft von Zechbrüdern selig in den Stork Club torkeln sah, hat ein Bild von den dreien, die es nicht abwarten können, in den Gassen der Bowery Arkadien zu finden. Einer von ihnen hat den anderen anvertraut, wo ein versteckt geparktes Auto steht.
Das Trio findet das Auto. Kein Oberkellner mit weißem Schlips und Schwalbenschwanz ist da, ihnen den Weg zu versperren. Sie öffnen einen Hahn unter dem Autoheck. Langsam tröpfelt eine Flüssigkeit heraus. Es ist eine Frostschutzchemikalie, reinster Brennspiritus. Wie Gentlemen lassen sie einander den Vortritt, einer nach dem anderen legen sie sich auf den Rücken und lassen sich den Spiritus in den geöffneten Mund tröpfeln.
Nichts ist so geeignet wie Frostschutzmittel, das Loch in deinem Herzen aufzuwärmen und einen Regenbogen aus deinem Magen aufsteigen zu lassen. Schließlich stehen die drei Musketiere aus dem Heringsfaß wieder auf den Beinen. Alles Gute geht einmal zu Ende – sogar Brennspiritus. Die drei blinzeln sich zu und stoßen sich in die Rippen. Alles ist be-

stens. Die Straße tanzt vor ihren Augen auf und ab, und Gott und seine Cherubinen machen Klimmzüge in den Himmel.

Die drei Penner gehen schweigend nebeneinander her. Sie halten sich so gerade, wie sie können. Niemand würde glauben, wie warm ihnen ist und welche Freude sie erfüllt. Niemand erkennt in ihnen die von ihrer Körperlast befreiten Seelen, die Lumpen und Ratten und Ungeziefer hinter sich gelassen haben. Niemand würde es für möglich halten, daß es drei glückliche Geister sind, die da zwischen den Mülltonnen driften. Aber genau so ist es. Drei gefallene Engel schreiten durchs Himmelstor direkt aufs Paradies zu. Auf dem Weg dorthin geschieht ein Wunder. Sie sichten eine Flasche Paulette's Bay Rum.

Die Bruderschaft vom Schlaraffenland hält an, um sich an dieser Quelle zu laben. Jeder nimmt einen kräftigen Schluck, und die Reise nach Jerusalem geht weiter. An der Bowery Nr. 308 ist sie zu Ende.

Hier, vor einem Laden mit Lederwaren, läßt einer der Musketiere seine geschundenen Knochen zu Boden sinken. Er rollt sich auf dem Pflaster zusammen, hört noch einen Moment, wie auf Tausenden Ambossen ein *Halleluja* erdröhnt, dann schlummert er ein. Dreißig Fuß weiter die Straße hinunter saugen die beiden anderen Reisenden zum letzten Mal das Bowery Zwielicht in sich ein und halten es fälschlicherweise für etwas Verheißungsvolles und Entrücktes. Dann strecken auch sie sich auf dem Pflaster aus und hören auf zu träumen.

Um sieben Uhr wird die Polizeiwache in der Mercer Street benachrichtigt, daß drei Männer ihren Irdenschmaus beendet haben. Die drei Leichen werden fortgeschafft. Ihre Sozialversicherungsausweise geben ihnen Namen. Ein Bruder kommt und nimmt sich Stephen Fitzpatricks Leiche an. Ein Freund erklärt sich verantwortlich für die sterblichen Überreste von Thomas Colgan. Niemand erhebt Anspruch auf Benjamin Ward.

Wenige Stunden später hat ein Arzt im Bellevue den drei Zelebranten das Hirn entfernt. Er wird ihre Hirne kochen, destillieren und analysieren – damit in den Akten vermerkt werden kann, was es nun war, was den drei kleinen Brüdern vom Schlaraffenland den Tod brachte.

Zeitungsschnee

Neulich fiel Schnee in der Stadt, bahnte sich seinen Weg auf die Titelseiten und machte sich dort breit zwischen den Griechen, Engländern und Rumänen. Heutzutage muß es eine Lokalnachricht schon in sich haben, wenn sie sich unter die medusenhäuptige Gesellschaft auf Seite 1 mischen will. Aber dort stand er, unser Schneefall, in Druckerschwärze, lächelte liebenswürdig nach allen Seiten und hatte nichts, was ihn als Zeitungsnachricht empfahl, außer daß er sehr weiß und sehr heftig war und bald den Schneeschaufeln zum Opfer fallen würde.

Manche Gazetten versuchten etwas Aufregung in dieses harmloseste aller Ereignisse zu bringen und sprachen von einem Schneesturm. In einigen Berichten war ein Hang zur Übertreibung zu spüren, der mich an den Redakteur in einer

Geschichte Bret Hartes erinnerte. Dieser Redakteur leitete eine Zeitung in Leadville, einer der Goldboom-Städte im alten Westen. Während einer Überschwemmung, die sein geliebtes Leadville von der Landkarte zu wischen drohte, verkündete er in den Spalten seiner Zeitung mit ernstem Stolz: »Inzwischen ist ein Gebiet von größerer Ausdehnung als der Staat Rhode Island von den Fluten überschwemmt.«

Im Falle unseres Schneefalls war solche Übertreibung ein wenig fehl am Platz. Er war kein Schneesturm, und er hätte sich auch nie zu einem ausgewachsen. Er ließ niemanden erfrieren, richtete keinerlei Schaden an, bereitete niemandem Ungelegenheiten, außer vielleicht ein paar Betrunkenen und alten Damen, und kam zur Ruhe, wie ein weißer Fächer in der Hand einer Jungfrau.

Dennoch war er eine Nachricht. Unter Überschriften, die fast so dick gedruckt waren wie die Schlagzeilen über die Massaker in Bukarest, erschien, wenn auch nur verstohlen und verschämt und eher zwischen den Zeilen, ein Bericht über den Besuch der Natur in der Stadt. Denn die Redakteure räumten diesem Ereignis zwar großzügigsten Platz ein, scheuten sich aber, offen die Wahrheit darüber zu schreiben.

Selbst *PM*, meine eigene unerschrockene und streitbare Alma Mater, wich der wahren Bedeutung des Schneefalls aus. Genausowenig wie alle anderen berichtete sie, was drei Millionen Leser (nicht alle ihre eigenen) empfanden: Alle (außer einigen Kriminellen und Bankrupteuren, die mit anderen Sorgen beschäftigt waren) hatten, als sie den Schnee fallen sahen, das Gefühl, es geschehe etwas Wundervolles.

Man darf der Presse keinen Vorwurf daraus machen, denn schließlich gibt es so etwas wie eine journalistische Tradition; auch von der Britischen Admiralität würde wohl niemand erwarten, daß sie über einen Sonnenaufgang in Valona berichtet. Man darf sich also nicht wundern, daß keine der Geschichten über unseren Schneefall so begann:

»Die Seele der New Yorker wurde heute von herrlichen, übermütig tanzenden Schneeflocken in Atem gehalten. Sie brachten die Bäume im Central Park auf wundersame Weise zum Blühen und entzückten die geplagten Bürger der Stadt für ein paar Stunden mit einem Schauspiel, das in seiner Schönheit alles übertraf, was Bühne oder Leinwand in dieser Saison zu bieten hatten.«

Aber genau das war geschehen, und aus diesem Grund war der Schneefall eine Nachricht. Die Stadt hob den Blick und sah Pawlowa in der Luft, sah Cellini am Werk in der Gesellschaft von Seraphen. Eine Scheu, literarisch zu werden, trieb die Reporterstifte an, über Wetterstatistiken loszukritzeln und halbherzig auf Probleme hinzuweisen, die es hier und dort gegeben habe.

Ich bin sicher, daß zahllose Leser vergeblich nach der Wahrheit dessen suchten, was sie gesehen und erfahren hatten – das weiße Kleid der Leuchtreklamen, die geschäftigen, schneebedeckten Straßen, die plötzlich von längst vergangenen Dorferinnerungen heimgesucht wurden, wie der Alltag plötzlich verwegene Märchenkonturen angenommen hatte.

Vielleicht waren diese Erinnerungen die eigentliche Nachricht. Denn von all den angenehmen Dingen der Vergangenheit ist ein Schneefall wohl das einzige, was sich nicht verändert und eine neue Bedeutung angenommen hat. Schneeflocken wurden noch nicht vor den Karren von Fortschritt und Eroberungen gespannt. Sie sind ein unwandelbares Andenken an glücklichere Zeiten. Und als der Schnee auf die Stadt fiel, schwebten die Menschen auf ihm in die Vergangenheit, rochen wieder die Frische junger und sorgloser Tage.

Sogar die Polizisten in ihren Gummimänteln sahen wie Kinderzeichnungen aus, und die Häuser wiegten sich hinter dem weißen Schleier wie eine Schar von Albertina-Rasch-Mädchen. Man sah maurische Dächer, wo zuvor nur Fabrik-

schornsteine standen, und man sah stille Alleen, die wie im Schlaf lagen und voller Träume waren.
Und die Leser selbst, die sich in dem hurtigen und flüchtigen Schneegewirbel bewegten, hatten die abgehackten Bewegungen der Figuren aus dem alten Stummfilm, und wie diese schienen sie alle auf dramatischen Botengängen unterwegs. Um die Armen war etwas Poetisches, das ihrer Armut sonst abhanden geht, und die Reichen umgab ein karnevalistisches Flair, das ihren Nerzmänteln und umwerfend weichen Filzhüten selten anhaftet.
Schade, daß es nicht wirklich ein Schneesturm war, sondern lediglich ein Sonett von einem Schneefall. Ich bin sicher, unsere Leser hofften auf mehr, träumten von unpassierbaren Straßen, versagenden Automotoren, unerreichbaren Büros und Schreibtischen. Sie hofften auf eine Stunde aus der Kinderzeit, die der Schneefall ihnen bescheren würde, wenn er nur lang genug andauerte, das Gesicht von Bossen und das Gesicht des Kriegs auszulöschen.
Genaugenommen war die Berichterstattung in der Presse doch nicht ganz unwahr. Bis zu einem gewissen Grade erzählten die Fotografen die Geschichte, die die Redakteure sich scheuten zu drucken. Die Leser wurden mit Fotos verwöhnt, die ihnen ihre Stadt vorführten wie auf einer Kunstausstellung. Bilder verschneiter Straßen, von Reihen mit einem weißen Heiligenschein umgebener Straßenlaternen, von filigranem Buschwerk, das aussah wie Fontänen aus feinster Spitze; Bilder von Kindern auf Schlitten, von Schneemännern und sogar Väterchen Frost höchstpersönlich füllten die Spalten.
Wenn es das nächste Mal schneit, wird Mr. Roosevelt vielleicht unseren alten Poeta laureatus Archibald MacLeish zur Berichterstattung an die Associated Press ausleihen, und unsere drei Millionen Leser werden sich nicht auf einen so ungereimten Bericht wie diesen verlassen müssen.

Die Fabel von Hymie Weinberg

Hymie Weinberg verfolgt mich.
Dieser Gentleman starb letzte Woche eines natürlichen Todes, auf einem Bett voller Lumpen, in einem kahlen, ungeheizten Kellerraum in der 614 East 11. Straße. Er hatte lange Zeit dort gelebt und war vierundsechzig Jahre alt, als er in seiner ungemütlichen Wohnstatt entweder erfror, verhungerte oder sich zu Tode seufzte.
Zum fünften Mal zog Hymie nun die Aufmerksamkeit der Polizei auf sich. Die anderen vier Male hatte man ihn wegen Vagabundierens und unerlaubten Bettelns festgenommen.

Dieses Mal konnten die Behörden keine andere gesetzliche Maßnahme gegen ihn einleiten, als ihn zu beerdigen.

Der alte Hymie verfolgt mich. Denn Hymie war ein reicher Mann. Als die Polizisten seine frostige Höhle durchsuchten, fanden sie einen Hefter mit Kontoauszügen, aus denen hervorging, daß dieser armselige alte Herr 26 000 Dollar auf verschiedenen Bankkonten deponiert hatte. Das Geld lag nicht erst seit gestern dort, sondern war über einen Zeitraum von zwanzig Jahren Dollar für Dollar angehäuft worden.

Dieses Geld, das Hymie auf so lächerliche Weise gehortet hatte, wurde nach seinem Tod abgehoben und von der Polizei in Gewahrsam genommen, wo es des eventuellen Erscheinens irgendwelcher Witwen, Söhne, Töchter, Onkel oder Tanten harrte. Bisher hat sich eine dergestalte Fauna noch nicht eingefunden, und nach Ablauf einer angemessenen Frist wird Hymies Geld für den Ankauf von Feuerhydranten, Parkschildern, Straßendeckeln und für andere städtische Belange verwendet werden.

Eine Woche nach Hymies Tod beschloß ich, seinen Geist zu bannen. Bei einem Besuch in der Straße, in der dieser schlurfende, triefnasige, wieselgesichtige Bettler residiert hatte, erfuhr ich, daß kein Nachbar je das Wort an Hymie gerichtet hatte oder je von ihm angesprochen worden war. Selbst seinen Namen kannte niemand. Man wußte aber zu berichten, daß er abends in der Dämmerung in den Mülltonnen herumgefischt hatte, wohl auf der Suche nach Leckerbissen für seine Vesper. Danach, so erfuhr ich, habe er sich regelmäßig in seiner kalten, unbeleuchteten Wohnstatt zum Schlafen gelegt und mit den Lumpen zugedeckt, die er von den verschiedenen Müllhalden des Viertels stibitzt hatte.

Warum hatte Hymie Weinberg das getan? Warum hatte er gebettelt, gefroren, der Einsamkeit gefrönt, wenn er doch in feinstem Aufzug im Stork Club hätte sitzen und sich die Wunder des Lebens betrachten können.

Die Antwort ist gar nicht so schwierig. Hymie war ein Isolationist, und er ging ein wenig weiter in seiner Philosophie als seine Gesinnungsgenossen, die ihren Rückzug aus der menschlichen Gesellschaft allenorts verkünden, vor allem in der Presse. Hymie gab sich nicht damit zufrieden, die Belange seiner Zeit zu ignorieren. Er wollte auch von ihnen ignoriert werden.

Die Halbheiten seiner Geistesbrüder waren seine Sache nicht. Denn jene geben sich damit zufrieden, es sich auf ihrem Schatz bequem zu machen und darüber zu wachen, daß er nicht für Steuern oder im Interesse der Menschheit verschwendet wird.

Hymie ging aufs Ganze. Er saß nicht bequem auf seinem Schatz, sondern auf Lumpen und machte damit allen weis, er sei arm, ein Habenichts, ein Bettler, von dem man kaum erwarten konnte, daß er anderen half. Er war bereit zu hungern, zu frieren, in Gefängniszellen zu wandern – nahm es auf sich, daß das Ungeziefer sich auf ihm vermehrte und vom Morgengrauen bis zur Dunkelheit keine menschliche Stimme zu ihm drang. Und all dies als Preis für die Freude, die es ihm bereitete, niemandem zu helfen. Dies ist eine sehr tiefe Freude. Sie ist fest verwurzelt in den morastigen Seelen aller großen Isolationisten.

Aber was machte Hymie zu einem solch perfekten Isolationisten? Warum hatte er Angst, Geld in Läden auszugeben, fürs Kino, Freunde damit zu beschenken, sie zu einem Drink einzuladen, sich Vergnügungen zu leisten – kurz, sich einen behaglichen Platz im Leben mit seinem Geld zu erkaufen? Nun, wenn man sich Hymies Stammesgenossen ansieht – sei es im Kongreß, in den Radioanstalten, in der Presse –, so erhält man auch darauf eine Antwort.

Hymie hatte Angst. Er hatte große Angst vor der Zukunft. Deshalb setzte er alles daran, sich sein Morgen zu sichern, indem er auf sein Heute verzichtete. Und so enthielt er sich aller Kontakte und Ausgaben, um zu verhindern, daß je der Zeitpunkt käme, an dem er ohne ein wundervolles, schutzspendendes Bankkonto dastünde.

Sein einsames menschenleeres Dasein war beherrscht von dem Traum perfekter Sicherheit. Daß die ratlos dreinblickenden Polizisten schließlich einen Fall von Unterernährung an die Totengräber weitergaben und Hymies Traum zukünftigen Wohllebens nie Wirklichkeit wurde, ist nur das natürliche Ende für einen Isolationisten.

Obwohl alles so klar ist, verfolgt Hymie mich aber immer noch. Es erscheint mir ungerecht, daß er für seinen Isolationismus mit einem Zustand zahlen mußte, der an Irrsinn grenzte, wenn er doch – mit nur ein wenig Förderung – auf der Oppositionsbank des Kongresses zu Ehren hätte kommen können oder gar als Senator. Ja, ein wenig Förderung, ein paar Wochen in der Abendschule, und aus Hymie hätte ein respektabler, stockkonservativer Republikaner werden können oder zumindest ein fanatisch-patriotischer Roosevelt-Gegner.

Nun, wenn die Presse dem Fall Hymie Weinberg genügend Aufmerksamkeit schenkt, wird die 614 East 11. Straße vielleicht doch noch ein Schrein unseres Isolationisten schmükken. Schließlich wurde auch Horst Wessel, der bayrische Pimpf, von den überschwenglichen Nazis als Heiliger verehrt.

Und wenn schon nicht mit einem Schrein – mit irgend etwas sollte des Ablebens des reichen Hymie Weinberg gedacht werden, der sich in seinen Lumpen und seiner geistigen Leere zu Tode fror, um sich seine Zukunft zu sichern.

15. Januar 1941

Leb wohl – Zigeuner-Gelehrter*

Wir sitzen in einem Saloon – Sherwood Anderson und ich – an verschiedenen Tischen.
Es ist lange her, seit ich unseren Dostojewski aus dem Korngürtel zum letzten Mal sah. Mir fällt auf, daß sein Gesicht röter geworden ist, um ein paar Kinne reicher und das Haar silbern. Aber die schwarzen Augen blitzen immer noch wie bei einem Falschspieler.
Wie in alten Zeiten ist er mit einem Gebilde angetan, das mehr nach einem Jutesack aussieht als nach einem Anzug. Aber, ich trau' meinen Augen nicht, eine weiße Nelke schmückt sein linkes Revers, wodurch er aussieht wie ein Kleinstadtfriseur auf Vergnügungstour – ein altmodischer italienischer Einwanderer in aufgeräumter Laune, der nach

* Diese Geschichte schrieb ich an dem Tag, an dem sich Sherwood Anderson nach Südamerika einschiffte. Er starb auf der Überfahrt.

dem nächsten Drink anfangen wird »O Sole Mio« zu schmettern.

Soweit mir bekannt ist, fließt in Sherwoods Adern kein italienisches Blut, aber in den letzten dreißig Jahren habe ich keinen Leierkastenmann mit Affen oder Provinzhaarkünstler gesehen, der nicht der Doppelgänger von Sherwood hätte sein können.

Dreißig Jahre sind fast eine Ewigkeit, aber vor so langer Zeit lernten wir uns kennen. Ich war damals Reporter in Chicago, noch ein Grünschnabel, unser Barde jedoch war schon tief verstrickt in seine Händel mit den Musen. Er bewohnte eine Mansarde in der Cass Street, trank Rotwein, liebte Kerzenlicht und war eine Art Kreuzung aus einem Jogi und Don Juan. Oft fragte ich mich, ob er eines Tages eine neue Religion gründen oder wegen eines Sittlichkeitsverstoßes im Kittchen landen würde. Aber Sherwood war zu schlau für beide Geschicke.

Zu jener Zeit ließ er keine Gelegenheit aus, mit lauter Stimme seine Geschichten über Winesburg, Ohio, vorzulesen, die ich damals nicht recht verstand und die mir auch ein wenig ungebildet vorkamen, denn ich war gerade mit Eifer dabei, mir die Regeln guten Stils anzueignen – unter der gestrengen Knute meines Chefs vom Dienst, er entstammte der hochtrabenden Tradition der *New York Sun*. Es war der alte Marty Hutchins – sein Andenken in Ehren. Ich bildete mir ein, genau zu wissen, warum niemand Sherwoods Geschichten über George Soundso kaufen wollte, denn sie waren voller stur aneinander gereihter Relativsätze.

In jenen Tagen war Chicago mehr oder weniger das, was es heute ist – eine Stadt im literarischen Dunkel. Sherwood, der in besagter Cass-Street-Mansarde seine Jünger mit dritten und vierten Lesungen seiner Manuskripte zu Tode langweilte, war der Genius, der diese Fabrikschlote-Stadt in ein neues Athen verwandeln sollte. Sherwood und einige andere

– unter ihnen ein Gentleman, den wir John Guts nannten, weil er Gedichte schrieb, in denen sich nicht nur nichts reimte, sondern in denen auch mit wilden und rätselhaften Worten gegen das Leben angekläfft wurde. Dieser Herr war Carl Sandburg.

Aber Sherwood war unser Hauptgenius.

Er war unsere Renaissance, unser Fackelträger in die Literatur, unser Daniel Boone der Künste. Gestern noch ein Geheimtip, von dem nur Margey Currey, Floyd Dell, Mike Carr, drei umwerfende ausländische Mädchen, und ich wußten, war er am nächsten Tag schon Balzac, Tolstoj und Madame de Staël.

Trompeten erschallen, Preise regneten herab. Er wurde bestaunt wie ein zweiter Scipio Africanus. Anderson feuerte eine Breitseite von Stories ab: *Windy McPhersons's Son*, *Marching Men*, *Winesburg, Ohio* (mit endlosen Relativsätzen und allem), *Many Marriages*.

Mit dem Schrei »Hoch lebe Anderson« steckte sich der Mittelwesten ein Entermesser zwischen die Zähne und sprang in letzter Minute an Bord des viktorianischen Zeitalters, während wir schon dabei waren, es zu versenken.

In diesen Tagen sah ich Sherwood nur selten. Er war in alle möglichen Vortragsreisen verstrickt, rollte durchs Land und gab literarische Galaaudienzen. Aus unserem scheuen Pferd war ein Lipizzanerhengst geworden, aber wir waren nicht neidisch. Wir alle waren zu sehr damit beschäftigt, unseren eigenen kleinen Auftritt vorzubereiten.

Während ich in dem Saloon sitze, fällt mir alles wieder ein. Mir fällt auch wieder ein, daß es bis heute niemanden gibt, der mit so viel Liebe und tiefer Einsicht über kleine Leute geschrieben hat. Es war Sherwood, der die amerikanische Seele, die seit *David Harum* tot war, neu entdeckte. Er fand sie in Milchkammern und Eisenwarenläden, in einer Dorfversammlungshalle und in der Mittagspause von Fabrikarbei-

tern, er erspähte sie auf Veranden und wenn er in seiner Tin Lizzy durchs Land kutschierte.
Ich pilgere an Sherwoods Tisch, so wie ich eines Tages zu seinem Grab pilgern werde, wenn ich ihn überlebe.
Der Barde aus der Cass Street läßt ein lautes Gegacker über mein schütteres Haar und meine schwachen Augen vom Stapel. Dieser mehrfachkinnige alte Telemachus der Literatur, dreimaliger Großvater, läßt sich nicht davon abbringen, daß ich der ältere bin. Und er lacht, wie in alten Zeiten (als das Alter noch kein Thema war) – dasselbe alte Pfeifkessel-Lachen. Neben ihm sitzt ein Freund, alt genug, unser beider Vater zu sein, der die alberne Falschmeldung meines Älterseins weiter ausspinnt. Dieser andere Überlebende ist George Jean Nathan. Als die schadenfreudige Heiterkeit der beiden Bürgerkriegsveteranen abflaut, frage ich Sherwood, was er vorhat.
»Ich gehe fort«, sagt er, und seine schwarzen Augen blitzen wie bei Nick dem Griechen, wenn er vier Asse auf der Hand hat. »Ich bin auf dem Weg nach Südamerika, nach Santiago, Chile. Am Freitag geht mein Dampfer.«
Und Sherwood lacht, aber diesmal nicht über mich.
Ich erkundige mich, für wie lange.
»Ach, ziemlich lange«, sagt Sherwood. »Vielleicht ein Jahr. Vielleicht zwei. Vielleicht für immer.«
Ich frage, was er dort will.
»Ich weiß es nicht«, sagt Sherwood. »Schreib du, warum ich gehe. Wenn jemand mich kennt, dann du. Schreib, was du willst«, sagt Sherwood und lacht wieder.
Ja, ich sollte ihn kennen, und ich kenne ihn. Sherwood bricht auf, etwas zu suchen, das aus der Welt, die er liebte und über die er schrieb, verschwunden ist. Es verschwand aus dem Westen und Osten und sogar aus dem Süden, wohin Sherwood vor einigen Jahren ging, es aufzustöbern. Was er suchte, war der Amerikaner, den er einst kannte – jenen wetterwendi-

schen, schrulligen, mundfaulen Hinterland-Helden des Präradio- und Präkino-Zeitalters, den irgend etwas zur Strecke brachte. Und Sherwood, sein großer Biograph, ist auf dem Weg in ferne Länder, wo er vergessen kann, daß sein Held tot ist.

Kein wirkliches Paradies

Die Geschichte, wie Henry Trefflichs 1700 Affen das Herz brach, müßte eigentlich von einem der Affen selbst geschrieben werden. Aber seine Sorgen an die Öffentlichkeit, gar in die Presse, zu bringen, ist bisher noch keinem Affen in den Sinn gekommen.

Wie die Armen sind die Affen es zufrieden, daß andere über sie schreiben, sie erforschen und für undurchsichtige Zwecke benutzen. Sie sind es froh, daß sie überhaupt zu etwas nutze sind und überdies noch einen solch possierlichen Anblick bieten. Als Gegenleistung verlangen sie nichts weiter als ein paar Erdnüsse, einen Glitterfetzen diesen oder jenen Materials zum Zeitvertreib und das Privileg, zusammen-

gepfercht mit ihren Brüdern in unhygienischer Gemeinschaft zu leben.
Mr. Trefflichs 1700 waren Rhesusaffen. Der Rhesus hat ein rotes Gesicht und einen schlechten Ruf. Er ist der arme Vetter des Gorilla und macht auch sonst so wenig her wie ein Kuhschwanz.
Aber – beim Rhesus zeigen sich Anfänge von Verstand, keines großen Verstandes, aber doch genug, ihn ein wenig sündhafter zu machen, als es der Rest seiner Dschungelbrüder ist. In den menschlichen Errungenschaften des Ehebruchs und Diebstahls hat der Rhesus es zu beachtlicher Meisterschaft gebracht. Seine umtriebige und bedenkenlose Libido hat überall auf der Welt zu einem solchen Überangebot an Rhesusaffen geführt, daß sein Marktwert weit unter den jedes anderen gefiederten oder vierbeinigen Wesens fiel. Für nur 2 Dollar kann man einen Rhesus erstehen, und es gibt Zeiten, wo noch nicht einmal jemand einen geschenkt haben will.
Der schlechte Ruf des Rhesus geht jedoch weniger auf seine ökonomisch ruinösen Gelüste zurück als auf seinen mangelnden Respekt gegenüber dem Eigentum. Diese Respektlosigkeit mag daher rühren, daß der Rhesus fast der einzige Vertreter der Tierwelt ist, der es gelernt hat, Besitz zu schätzen. (Wie den Armen ist es ihm jedoch nie gelungen, selbst das geringste Talent zu dessen Erwerb zu entwickeln). Solches Anhimmeln von Besitz führt logischerweise zur Dieberei. In Indien geschieht es nicht selten, daß Horden von Rhesusaffen einen durch den Dschungel fahrenden Zug überfallen und Bücher, Salzfässer, alle möglichen Schuhe, Servietten, Strohhüte – kurz, alles, was nicht niet- und nagelfest ist, stehlen.
Eine andere Besonderheit des Rhesusaffen – eigentlich eher typisch für die menschliche Gattung als für den Affen – liegt darin, daß er sich gern einfangen läßt. Nie sind die Rhesusaffen so glücklich, wie in dem Moment, in dem sie sich im Netz eines Eingeborenen wiederfinden. Sie sind immer angetan

von ihren Fängern und tun alles in ihrer Macht stehende, profitabel für sie zu sein. Trotz Klimawechsels, trotz Krankheiten und Katastrophen, von denen sie auf ihrer Überfahrt von Indien zu Mr. Trefflich heimgesucht werden, spielen sie, in ihren von Stürmen durcheinandergerüttelten Schiffskäfigen mehr auf dem Kopf als auf den Füßen stehend, weiter Casanova. Und gleichgültig, wie viele die Überfahrt nicht überleben – es kommen immer mehr Rhesusaffen in New York an als Indien verließen.

Mr. Trefflich ist einer der Welt erfahrenster Händler mit wilder Fauna. In seiner Tierhandlung in der 215 Fulton Street findet man fünf Stockwerke voller exotischer, wilder und fantastischer Wesen. All diese verschiedenen Spezies, so wird Mr. Trefflich Ihnen versichern, sind nicht einfach zu halten und können nur schwer außerhalb ihrer heimatlichen Gefilde überleben – alle, außer dem Rhesus.

Der Rhesus freut sich darauf, nach New York zu kommen. Er ist so begierig auf seine Gefangenschaft in der Neuen Welt, daß man geneigt ist zu glauben, in Indien gehe die Kunde, unsere Gestade seien das verheißene Land, voller wunderbarer Jobs für Affen. Und der Rhesus geht so glücklich an Land wie jeder andere Einwanderer auch, der von Schweinekoteletts und ungeahnten Freuden träumt.

Auch die 1700 von Mr. Trefflich eingeschifften Affen waren in solch freudiger Stimmung. Sie schnatterten sorglos darauflos, und als man sie auf einem Lastwagen zu einem Gelände am Westchester Square in den Bronx brachte, hüpften sie vergnügt in ihren Lattenkisten auf und ab. Auch in den Bronx ließen sie nicht davon ab, einander allzu eifrig anzuhimmeln und sich wie die Fliegen zu vermehren. Voller Aufregung warteten sie darauf, was ihr neues Leben ihnen bescheren würde.

Aber ohne jedes Verschulden ihrerseits verursachten sie Mr. Trefflich plötzlich großes Kopfzerbrechen. Die Welt hatte in-

zwischen alles Interesse an Affen verloren. Die Menschen waren zu sehr damit beschäftigt, einander hinzumetzeln; niemand mehr hatte noch einen Gedanken für die Verhaltensweisen unserer zurückgebliebenen Ahnen.
Kein Zoo wollte Mr. Trefflichs Schützlinge haben und auch kein Zirkus; und weder durch Rundschreiben noch durch sonstige Werbung ließen sich die Bürger dazu bewegen, zum Zeitvertreib für die Kinder ein paar Rhesusaffen in die Familie aufzunehmen.
Der Rhesus war zum Massenartikel geworden, zum beharrlichen Ladenhüter. Mr. Trefflich, der täglich Geld verlor, weil er die Horde ja füttern mußte, raufte sich die Haare. Der Tierschutzverein war hinter ihm her, weil einige Affen schon sehr hungrig aussahen. Ganz offenkundig ließen auch die hygienischen Zustände in ihrem neuen Zuhause zu wünschen übrig. Mr. Trefflich schlief am Westchester Square bei seinen müßiggängerischen und unerwünschten Affen, er aß mit ihnen und zerbrach sich verzweifelt den Kopf, was er mit ihnen anstellen sollte. Nach sechs Monaten waren die Affen sogar noch verzweifelter als Mr. Trefflich. Sie verfielen darauf, sich gegenseitig zu beißen, über den Zaun zu springen, wie verrückt zu stehlen und die Bronx mit aufrührerischem Lärm zu erfüllen.
Selbst bei dem so günstigen Preis von 5 Dollar pro Stück gab es im menschlichen Plan der Dinge keinen Platz für die Rhesusaffen – außer einem. Und so endeten Mr. Trefflichs einst so glückliche Amerikareisende auf den Seziertischen der großen Laboratorien.
Die Wissenschaft lernte zweifellos eine Menge, als sie das Innere von Mr. Trefflichs ansonsten nutzlosen Affen studierte. Es ist jedoch fraglich, was all diese Entdeckungen den Rhesusaffen einbringen, die sich auf so traurige und vielleicht heroische Weise dem Fortschritt zur Verfügung stellten.
Auf dem Tiermarkt herrschen dieselben Gesetze wie sonst auf

der Welt, und den Affen ergeht es wie den Armen: man denkt nicht an das, was sie für die Geschichte leisten, sondern nur daran, welche Fehler sie haben und wie überflüssig sie sind.

Abschiedsgruß für einen alten Mann

Wenn ich den Namen Pétain lese, muß ich an einen Pelikan denken, den ich einmal am Strand von Malibu sah. Schon von weitem fiel mir dieser Pelikan auf, weil er so eigenartig dastand. Normalerweise steht ein Pelikan nie mit den Schwanzfedern zum Meer hin da. Aber dieser Pelikan war in genau dieser Stellung. Die Spitze seines langen Schnabels hatte er in den Sand gebohrt. Er stützte sich darauf wie auf einen Gehstock und ließ seinen Blick über den Sand zu der vor ihm aufragenden Klippe schweifen.
Als ich näher kam, erkannte ich, daß der Pelikan in Todespein war, und ich fragte mich, was diesen Vogel bewogen haben mochte, seine letzte Stunde damit zu verbringen, eine Klippe anzustarren. Im Leben eines Pelikans kommen Klip-

pen nicht vor. Bussarde, Papierdrachen und Krähen lassen ihre Schatten über Klippen huschen. Ein Pelikan bleibt dem Meer treu.
Kein Vogel reitet so geschickt auf den Wellen wie der Pelikan. Sein Leben ist ein einziger Karneval auf den Stürmen. Er ist eher Akrobat als Federvieh. Die Flügel weit auseinandergeschwungen, den langen Schnabel in die Wogen getaucht, treibt er Meile um Meile auf dem Wasser dahin. Hoch in den Lüften dreht und wendet er sich auf dem Winde, vollführt Kunststücke wie die Hochradfahrer aus alten Zeiten und, erspäht er einen Fisch, kommt er mitten in der Luft zum Stillstand und stößt dann, wie aus einer Steinschleuder geschossen, herab.
Dieser Pelikan, der sich auf seinen Schnabel stützte wie ein alter Herr auf seinen Spazierstock und eine fremde Klippe anstarrte, hörte mich näherkommen. Er drehte sich langsam herum. Weder Angst noch Verwirrung ließen seine Flügel flattern. Sie blieben zusammengefaltet. Dann drehte er sich langsam so weit herum, daß er aufs Meer sehen konnte und begann über den Sand aufs Wasser zuzulaufen.
Er kam nur mühsam voran. Seine Halsmuskeln waren schon schlaff. Sein schwerer Schnabel fiel ihm immer wieder in den Sand, so daß er mehrmals über ihn stolperte. Aber er humpelte weiter. Einmal kippte er um, kämpfte sich wieder hoch, blieb einen Moment stehen und breitete dann langsam die Flügel aus. Ich betrachtete diese Anstrengung mit Erleichterung, denn wie es schien, würde er sich nun gleich in die Luft erheben und in wenigen Minuten übers glitzernde Meer entschwunden sein. Aber die Flügel sackten ihm wieder herab, und er stolperte zu Fuß weiter.
In Malibu ist immer Wellengang. Ungefähr fünfzig Fuß vom Strand entfernt erhebt sich das Meer zu einer gewölbten Wand, die unentwegt herunterstürzt und sich dann als tosende weiße Gischt auf dem Sand bricht.

Nur mit großer Anstrengung näherte sich der Pelikan dem Wasser. Aber trotz seiner Schwäche lag keinerlei Panik in seinen Bewegungen. Kein verzweifeltes Flügelschlagen war zu sehen. Er schien nichts überstürzen zu wollen, hatte keine Eile. Mit der Würde eines Botschafters setzte sich der Pelikan dann auf eine Schaumkrone. Und von da an konzentrierte er all seine Energien auf ein einziges Ziel. All sein Streben lag darin, seinen langen Schnabel in der wilden Brandung in Richtung der hinausziehenden Strömung zu halten, sich in ihren Sog zu begeben. Er wollte wieder aufs Meer hinaus.
Die fremde Klippe mit ihren Schatten von Bussarden und Papierdrachen lag nun hinter ihm. Vor ihm ragte das vertraute Meer mit seiner hereintosenden grünen Wand auf. Er trieb vor und zurück auf der Brandung, so als zögen unsichtbare Fäden ihn in entgegengesetzte Richtungen. Aber sein müder Schnabel gab nicht auf. Hatte er dem Pelikan zuvor als stützender Spazierstock gedient, so war er ihm jetzt Ruder, in das er all seine Kraft legte, Kurs zu halten.
Als er kurz vor der hereinbrechenden Meereswand, ihrer brausenden Gischt war, erwachte der Pelikan plötzlich zu Leben. Er tauchte aus dem Wasser auf, breitete seine Flügel aus und schlug sie tapfer auf und ab. Eine Handbreit stieg er in die Luft auf, dann eine weitere. Einen Moment lang sah es so aus, als würde er sich in den Himmel erheben, sich aus der Hand des Todes befreien, die peitschenden Wellen hinter sich lassen und entschwinden in windige Sphären.
Aber Herz und Flügel waren nicht mehr stark genug. Wieder sackte der lange Schnabel herab. Die Halsmuskeln versagten. Der Schnabel verschwand im Wasser, der Kopf fiel nach unten und, als habe ihn jemand an einer Schnur aus der Luft gezogen, schaukelte der Pelikan wieder auf einer Welle.
Die Brandung brach sich über ihm. Die herunterstürzende Wand prasselte auf ihn herab. Er verschwand, dann tauchte er wieder auf. Lange Zeit trieb er auf der Strömung hin und

her, aber schließlich spie das Meer ihn wieder aus und setzte ihn auf dem trockenen Sand ab. Der Pelikan richtete sich auf und humpelte langsam zu seinem Grab. Weitab vom Meeressaum hielt er an. Und dort stand er nun, so wie ich ihn zuerst gesehen hatte, und betrachtete die fremde Klippe.

Dann drehte er sich langsam zum Meer um, grub seinen Schnabel in den Sand und sah zu den Wellen und der Gischt, dem Wind und den Wasserfluten hin.

Nach einigen Minuten fiel er um und rollte auf den Rücken. Die Schatten von Bussarden und Drachen verschwanden von den Klippen.

Von allen Seevögeln ist der Pelikan der einzige, der sich im Sterben auf den Rücken rollt und die Flügel zusammenfaltet. Die anderen – die Seeschwalben, Lappentaucher und Möwen – liegen im Tode auf dem Bauch, den Kopf unter den ausgebreiteten Schwingen begraben. Mein Pelikan mit seinem weißen in die Luft gereckten Bauch sah ein wenig würdelos aus. Aber als ich ihn so daliegen sah, mußte ich daran denken, wie er auf seinen Gehstock gestützt dagestanden und still und müde von seiner Meerheimat Abschied genommen hatte.

Und wenn ich den Namen Pétain lese, fallen mir die Manöver dieses Vogels ein, der auf dem Strand starb, während die Schatten einer fremden Klippe über ihn hinweghuschten.

Guten Tag

Wenn Sie am dreizehnten Mai in B.Z. Goldbergs Heim in der 131 East 29. Straße vorbeischauen, wird sich Ihnen ein erstaunlicher Anblick bieten. Sie werden hundert oder mehr Juden sehen, die lachen. Zum größten Teil werden es mit Literatur befaßte Juden sein, wie ich selbst. Sie lachen über den tiefen und saftigen Humor von Scholem-Alejchem, der am dreizehnten Mai vor fünfundzwanzig Jahren starb.
Als Scholem-Alejchem starb, hatte er einen Wunsch. Er wünschte, wenn es den Juden schlecht ginge, sollten sie sich an ihn erinnern und lachen.
Mr. Goldberg ist der Schwiegersohn von Scholem-Alejchem. Und das Gelächter in Mr. Goldbergs Heim ist eine Art jährlicher Gedenkgottesdienst für den größten Humoristen, den die Juden hervorgebracht haben. In vielen anderen jüdischen Heimen von den Bronx bis Timbuktu wird an diesem Tag gelacht, d.h. also auch in Europa und im Nahen Osten.

Wie lustig ist Scholem-Alejchem? Bringen einen seine Bücher zum Lachen? Scholem-Alejchem ist überhaupt nicht lustig. Und doch – würde man Lou Holtz, George Jessel, Eddie Cantor, Al Jolson, Fanny Brice, Weber und Fields, Ed Wynn und all die anderen jüdischen Komiker zu einer Person zusammenschmelzen, sie könnten einem kein herzlicheres Lachen entlocken.

Alejchem war etwas, das es selten gibt. Er war die Seele eines Volkes – dessen Herz, Witz und vor allem dessen idealer Sprecher. Dickens und Gogol waren seine Onkel. Cervantes und Rabelais, Mark Twain und Heinrich Heine benutzten die gleiche Tinte.

Ich bezweifle, daß es einen des Jiddisch mächtigen Juden auf der Welt gibt, dem bei der Lektüre Scholem-Alejchems nicht vor Lachen die Tränen gekommen sind. Und während er sich so lachen sah, sah er das große Bild des Juden vor sich – jenen verschmitzten, heiteren Weisen, dessen beharrliches Grinsen auch dem kleinsten Hosenbügler im Gesicht steht. Und in der Tat, es waren die kleinen Leute, die Scholems Humor nährten. Den geschlagenen und geschundenen Herzen entrang er sein großes Lachen.

Der Name Scholem-Alejchem bedeutet im Hebräischen »Guten Tag«. Mein Rabbi würde mich wahrscheinlich korrigieren wollen, aber genau dies ist die Bedeutung. Warum nannte sich dieser Meister »Guten Tag«? Ich weiß es nicht. Aber noch nie hat ein Name so gut zu einem Talent gepaßt.

Mit dem fröhlichsten und zärtlichsten »Guten Tag«, das je einer menschlichen Seele entschlüpfte, begrüßte Scholem-Alejchem das Unglück. Seine kleinen Leute, angefangen mit dem unsterblichen Tewje, dem Milchmann aus der Stadt Yahupitz, haben alle seine Figuren einen großen gemeinsamen Zug: sie alle heißen das Unglück willkommen. Sie sehen ihm mit freudigem Blick und einem Grinsen entgegen und erliegen dabei einem grotesken Irrtum. Sie drechseln Bedeutungen in das Unglück hinein, die es beinahe entwaffnen – beinahe, aber nicht ganz. Sie leiden, wehklagen, brechen unter ihrer Last zusammen und sterben, aber wenn man ihnen während all dieser Vorführungen in die Augen sieht, dann entdeckt man ein Zwinkern darin, das tiefer liegt als ihre Tränen. Ein so erbarmungswürdiger und verquerer Scharfsinn blitzt dabei aus ihnen hervor, daß man beinahe meint, man habe es mit einem Völkchen von Clowns zu tun – beinahe, aber nicht ganz.

Scholem-Alejchems kleine Leute liebten das Leben mehr als das Unglück. Und wenn sie nichts mehr zu beißen hatten, dann nährten sie sich von ihrem Witz. Sie machten sich sogar ein wenig über ihren Gott lustig. Sie lästerten Gott zwar nicht gerade, aber manchmal vertrauten sie ihren von der Arbeit erschöpften Pferden oder den dunklen Wänden, die vor ihnen aufragten, ihren Verdacht an, der Allmächtige müsse Augen wie eine Eule haben, so emsig sein wie ein Biber, um solch kleine Leute wie sie für solche große und komplizierte Kalamitäten auszuspähen.

Scholem-Alejchem starb in den Bronx. Im Jahre 1914 war er aus seiner russischen Heimat zu Besuch nach New York gekommen. Einundeinhalb Jahre später, mit siebenundfünfzig, war er tot. Und als Scholem-Alejchem gestorben war, wußte niemand, wo ihn begraben. Für diesen Gentleman, der in Millionen Herzen zu Hause war, fand sich kein Fleckchen Erde für seine letzte Ruhe. Denn es war Krieg zu jener Zeit, und wieder einmal waren die Juden, wie so oft in bedrängten Zeiten, unbeliebt.

Als Solomon Rabinowitz wurde Scholem-Alejchem in der Stadt Perejaslaw, die in der Ukraine liegt, geboren. Aber der Geburtsort eines Juden ist nicht notwendigerweise seine Heimat. Auch ist das Land, in dem er lebte und gedieh, nicht unbedingt der Ort, wo man ihn Sohn nennt.

Nach seinem Tod stritten sich seine Freunde und Familie fünf

Jahre lang, zu welchem Land Scholem-Alejchem gehöre. Wo sollten sie den großen Genius beerdigen?
1921 wurde Scholem-Alejchem auf dem Friedhof des Arbeitervereins in den Cypress Hills in Brooklyn begraben. Dort liegt er nun, in einer Erde, die ihm so fremd ist wie die Gefilde hinter dem Mond. Ein großes schwarzes Monument wurde über seinem Grab errichtet. Jedes Jahr pilgern Tausende Juden dorthin, um ihn zu ehren – ein Gebet für den Mann zu sprechen, der für sie lachte.
Viele berühmte Juden haben den Wunsch, neben Scholem-Alejchem beerdigt zu werden. Er ist eine Art Ein-Mann-Westminster-Abbey geworden. Neben ihm liegen schon der Magistratsabgeordnete Abraham Shiplacoff, Dr. Julius Halpern, der Romancier Bernard Gorin, der Ghettopoet Morris Rosenfeld, der Verleger Jacob Rombro, der Kongreßabgeordnete Meyer London und Charney Vladeck, der Journalist. Es gibt viele andere Aspiranten.
Auf Scholem-Alejchems Grabstein steht ein Epitaph. Ich schreibe es ein wenig um:
Hier liegt ein Jude, der so wenig von sich hermachte
wie eine abgetragene Weste
Er litt wie der Teufel, aber sein Witz war der beste
Er brachte andere Juden zum Lachen – es klang immer gut
Das hilft dir nun nicht viel, in deiner drei Meter tiefen Gruft
Hier liegt ein Jude, der viele Kümmernisse und Sorgen gekannt
all seinen frommen, geplagten Brüdern reicht er damit die Hand
Seinen hinfälligen Körper nahm er mit fort,
zurück ließ er sein Wort
Es ist so fröhlich und voller Lachen,
daß die Engel große Augen machen.
Sie wollen es nicht glauben, daß es ein Jude ist,
dessen Überreste man ihnen anempfiehlt.

Offener Brief an Mr. Churchill

Mein lieber Winston Churchill:
Mich würde es nicht überraschen, wenn Sie in diesen Tagen über das amerikanische Wesen nachgrübeln. Während von Bomben erschütterter Stunden fragen Sie sich vielleicht, was aus unserer gefeierten Mitmenschlichkeit geworden ist. Ich schreibe diesen Brief, um Sie zu versichern, daß unser Herz noch immer auf dem rechten Fleck sitzt und wir unerschrokken und voller Tatenfreude Seite an Seite mit den Engeln stehen.
Gestern zum Beispiel rief eine große Anzahl von Männern und Frauen bei Miss. A.L. Carmody an, der federführenden Sekretärin des Vereins der Tierfreunde, und protestierte auf-

gebracht gegen das Schaufenster einer gewissen Tierhandlung in der Fifth Avenue. Dieses Fenster war voller Schildkröten, und die armen Kreaturen waren so eng zusammengepfercht, daß sie übereinanderkrabbeln mußten, wobei sie – ein mitleiderregender Anblick – ständig auf den Rücken purzelten.

Dieses Schauspiel, Sir, hat unzählige unserer Bürger so empört, daß sie zum Telefonhörer griffen und verlangten, man möge die Schildkröten von ihrem Unglück erlösen.

Sie sind ein gelehrter Mann, Sir, und vielleicht glauben Sie, die betreffenden Anrufer gehörten der Gattung der Schildkröten-Anbeter an, die sich womöglich, wie ein bestimmter Stamm von Wilden, dessen Namen mir entfallen ist, einbilden, von diesem Reptil abzustammen und die mit ihren Anrufen gegen solche Gewaltanwendung gegen ihr Totem protestierten.

Natürlich wissen Sie auch, Sir, daß Schildkröten allgemein als Phallus-Symbole gelten, was darauf hindeuten könnte, daß die vielen Anrufe betreffs der mißlichen Lage dieser Tiere eine Art sexueller Hilfeschrei waren.

Ich neige jedoch zu der Ansicht, daß sich in diesem kleinen Ereignis weder die Libido unserer Fifth-Avenue-Bummler Luft machte, noch irgendwelche kannibalistischen Neigungen ein Ventil suchten, sondern daß hier das große Herz des Amerikaners sprach – ein Herz, bei dem man sich darauf verlassen kann, daß es den Schwachen und Bedrängten stets zu Hilfe eilt.

Einen noch eindrucksvolleren Beweis unserer Loyalität gegenüber den Werten, die Sie und Ihr Volk so tapfer verteidigen, lieferten unsere Bürger um die Osterzeit. Da Sie ein vielbeschäftigter Mann sind, Sir, haben Sie wahrscheinlich nicht davon gehört. Bei dieser Gelegenheit erhielt Miss Carmody Hunderte von Briefen, Telefonanrufen und sogar Telegrammen, mit denen die wackeren Streiter des Tierfreundevereins darauf aufmerksam machten, was in dem Schaufenster eines großen Kaufhauses in der Fifth Avenue vor sich ging. Dieses Einkaufsmekka wollte seine Kunden zu Ostern mit einer besonderen Schaufensterdekoration erfreuen. Bestandteil dieser Dekoration waren kleine Küken, die man, im Interesse der Kunst, eingefärbt hatte, um sie mit der allgemeinen Farbgestaltung in Einklang zu bringen.

Diese unmenschliche Behandlung der kleinen Küken, Sir, löste einen solchen Proteststurm aus, daß der Verein der Tierfreunde zur Tat schritt. Drei Tage vor Ostern wurden die armen kleinen Dinger befreit – aber erst, nachdem die Kaufhauskunden zuhauf ihre Bestellkonten aufgelöst und in Briefen lebenslänglichen Boykott geschworen hatten.

Ich weiß, daß auch Küken, wie die Schildkröten, erotische Symbole sind. Wiederum könnte so mancher unserem Lande nicht wohlgesonnene Kritiker auf den Gedanken verfallen, die Amerikaner bedürften in diesen Tagen eines Totems, und ein Küken eigne sich bestens dafür. Ich bin jedoch der Meinung, daß der österliche Volksaufstand ein weiteres Indiz für die große amerikanische Menschenfreundlichkeit ist, auf die Sie, Sir, und England sich verlassen können – bis zum letzten Küken.

Schildkröten und Küken sind nicht die einzigen Wesen, die einen großen Raum im Herzen unserer Bürgerschaft einnehmen. Ich bin sicher, Sie werden erfreut sein zu hören, daß sogar ein so niederes Lebewesen wie der Floh seine streitbare Lobby hat. Wie Miss Carmody mich informiert, verstreicht kein Monat, in dem nicht wütende Bürger den Verein der Tierfreunde auffordern, jeden Flohzirkus in der Stadt genau unter die Lupe zu nehmen und der unmenschlichen Behandlung dieser Insekten-Tragöden ein Ende zu bereiten.

Vor einigen Monaten offenbarte sich die Seelengröße unserer Bürger jedoch noch anschaulicher. Da entzündete sich die Volksseele an einer Gesetzesklausel, der sogenannten *Esqui-*

rol-Verordnung. Mit dieser kuriosen Verordnung wird das Stutzen von Pferdeschwänzen legalisiert, sofern das Pferd zuvor örtlich betäubt wurde. Die Protestwelle gegen solche Gewaltanwendung gegen Pferdeschwänze schwappte noch höher als bei den Rettungsaktionen für die Küken, Schildkröten und Flöhe.

Bei dem Empörungssturm gegen die *Esquirol*-Verordnung wüßte ich von keiner unterschwelligen phallischen Bedeutung. Und nur die abschätzigsten Kritiker Amerikas könnten auf die Idee verfallen, in irgendeiner tiefen Seelenschicht bildeten wir uns ein, von einem Pferdeschwanz oder seiner näheren Umgebung abzustammen. Wiederum bin ich davon überzeugt, daß der Aufschrei gegen das Stutzen von Pferdeschwänzen direkt aus dem großen amerikanischen Herzen kam. Jede andere Interpretation ginge fehl.

Sir, ich möchte meinen Brief mit einem allgemeinen Tatsachenbericht beschließen, von dem ich hoffe, er wird Sie und ihr bedrängtes Volk aufmuntern.

Während Sie bei der tapferen Verteidigung der Prinzipien, die doch auf beiden Seiten des Atlantiks so hoch gehalten werden, eine düstere und schlimme Zeit durchleiden, waren auch wir nicht ganz müßig. Denn welche Verwirrung politisch auch in unseren Herzen herrschen mag, der Jahresbericht des Vereins der Tierfreunde macht deutlich, daß unsere Mitmenschlichkeit, die wahre amerikanische Seele, unter den verrohenden Einflüssen der Nazis nicht im geringsten gelitten hat.

Der Bericht zeigt, Sir, daß während England kämpfte, allein in der Stadt New York 12000 Beschwerden über Grausamkeit gegen Hunde, Küken, Goldfische, Schildkröten, weiße Mäuse, Pferde, Flöhe und Affen bei dem Verein eingingen und jeder einzelne Fall in aller Schärfe untersucht wurde.

In der Hoffnung, daß meine Nachrichten die Moral Ihres tapferen Volkes in dieser verzweifelten Zeit aufrichten werden, empfehle ich mich als Mitglied der stolzen Rasse von Schildkröten-, Küken-, Floh- und Pferdeschwanzfreunden – und als Ihr amerikanischer Verbündeter

Ben Hecht

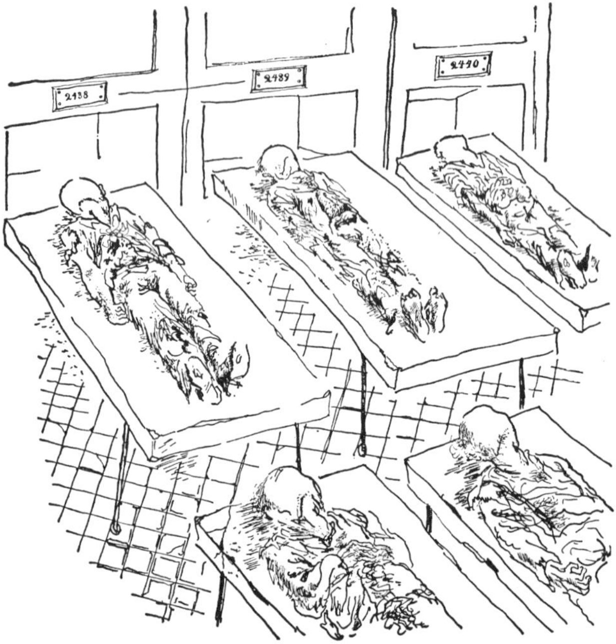

Nachruf auf Niemand

Letzten Montag starb ein Mann in der Stadt – ein Mann, so einzigartig wie jeder andere auch, der irgendwo starb.
Ein wenig gleichgültig wurde das Ableben dieses vortrefflichen Bürgers der Leichenhalle in der East 26. Straße gemeldet. Der Beamte, der dafür zuständig ist, sich dergleichen Dinge anzuhören, nahm die Nachricht entgegen, und eine halbe Stunde später öffnete sich die Tür des städtischen Gebeinhauses für die sterblichen Überreste eines menschlichen Wesens, das sich fünfundfünfzig Jahre mühsam durchs Leben geschlagen und dann in einem Seitengäßchen der Houston Street hingelegt und seinen Geist aufgegeben hatte.

Auf seinen leeren Notizblock starrend stimmte der Hilfskommissar ein Klagelied über diesen Neuankömmling an. Die Leiche hatte keinen Namen. Ihre Adresse war unbekannt. Freunde hatte sie keine. Niemand konnte ans Tageslicht befördert werden, der den toten Mann schon einmal gesehen, von ihm gehört oder geträumt hatte. Seine Taschen waren leer wie die Blechbüchse eines Bettlers an einem Regentag. Auch seine Kleidung bot keinerlei Spur, keinen Hinweis auf einen Herrenausstatter oder eine Wäscherei. Nicht einmal ein Zahnarzt hatte sich an seinem Gebiß zu schaffen gemacht, was in so vielen Fällen weiterhilft.
Kurz, der in Frage stehende Kadaver war zu diesem Zeitpunkt so unbekannt, daß er genauso gut gerade erst aus der Erde hätte hervorgekrochen sein können wie er tot auf sie niedersank. Vier Tage lang trotzte dieser unrasierte und unansehnliche Gast des Leichenhauses allen Anstrengungen der Gesellschaft, ihn mit einem Namen und einem Sinn zu versehen. Bis Freitag war Antwort von allen städtischen, bundes- und zentralstaatlichen Fingerabdrucksammlungen eingegangen, der Mann aus dem Houston-Street-Seitengäßchen komme in ihren Karteien nicht vor.
Nur ein einziger Hinweis fand Eingang in Hauptkommissar Steins Archive (Mr. Stein ist der Leiter der Dienststelle, die sich mit vermißten Personen und nicht identifizierten Leichen befaßt), der Vermerk nämlich, daß diese so hartnäckig anonyme Gestalt an einer Schwäche der Herzorgane gestorben war.
Als dieser rätselhafte Bürger dann mit so wenig Zeremonie, wie sie normalerweise das Fortschaffen kleineren Haushaltsmülls begleitet, zum Armenfriedhof befördert wurde, stand nur ein einziger Fakt über ihn in den Akten: daß sein Herz müde geworden war.
Und die meterlangen Regale mit den Akten vermißter Personen und nicht identifizierter Leichen bei besagter Dienststelle

waren um ein Foto reicher – ein hageres Fledermausgesicht mit erloschenen Statuenaugen und den starren, nichts preisgebenden Zügen eines Wesens, das seine Seele verloren hat.
Es gibt nichts, was den Verantwortlichen des Leichenhauses größeren Verdruß bereitet als solche Nicht-Existenzen wie der Mann aus dem Seitengäßchen der Houston Street. Im Laufe eines Jahres treffen um die 22000 Bürger mit den Füßen zuerst in diesem modrigen, roten Gebäude ein. Und die Polizei hat eine teuflische Zeit mit den meisten von ihnen. Denn alle, die mit Tüchern bedeckt im städtischen Gebeinhaus ankommen, sind Kinder der Gewalt und des Rätsels. Es sind die Verwirrten und Unachtsamen, die aus Fenstern stürzen, überfahren werden, in Flüssen und Meeren untergehen, sich das Hirn aus dem Kopf blasen oder es von jemand anderem herausgeblasen bekommen. Ein großer Teil von ihnen trägt das kriegerische Schild – *Leiche gefunden. Keine Angehörigen zu ermitteln* vor sich her.
Bei den meisten jedoch gelingt es der komplexen und ausgeklügelten Polizeimaschinerie, eine Vergangenheit auszubaggern und ihre Identität ans Licht zu befördern. Sie lebten und starben, und es war nicht leicht herauszufinden, wer sie gewesen waren, aber dank der vielen eigens geschulten Detektive konnte man den Aktendeckel dann doch zuklappen und mit dem Epitaph *Fall Erledigt* versehen.
Aber der Mann, der am Montag starb, ist immer noch ein *Unerledigter Fall* und ein großes Ärgernis. Sein Foto ziert eine Akte auf dem langen Regal, in dem sich schon Hunderte seiner unbequemen Brüder eingefunden haben – alle so namenlos wie der Unbekannte Soldat in Arlington. Und jedes Jahr wandern um die 300 neue Namenlose in die Regale. Denn fast an jedem Tag des Jahres trifft ein Neuankömmling auf einer Bahre ein und konfrontiert die Polizei mit dem letzten hartnäckigen Geheimnis: Wer bin ich, wo komme ich her, und was habe ich auf der Welt getan?

Die Zeitungen sind immer voll von Leuten, die als tapfere Kämpen untergingen, von Helden, die im Kampf starben, von großen Herzen, die bis zum letzten Atemzug einer hehren Sache dienten. Über den Tod gibt es immer glamouröse Geschichten zu lesen – Geschichten von kleinen furchtlosen Leuten und schönen Gesten, die der Brutalität dieser und aller Tage mutig die Stirn bieten.

Ein Nachruf auf die Schmählichen jedoch ist eine Seltenheit, in der Presse und auch überall sonst. Aber, gerade vom Leichenbegängnis des Mannes aus dem Seitengäßchen der Houston Street zurückgekehrt, habe ich das Gefühl, ich schulde ihm ein Abschiedswort und entledige mich hiermit meiner Pflicht:

Ihm waren die einsamen Augen, die auf die Saloon-Fassaden in der Canal Street starrten. Er war die träge Gestalt, die sich an eine Mauer neben dem Spielplatz in der Henry Street lehnte. Er war die gebeugte Körpermasse, die eher wie ein Bündel als ein Mensch die Tenth Avenue hinunterwankte, die Augen stier auf das bekritzelte Pflaster geheftet. Wo sich Menschen drängten und Lichter leuchteten, war er es, der Unrasierte, der zitternd und einsam am Rande stand. Er war der blaugefrorene Müßiggänger, der auf der kalten Parkbank saß und ins Nichts starrte.

Während er den dunklen Tunnel durchwanderte, der zum Leichenhaus und den Aktenkammern der Dienststelle für vermißte Personen und nicht identifizierte Leichen führte, lagen hinter seinem hungrigen Fledermausgesicht die Träume und Erinnerungen von jemandem, der überlebt hat. Welcher Art diese Erinnerungen waren – welche Stürme den Namen des Mannes aus dem Seitengäßchen der Houston Street aus der Welt peitschten, welche Verbrechen, Vergehen und Fluten von Verzweiflung ihn aus dem Leben rissen und matt und kraftlos auf einem fremden Strand absetzten – das sind die rhetorischen Fragezeichen, die Hauptkommissar Steins Ak-

tenkammern heimsuchen und auf die es auch in diesem Nachruf keine Antwort gibt.
Und doch kann über das Ableben dieses Mannes etwas so Großes geschrieben werden wie über das Hinscheiden jedes anderen Menschen auch. Seine Biographie ist ein Satz. Er lautet: »Am Montag starb ein Mann, der ...«

Ein Dichter aus dem Gestern

An regnerischen Winternachmittagen sieht die Stadt aus, als habe sie sich in einen Keller verkrochen. Die Straßen sind dunstig und trübe, und die Häuser stehen bleiern da.
Aber an diesem Nachmittag ist der Regen ein Zaubermantel. Mit schwungvoller Bewegung öffnet er sich und produziert etwas aus dem Nichts – die Vergangenheit.
Eine durchnäßte, nachdenkliche Gestalt schlendert langsam die 47. Straße hinunter. Sie straft den Regen mit Mißachtung, denn im Innern dieses Gentleman toben weit heftigere Stürme. Er ist mittleren Alters, blond, sein Rücken gebeugt und sein Gesicht mürrisch. Er sieht ein wenig heruntergekommen aus. Gegen sein ausgefranstes Jackett hält er eine

speckige Aktentasche gepreßt. Obwohl ich dieses gewölbte Gepäckstück seit fünfzehn Jahren nicht mehr gesehen habe, weiß ich, was darin ist. Gedichte.

Denn dieser Regenverächter ist Maxwell Bodenheim, einst Chicagos kubistische Nachtigall. Das war in den Tagen, ehe die Politik die Menschen dazu brachte, ihren Geist auf höhere Dinge zu richten. In jenen Tagen entströmten dieser abgewetzten Ledermappe merkwürdige Gesänge – sarkastische, verschnörkelte und oft unverständliche Reime.

Dichter lieben viele Dinge – eine Tatsache, die so manchem, der sie laut genug besang, zumindest bescheidenen Ruhm einbrachte. Aber mein Freund Bodenheim hatte das Pech, in seinen jungen Tagen nur Worte zu lieben. Er war ein Mathematiker der Worte. Er arrangierte sie zu akrobatischen Mustern, die voll von einer geheimnisvollen Zärtlichkeit waren. Er verabscheute das Klischee, was ihn dazu führte, Gleichnisse und Metaphern zu erschaffen, die so neu waren, daß das Leben kaum noch zu erkennen war in diesem unerwarteten Gewand.

Er erhielt wenig Anerkennung für seine Schöpfungen, denn die Menschen, die seine Gedichte lasen, glaubten nicht, daß ein Dichter sie geschrieben habe, sondern meinten, irgendein Scharlatan stecke dahinter. Diese Lesermeinung war so unerschütterlich, daß Bogey seine Briefe wie folgt zu unterzeichnen pflegte (und welch ein Briefeschreiber war er – wie Jeremias!): »Maxwell Bodenheim, der 376. beste Dichter der USA«. Bogey erklärte, dieser Titel stehe ihm zu, denn er habe an 376 Gedichtwettbewerben teilgenommen und nie einen einzigen Preis gewonnen. Er empfand dies als böswillige Ironie, denn Yeats, Pound, Eliot, Aldington, Sandburg und Hunderte anderer hatten ihm als Barden den Lorbeer verliehen. Ständig schrieb irgend jemand Essays über ihn, aber doch betrachtete man ihn von Anfang an wohl als hoffnungslosen Fall: er wurde gefeiert, aber niemand förderte ihn.

Der Bodenheim, den ich vor fünfzehn Jahren in Chicago zurückließ, hatte einen Geist so voller Phantasie wie der Traum eines Frosches und ein so geheimnisvolles, verschlüsseltes Vokabular wie das zweite Gesetz der Thermodynamik.

Als wir uns wiedertrafen, tauschten wir den Regen gegen eine Saloonecke aus, und hier öffnete sich die Aktentasche von neuem. Es waren Gedichte darin, die mit denselben runden, akkuraten Tintebuchstaben geschrieben waren, wie ich sie kannte. Aber es waren nicht mehr dieselben Gedichte. Kein Scharlatan hätte diese hier komponieren können.

Sie waren die unveröffentlichte Arbeit von zehn Jahren, geschrieben in tiefster Armut, Misere und Enttäuschung. Und doch war in keinem einzigen ein Klagelied über sein eigenes Schicksal. Sie waren voller Liebe für andere. Sie sangen von Ladenmädchen und Arbeitern und vom menschlichen Ringen um Gerechtigkeit. Sie schrien das uralte Leid der Getretenen heraus, und sie warfen ein Licht.

Nachdem er mir die Gedichte vorgelesen hatte, begann Bogey, sich über Politik auszulassen. Ich fand, daß seine Ansichten über Rußland voller Mißverständnisse waren. In seinem Reden kam wieder der alte, radikale Wortkünstler zum Vorschein, der nun zu versuchen schien, ein von Hitler zertrampeltes Kreuz mit einem moskowitischen Valentinsgruß aufzurichten.

Aber dieser Irrtum, wenn es einer war (denn wer kennt schon die Konventionen von Morgen), schien mir unwichtig. Wichtig war, wie ein so geschlagenes und gebeuteltes Ego es geschafft hatte, sich so tief in das Leben zu verlieben. Bodenheim, die Zielscheibe von Hunger und Kalamitäten, hatte es sich zur Aufgabe gemacht, vom Leid und den Hoffnungen anderer zu singen. Zwischen all den Kommuniqués von den Kriegsfronten, hier einmal eines von der Front der Menschlichkeit für unsere Leser: Wenn ein so vom Schicksal im Stich gelassener, enttäuschter und verbitterter Mensch wie dieser einst empfindsamste aller Poeten immer noch mit Liebe seine Mitmenschen besingen kann, dann erscheint jene neue Ordnung des Zynismus und der Vernichtung menschlicher Werte, die Europa am Genick gepackt hält, immer noch ein wenig entfernt.

Wieder im Regen, versichert Bogey mir, daß seine Gedichte bei allen Verlegern Amerikas waren, jene eingeschlossen, die einst froh waren, ihn zu veröffentlichen. Mit der Regelmäßigkeit ungedeckter Schecks waren sie zu ihm zurückgekommen.

»Wie es aussieht«, kicherte Bogey, »bin ich kein Dichter, sondern ein alternder Amateur, dessen Schicksal es ist, seinen Nektar über der Wüste zu verströmen. Wenn mein Unglück mich nicht noch über mein Grab hinaus verfolgt, werden eines Tages vielleicht ein paar Leute vor der Tür eines Saloons meine Gedichte lesen.«

Sich noch ein Kichern erlaubend, schlenderte mein Freund davon, die nasse, bleierne Straße hinunter.

Ich schreibe dies, weil mir oft die Frage gestellt wird: »Was ist aus Bodenheim geworden?« Die Antwort lautet: Er läuft durch den Regen, ist immer noch hungrig und trägt eine Aktenmappe voller schöner Gedichte unter dem Arm.

Vier Rabbis sprechen

Ich habe vier Rabbis interviewt, alle vier fromme und gelehrte Männer.

Wenn man einen Rabbi interviewt, dann spricht man mit vielen Jahrhunderten und erhält Antworten aus vielen Kulturen, von denen manche schon vor längerer Zeit ausstarben als der Philolulu Vogel und manche noch nicht geboren wurden.

Man lauscht einer Kultur, die so begnadet ist wie die der antiken Griechen, und einer Weisheit, die so tiefgründig und spitzfindig ist wie die der modernen Psychiater.

Dies trifft natürlich nicht für alle Rabbis zu. Um die Wahrheit zu sagen, ich kenne ein paar, die weder Kultur noch Tiefgründigkeit besitzen und die sich damit begnügen, Sprachrohr jener minderen Ingredienzen zu sein, die in allen Religionen zu finden sind – vor allem Hysterie und Bigotterie. Die Hingabe an Gott ist oft korrumpierender als eine Verbrüderung mit dem Teufel. Vielleicht ist das so, weil nichts dem menschlichen Geist weniger zuträglich ist, als sich im Besitz von Gewißheiten zu wähnen. Im Grunde sind Bigotte und Hysteriker ja nur Leute, die zu viel mit ihren zu kleinen Geistern glauben und ein wenig verrückt darüber werden.

Die Rabbis, die ich interviewte, waren jedoch keine solchen Apostel atmosphärischer Störungen, obwohl ihr Glaube an Gott und ihre vielen poetischen Bezugnahmen auf Ihn mich doch etwas verwirrten. Ich war überrascht, daß Er immer noch in der jüdischen Seele existiert – und zwar mit all seiner Herrlichkeit. Daß er in der Seele eines Katholiken, eines Protestanten oder Mohammedaners seinen Platz hat, erscheint mir mehr oder weniger normal. Ihn immer noch im Herzen eines Juden beheimatet zu finden – immer noch geliebt, gefeiert, belächelt und als gütiger und rettender Vater der Kinder Israels angebetet –, darin lag ein Überraschungsmoment. Dann fiel mir ein, daß die Geschichte der Juden (seit dem Roten Meer) nicht darin bestand, daß Gott ihnen half, sondern sie Ihm, und meine Überraschung flaute ein wenig ab. Die Geschichte der Armen könnte natürlich auf ähnliche Weise zusammengefaßt werden.

Ich sprach mit den Rabbis, aber nicht über Gott, sondern über die Juden. Ich war mit einer einzigen Frage zu ihnen gekommen. Ich wollte wissen, ob ihrer Meinung nach irgend etwas Wahres in dem tollwütigen Geschrei der Nazis und Faschisten liege, wonach ihr schrecklichster Feind der Jude sei, der zuerst aus ihrem System entfernt, vertrieben und ausgespien werden müsse, ehe sie ihre neue Ordnung errichten könnten.

Meine vier Rabbis antworteten nacheinander. Sie drückten sich unterschiedlich aus, aber dem Inhalt nach waren ihre

Antworten identisch. Ja, es sei etwas Wahres daran, sagten sie. Denn schon so lange wie der Talmud stehe es geschrieben, daß die Gottlosigkeit so lange nicht ruhe, wie Gott noch in einer einzigen Seele wohne.

Es gibt viele Sekten, deren Mitgliedern das Herz voll von Gott ist, sagten meine Rabbis, und es gibt viele Religionen, die Ihn so inbrünstig wie die Juden verehren. Aber es sei schon immer das Privileg der Juden gewesen, als das Maß für Gottlosigkeit und Unmenschlichkeit herzuhalten. Seit Beginn der Geschichte waren sie der vorderste Schützengraben vor den Linien des Feinds.

Und wir sind wirklich die Feinde der Nazis, sagten meine Rabbis. In ihren Grausamkeiten gegen unser Volk tobt sich ihre Hysterie aus, eine Hysterie, die alle befällt, die wie Narren gegen den Geist ankämpfen und glauben, sie könnten ihn mit Waffen und Haß besiegen.

Der Sadismus der Nazis, sagten meine Rabbis, sei weniger ein Maß unserer Leiden als ihrer Verzweiflung. Sie brauchen ihren Sadismus, um sich selbst stark zu fühlen. Sie haben den kürzesten Weg zur Macht zu entdeckt, jenen Weg, dessen sich die Wilden der Vorzeit bedienten – Grausamkeit gegen die Schwachen, Gefühllosigkeit gegenüber Leiden und Mißachtung all der mühsam errungenen Gaben, die die Seelen des Menschen zieren.

Die Nazis haben recht, wenn sie uns als ihre unerbittlichsten Feinde bezeichnen, sagten meine Rabbis, denn unser Überleben bedeutet ihr Verderben. Ein wenig blind, haben sie uns zum Symbol all jener Dinge gemacht, die sie vernichten wollen. Ihr Angriffsziel ist nichts Irdisches, sondern der menschliche Geist selbst. Nicht nur blind, sondern auch töricht sind die Nazis jedoch in ihrem Glauben, es seien die Juden allein, die dem Triumph ihres Sadismus im Wege stehen. Denn auch wenn sie uns alle töten, uns alle zum Schweigen bringen und all unsere Bücher verbrennen, werden unsere und andere

Lehren immer noch da sein, um sie bis zum Tage ihres Untergangs herauszufordern und zu verwirren.
Lassen Sie die Welt wissen, sagten meine Rabbis, daß nie jemand den Juden eine größere Ehre erwies als Hitler. Wir haben sie nicht ganz verdient, diese Ehre; aber in unterschiedlichstem Gewand tragen wir sie seit langer Zeit mit uns herum. Viele unserer Leute finden es schwierig, sich ihrer zu erfreuen und würdig zu erweisen, denn sie gründet allein auf einer Tatsache: daß von all denen, die die Nazis zu ihren Feinden erklären, die Juden in vorderster Reihe stehen.
Das Experiment der Nazis, wie weit die Menschheit zurückgebracht werden kann, ist zum Scheitern verurteilt, sagten meine Rabbis. Es wird durch Männer und Frauen niedergeschmettert werden, die tapferer sind als die Deutschen. Und bis das geschieht, sind wir davon überzeugt, daß kein Jude sich so benehmen darf, als befinde er sich in einem Pogrom, sondern sich so verhalten muß, als sei er an der Kampffront. Und wenn er kein anderes Banner hat, das er hochhalten kann, dann soll er den Haß, den die Nazis auf ihn haben, so stolz über seinem Kopfe wehen lassen wie jede andere denkbare Flagge.
Lassen Sie die Welt wissen, sagten meine Rabbis, daß wir den reichen und einflußreichen, in ihrer Seele gequälten Juden der Stadt, die in unsere Synagoge kommen, nicht von Gott allein erzählen, sondern auch davon, wie man kämpft.

Ein verirrtes Tier aus Movieland

Ein müder alter Esel, das Fell mit Wüstenstaub verkrustet und die Beine voller Kletten, schleppte sich an den Bordstein der 21 West 52. Straße und ließ seinen Kopf hängen. Der Türsteher Red sprang vor, um die Zügel aufzufangen, die dem großen Gentleman im Sattel mit dem scharfgeschnittenen Gesicht gerade aus der Hand fielen.

»Hallo«, sagte der Gent und zog das Wort in die Länge, wie ein Mann, der das Echo in einer Höhle ausprobiert. »Paß gut auf das Eseltier hier auf. Und sieh zu, daß die Damen nicht an ihm herumtätscheln. Er ist ein Zyniker und schnappt gern nach weiblichen Hinterteilen.«

Mit diesen Worten nahm der scharfgesichtige Reisende seinem Esel behutsam den Silbersattel ab, warf sich eine Schnur mit glänzenden Goldklumpen um den Hals, zog sich die Latzhosen hoch und schritt in den Saloon, der unter dem Namen »21« bekannt ist, weil hier nichts für weniger als 21 Dollar zu haben ist, nicht einmal eine Brezel.

Dies geht auf eine Grille der Eigentümer zurück, die, so erzählt man sich, einen Lieblingsonkel hatten, und der wurde von einem Haufen von 21 Männern gehängt.

Beim Eintreten in den Laden spitzte der scharfgesichtige Reisende einen Moment die Ohren, denn aus dem Hinterraum drang das Klicken von Roulettekugeln und das Silberlachen der Damen zu ihm. Aber dann schüttelte er streng seinen grauen Kopf, ging schnurstracks auf die Theke los und wandte sich an Gus, den Barmann, mit den Worten:

»Ich heiße Gene Fowler und bin fremd in der Stadt. Ich hätt' gern ein Hacksteak und eine Flasche Wermut. Außerdem hab' ich mehrere Löcher in meinen Mokassins und würde ein neues Paar begrüßen, falls sie meine Größe auf Lager haben.«

»Welche Größe soll's denn sein?« fragte Gus.

»Mit Nummer 48 wär' mir bestens gedient«, sagte Neuankömmling Fowler. »Aber hören Sie zu, bringen sie mir bloß keine mit Perlenstickerei drauf.«

»Hab' die Hölle von einer Reise hinter mir«, fuhr Gentleman Fowler fort. »Im Grand Canyon machte mein Esel schlapp. Mußt ihn durch ganz Colorado auf meinen Schultern tragen. Seit drei Monaten hab' ich mit keiner Menschenseele mehr ein Wort gesprochen. Da, nehmen Sie einen von den Klumpen hier. Er ist ein Vermögen wert, aber mir gefällt dein Gesicht, Kumpel.«

»Wo kommen Sie her?« fragte Gus, während er sich einen Goldklumpen von der Größe eines Hufeisens in die Taschen steckte.

»Culver City, Kalifornja, nur einen Steinwurf von Hollywood entfernt«, sagte der Fowler. »Hatt' mich dort an der MGM Erzader verdingt, dieser Mine, in der es Gold und Diamanten zugleich gibt. Je davon gehört?«

»Ja«, sagte Gus. »Der Boß der Mine ist doch dieser Louis B. Mayer. Stimmt's?«

»Keine Ahnung, wer der Boß ist«, sagte Fowler. »Es gibt Leute, die behaupten, der Boß wär'n Geist mit 'nem langen weißen Bart und 'ner Schlinge um den Hals. Dann wiederum hab' ich erzählen gehört, daß sie von einem unglücklichen Burschen geleitet wird, der sich bei Sonnenuntergang in einen Wolf verwandelt. Möglich, daß das alles bloß Märchen sind – aber ich weiß nicht. Hab' merkwürdige Dinge gesehen, in der Gegend um die gute alte MGM herum.«

»Muß doch Spaß machen, all das Gold und die Diamanten auszugraben«, sagte Gus.

»Nein, Sohn, es ist überhaupt kein Spaß«, meinte Fowler. »Eine große Strapaze ist es. Sieh dir mein Haar an. Früher war es bei weitem nicht so grau. Ich könnte dir ein paar Dinge erzählen, die würdest du nicht glauben. Was, zum Beispiel, würds't du sagen, wenn du deine Nächte damit verbringen müßtest, Gräber auszubuddeln? Und das, mein Sohn, gehört dort mit zum Geschäft.«

Ein wilder Blick trat in das Fowlersche Auge.

»Jeder, der in der MGM-Mine arbeitet«, er hob seine Stimme, »muß sieben Leichen in seinem Zelt haben. Nur so kann er beweisen, daß er kein Snob ist. Na, und wenn du Woche um Woche mit diesen grinsenden Kadavern herumgesessen hast, die Indianer dir jede Nacht den Wagen in Brand stecken, du kein Wasser siehst – nicht einen Tropfen – bis dir die Zunge so anschwillt, daß du meinst, du hätt'st 'ne Forelle im Mund... Wo war ich stehengeblieben?« Die Fowlersche Stimme brach ab. »Ach ja, ich wollt' dir von den bleichen Totenschädeln erzählen, die die Stollengänge der alten

MGM-Mine säumen. Liegen da einfach herum im Mondlicht, diese Schädel. Und manche von ihnen sprechen. Im ersten Moment bist du völlig perplex, aber mit der Zeit gewöhnst du dich dran. Alle sind mächtig freundlich zu ihnen und lassen sie gewähren, lassen sie so tun, als ob sie die Bosse vom Ganzen wären, die ein Auge auf alles und jeden haben. Hier, ich hab' einen mitgebracht.« Gentleman Fowler lächelte zärtlich. »Ich will einen Tabakbehälter aus ihm machen.«

Er löste einen Totenschädel von seinem Gürtel und legte ihn auf dem Tresen ab.

»Ich weiß nicht, ob er hier sprechen wird, so weit weg von zu Hause«, entschuldigte Fowler sich. »Aber wenn du einen Strohhalm hast, flöß ich ihm einen Drink ein. Arsen ist ihm am liebsten. Vielleicht hast du zufällig gerade welches zur Hand?« Eine beträchtliche Menge hatte sich um den Neuankömmling und seine Geschichten voller Wunder versammelt – ein Potpourri der Schriftsteller, Maler und Werbeanzeigendichter, die stets im Saloon 21 herumlungern. Schreie wurden ausgestoßen, und Poeten begannen sich gegenseitig zur Seite zu schieben, um einen Blick auf den Fowlerschen Hals zu werfen.

»Wo kommen die Nuggets her?« plärrte die Stimme eines gerade angekommenen großen Dramatikers in die Runde.

»Culver City, Kalifornja, nur einen Steinwurf von Hollywood entfernt«, antwortete Fowler bescheiden, »auch wenn einige Geographen den Ort jetzt Tal des Todes nennen.«

Ein Augenblick angespannter Stille trat ein. Sie wurde plötzlich von einer eigenartig fernklingenden, totenhaften Stimme unterbrochen. Der bleiche Schädel auf dem Tresen hatte seine Sprache wiedergefunden.

»Geh westwärts, junger Mann«, sagte sie. »Geh westwärts«.

Alles rannte zur Tür. Draußen auf der Straße stürzte Türsteher Red hin und her und pfiff jedes nur erreichbare Beförderungsmittel herbei, eingeschlossen Karren, Kinderwagen, Motorräder, Roller und Zeltwagen. Das große Goldfieber von 1941 war ausgebrochen.

»Was ist mit diesem Klumpen hier«, sagte Gus, der in dem leeren Saloon zurückgeblieben war. »Ist er echt, Mr. Fowler? Ich wüßte es gern.«

»Ja«, sagte der Fowler und starrte versonnen auf die leere Wermutflasche. »Er ist echt, Sohn. Du kannst auf ihn beißen, ihn lutschen, ihn zu einem Serviettenring zurechthämmern oder dir eine Reihe schöner Zähne daraus machen lassen. Das Gold hier ist echt, Sohn, es ist das einzig Echte, das aus Culver City herkommt, nur einen Steinwurf entfernt von Hollywood.«

Kranz für ein kleines Mädchen

Plymouth, England, liegt nicht auf meinem Weg.
Aber als ich die West 94. Straße hinunterging, sah ich ein kleines Mädchen auf der Vordertreppe eines modrigen alten Hauses sitzen. Ihren Arm hatte sie um einen räudigen alten Hund gelegt. Das Mädchen sah still vor sich hin und war ganz darin versunken, den Frühling in der Mietskasernen-Straße zu bewundern mit den Lieferwagen, schreienden Jungen und dem aufgewirbelten Staub.
Dieses kleine Mädchen, dessen Namen ich nicht kenne, legte mir Plymouth, England, in den Weg.
In der Zeitung in meiner Tasche heißt es, daß ein kleines Mädchen wie dieses und ein räudiger alter Hund wie dieser auf der Vordertreppe eines Hauses in Plymouth, England, gesessen hatten, als sie durch eine ungeheure Explosion getötet

wurden. Eine Bombe war aus dem Nazi-erfüllten Himmel gefallen und hatte die beiden vom Erdboden gefegt.
Dem eiligen Zeitungskorrespondenten zufolge, hatte das kleine englische Mädchen Betty geheißen. Niemand war da gewesen, der mit einem Namen für den toten Hund hätte dienen können, den der Arm der kleinen Leiche umklammert hielt. Es war Frühling in Plymouth an jenem Tag. Aber Betty und ihr Hund hatten ihn nicht betrachtet. Der Flieder blühte, und der Wind wehte sanft. Die Sonne lag heiter in den Straßen.
Aber über solche Dinge waren Betty und ihr räudiger alter Hund hinausgewachsen. Nicht der Frühling, sondern ein schreckliches, lärmendes Ding namens Tod heischte um ihre Aufmerksamkeit. Es kreischte am Himmel über ihnen und dröhnte bis in jede Straßenecke von Plymouth. Betty und ihr Hund saßen da und lauschten auf das Geräusch.
Ich weiß nicht, wo Bettys Familie war – wahrscheinlich schon tot. Ich weiß auch nicht, ob dies der Anfang des *Blitzes* von Plymouth war oder sein Ende. Es wird noch eine Weile dauern, bis man die militärischen Details von Bettys Vernichtung zusammengetragen hat.
Aber ein kleines Mädchen, das auf einer Vordertreppe sitzt, den Arm um einen räudigen alten Hund geschlungen, ist ein klares Bild. Mit der Vernichtung kleiner Mädchen und alter Hunde ist der Nazi-Feldzug in ein Stadium getreten, das kein Wort der Erläuterung bedarf. Selbst in einem Kriegskommuniqué sticht ein solches Bild kraß hervor.
Kleine Mädchen haben dünne Beine und rennen gern, ihre Augen sind dabei voll von einer eigentümlichen Geschäftigkeit. Kleine Mädchen brüten wie Premierminister, denn auch sie sind damit beschäftigt, die Bedeutungen des Lebens zu entziffern. Sie haben den Anblick von Bäumen und Gebäuden, von Pferden und Lastwagen zu bewältigen – die Bedeutung von Schaufenstern und Abflußgittern zu erforschen und

die vielen Geräusche, die herumspringende andere kleine Mädchen machen. Entweder machen kleine Mädchen zu viel Lärm, oder sie sitzen zu still herum (genau wie die Premierminister). Was dabei in ihnen vorgeht, errät niemand. Aber man ahnt, daß sie eine Welt betrachten, die in mancher Hinsicht noch immer so liebenswert und verlockend für sie ist wie der Garten von Eden. In diesem Punkt unterscheiden sie sich beträchtlich von Premierministern.

Was räudige alte Hunde angeht, so sind auch sie eine Mischung aus Rätselhaftigkeit und Durchsichtigkeit. Sie sind voller eigenartiger Zwänge und tapsen und schnüffeln herum wie vierbeinige Detektive, die ohne Unterlaß auf der Spur irgendwelcher Betrüger sind. Aber ihre Hauptaufgabe im Leben ist sehr einfach. Sie besteht darin, neben jemandem zu sitzen, der sie liebt, und zufrieden zu sein mit dieser besten aller Welten.

Betty und ihr räudiger alter Hund auf der Vordertreppe eines Hauses in Plymouth hatten Anteil an diesem Paradies. Bettys Hände waren klein, ihre Füße vollführten Sprünge wie ein Gummiball. Ihre Wangen waren zart, und ihre Zunge bewegte sich so aufgeregt wie der Schwanz eines Welpen.

Aber an diesem Frühlingsmorgen spielten all diese Dinge keine Rolle. Bewegungslos auf den Stufen sitzend, hatte Betty plötzlich das kreischende Wunderland betreten, das die Nazis so geschickt aus dem Himmel fallen lassen. Sie war Teil eines neuen und schrecklichen Spiels geworden – eine Zielscheibe im Nazifeldzug. Betty und ihr räudiger alter Hund waren seelenloses Fleisch, das aus dem Weg geräumt werden mußte, um Platz für deutsche Stiefel zu machen.

Erwachsene mögen tapfer sterben, aber nur ein Kind kann heiter sterben. Vielleicht auch ein Hund. Kinder sterben, ihre kleinen Hände vertrauensvoll um die Finger des Lebens geklammert. Denn allen kleinen Wesen sagt ein Instinkt, daß niemand ihnen ein Leid zufügen wird, daß selbst die furchter-

regendsten Bestien und Wilden, die ihren Sinn aufs Töten gerichtet haben, sie verschonen werden.
Betty hörte das Kreischen näherkommen. Sie schlang ihren Arm fester um ihren räudigen alten Hund. Dann waren Betty und der Hund und die Straße, in der sie ein anderes Spiel gespielt hatten, verschwunden.
Zwei Tage später fanden die Totengräber die Überreste von einem Kind und einem Hund. Das Kind war blutverkrustet. Es hatte keine Beine mehr. Sein Gesicht war zerfetzt, die Augen verschwunden. Es sah wie ein noch nicht geborenes Wesen aus, wie ein Fötus. In der Beuge des steif gewordenen kleinen Arms fanden die Gräber den Kopf eines Hundes.
Einer alten Legende zufolge nehmen wir, wenn wir sterben, den Traum mit uns, der zuletzt in unserem Herzen war. Und in diesem Traum leben wir dann in alle Ewigkeit, an jenem fremden jenseitigen Ort. Ich weiß nicht, wovon Betty träumte, als sie auf der Vordertreppe saß und die Nazi-Geschwader auf sich zukommen sah, oder worüber der räudige alte Hund meditierte, als er auf den Lärm dieses neuen und unverständlichen Spiels lauschte.
Ich hoffe, sie beide träumten von einem schönen Frühlingstag, der nur der Sonne, einem Kinderlachen und dem glücklichen Gebell eines herumspringenden Hundes gehört. Ich hoffe, daß sie, als Hitler sie in jenem letzten Moment zu seiner Geburtstagsparty einlud, den kleinen Traum von einer Welt mit sich nahmen, in der ein Kind und ein Hund unter dem Aprilhimmel miteinander spielen können.

Der verzauberte Schneider

Es gab einmal einen drolligen und wunderlichen Schneider. Sein Laden befand sich in der 51. Straße, im sechsten Stockwerk des Roseland Hauses – einem Gebäude, in dem all die Geschichten, die man je im Kino über Freud und Leid am Broadway sah, Wirklichkeit waren.
Dieser Schneider hieß Boris Gordon. Er war so dick wie ein Seebarsch, und mit seiner Schere am Gürtel watschelte, wabbelte, stöhnte und schwitzte er sich durch zwanzig Jahre lange Zahlungsschwierigkeiten und säuselte dabei wie ein Ballon, dem halb die Luft ausgegangen ist. Dieser ausufernde kleine Zauberer mit der Nadel trug eine Windsorkrawatte

und ein Barett, denn er liebte alles Schöne und war ein Freund der Künste.
In seinen jüngeren Jahren war Mr. Gordon ein berühmter Damenschneider gewesen, der von Bergdorf Goodman und anderen Edelhausierern mit Oberbekleidung ansehnliche Gehälter bezog. Aber zur Beunruhigung seiner Familie verlor Geld plötzlich jeden Reiz für Mr. Gordon. Seine Aufgabe, die Rümpfe und Busen von reichen Witwen und ehrwürdigen alten Damen mit eleganten Draperien zu kaschieren, erfüllte unseren Schneider immer weniger mit der notwendigen Zufriedenheit. Schließlich stellte er sich sowohl seinen Arbeitgebern als auch seinen Angehörigen gegenüber taub, breitete die Flügel aus und landete im sechsten Stockwerk des Roseland Gebäudes.
Hier diente Boris, der Schneider, dem Schönen. Er entwarf Kostüme für Tänzer. Um bei der Wahrheit zu bleiben, es waren eher Tanzaspiranten als wirkliche Tänzer. Denn Boris konnte nicht zeichnen. Wegen dieses Bildungsmangels kam nie eine Tänzerin, die Geld genug hatte, anderswohin zu gehen, je in die Nähe des Borisschen Ladens.
Es kamen jedoch erst Dutzende, dann Heerscharen von Tänzern, Akrobaten und allen möglichen sonstigen Koriphäen aus den Dachstuben der Bohème. All die Waisenkinder des Broadway, zu deren Füßen nie eine Rose oder Pressenotiz geblüht hatte, all die Pavlovas und Astaires, die vergeblich vor den Besetzungsbüros der New Yorker Theater herumstanden, strömten in Scharen zur Maison Gordon.
Boris staffierte sie als Ostwinde, Rosenknospen, Leoparden, Pieretten, Sultaninnen und Ballerinen aus. Täglich marschierte ein Riesenaufgebot dieser kühnen Streiter los, um in Boris' Kostümen vorzusingen und vorzusprechen. Für Boris hatten sie ihre Schuldscheine zurückgelassen, damit er sie in seine Kassenschublade stecken konnte. Auffallend dabei war, daß nicht nur niemand – oder kaum jemand – Boris je für

seine Bemühungen im Dienste der Schönheit zahlte, nein, passierte es, daß einer seiner Schützlinge zu Berühmtheit gelangte – und auch das kam vor – dann verließ er den dicken, drolligen kleinen Schneider auf der Stelle und beehrte ein geschäftstüchtigeres Atelier mit seinen Aufträgen. Bemerkenswert war auch, daß Boris' Protegés, nachdem sie sich bei der einen oder anderen Wandertruppe versucht hatten, regelmäßig zu ihm zurückkamen und ihm die Kostüme wieder verkauften, für die sie nie gezahlt hatten. Bei solchen Gelegenheiten schätzte Boris sich glücklich, ein wunderhübsches Nymphenkostüm für nur 5 Dollar zu erstehen.

Die Jahre vergingen, und Boris wurde so etwas wie eine Berühmtheit in der vom Mißerfolg heimgesuchten Welt der Stiefkinder des Broadway. Künstler erschienen mit ihren Paletten und malten den dicken, komischen Schneider. Die Wände seiner Werkstatt füllten sich mit wenig schmeichelhaften Porträts eines mondgesichtigen und fettleibigen Mannes. Denn trotz seiner großen philantropischen Neigungen schien Boris alle, die ihn kannten und von ihm profitierten, nur zu Spott zu inspirieren. Die seelenvollen Seufzer für das Schöne, der Überschwang dieses dicken Mannes für alles, was Grazie und Anmut besaß, löste hinter seinem Rücken Gelächter aus. Hohn und Undankbarkeit waren, um die Wahrheit zu sagen, der einzige Lohn, den unser Schneider erntete. Aber zwanzig Jahre lang wich das Strahlen nie aus seinem schwitzenden Mondgesicht.

»Es sind alles Kinder«, sagte er gern. »Man muß Verständnis für sie haben. Was ich zum Leben brauche, verdiene ich mir mit den Kleidern für ein paar reiche Leute, die noch zu mir kommen. Aber ich gehöre der Welt der Schönheit an.«

Und Boris' dicke Hüften wackelten bei solchen Worten, und er strahlte so seelenvoll, daß sogar diejenigen seiner Schützlinge, die nicht genug Geld für ihr Mittagessen hatten, noch lachen konnten.

Dann verschwand Boris aus dem Roseland Gebäude. Das Kostümatelier war geschlossen, und es verbreitete sich die Nachricht, der verrückte Schneider sei krank. Vier Monate später probierte es ein Ballettmädchen, das ein neues Pieretten-Kostüm brauchte, auf gut Glück an der Tür der Schneiderwerkstatt.

Sie öffnete sich. Ein fremder Mann stand im Raum. Er war hager, und in dem schmalen, zarten Gesicht brannte ein Paar schwarzer Augen. Ein breiter Mund mit blassen Lippen lächelte freundlich.

»Ich möchte zu Boris Gordon«, sagte das Ballettmädchen.

»Ich bin Boris Gordon«, sagte dieser schlanke Mann mit dem eigenartigen Leuchten im Gesicht sehr leise. »Ich war krank. Ich kann nicht mehr laut sprechen. Ich habe Kehlkopfkrebs. Deshalb bin ich so abgemagert. Im Krankenhaus habe ich fünfzig Pfund verloren. Was kann ich für Sie tun? Ein Pierettenkostüm? Ja, gewiß. Ich habe ja ihre Maße. Ich werde etwas sehr Schönes für Sie anfertigen.

Boris griff nach seiner Schere.

»Kommen Sie Montag wieder«, sagte er lächelnd.

Am Montag war Boris tot, und das Ballettmädchen, das mir die Geschichte erzählte, sagte:

»Nur ich weiß, wie er zuletzt aussah. Und wenn die anderen über ihn sprechen und darüber lachen, welch ein komischer, dicker Mann er war – wie verrückt sie es fanden, daß ausgerechnet er immer von Schönheit sprach, dann erzähle ich ihnen wie er aussah, als er das letzte Mal in seinem Schneiderladen stand – schlank und mit einem sanften und schönen Gesicht – wie ein Tänzer. Ja wirklich, so als wäre er sein Leben lang Tänzer gewesen. Aber niemand glaubt mir. Ich sah ihn dort stehen, ein paar Tage ehe er starb, und er sah aus wie ein Prinz aus 1001 Nacht, von dem der Bann eines bösen Zauberers abgefallen ist.

Reich mir mein Schwert

Es ist ein unglücklicher Tag. Verhängnisvolle Dinge brauen sich in Bulgarien zusammen. Ich muß ständig daran denken, was mit den Griechen geschehen wird, diesem tapferen, aufrichtigen Volk, das dem hinterlistigen faschistischen Goliath die aufgeblasene Füllung aus dem Leib geprügelt hat. Nun bewegt sich das Frankenstein-Monster mit seinen eisernen Beinen auf Saloniki zu, und man stellt das Radio ab und gibt sich Mühe, die Schlagzeilen zu übersehen.
Es ist ein kalter Tag, und die Stadt sitzt wie ein frierendes Rotkehlchen in einem kahlen Baum.
An meiner eigenen journalistischen Front laufen die Dinge auch nicht allzu gut. Ich bin den ganzen Weg bis zum Ozone

Park in Queens gezogen, in der Hoffnung, die Story zu bekommen, auf die ich schon lange warte. Ich habe vor, jemanden zu interviewen, der versucht hat Selbstmord zu begehen und gescheitert ist. Was sagte, tat, fühlte jemand in seiner letzten Stunde? Worüber dachte er nach. Wie sah er die Stadt, als er Abschied nahm? Das könnte eine gute Story werden, aber sie wird warten müssen. Denn mein Ozone-Park-Lazarus, der sich, einer Zeitungsnotiz zufolge, vor eine Untergrundbahn geworfen hatte, wollte nichts von mir wissen. Er habe sich nicht töten wollen, knurrte er mich ärgerlich an. Jemand habe ihn gestoßen, jemand, den er sich rätselhafterweise zu benennen weigerte.

Es ist ein unglücklicher Tag, wenn man den ganzen Weg zum Ozone Park zurückgelegt hat und dann ohne Geschichte zurückkommt. Zu Hause hatte jemand seine Telefonnummer hinterlassen, ein Mann, der Dinky hieß, und an den ich mich, so hatte er behauptet, gut erinnern würde. Ich erinnere mich an keinen Dinky; darüber hinaus bin ich davon überzeugt, daß jeder, der Dinky heißt, einen anpumpen will.

Trotzdem, ich wähle Dinkys Nummer. Ich hatte recht. Er will Geld, aber nicht für umsonst. Er bietet mir ein Geschäft an. Dinky arbeitete vor Jahren im Leichenhaus von Chicago, und er erinnert sich gut an mich. Er verhalf mir einst zu einer Geschichte, die ich an eine Zeitschrift verkaufte. Sie handelte von »Leichenabklopf«-MacCarthys Assistenten. »Leichenabklopf«-MacCarthy war der Amtsvorsteher des städtischen Leichenhauses, und sein Assistent war ein großer, häßlicher Riese, der eine kannibalistische Neigung in sich entdeckte und Gefallen daran fand, an Kadavern herumzuknabbern. Er starb an einer Einbalsamierflüssigkeits-Vergiftung.

Dinky will mir noch ein paar Geschichten verkaufen. Ein Dollar pro Stück, mehr verlangt er nicht. Ich kaufe fünf, die nichts taugen, obwohl eine darunter ist, aus der vielleicht etwas zu machen ist. Sie handelt von einem Totenwärter, der

Teegesellschaften für seine Steifen zu geben pflegte. Dieser Bursche hatte die Gewohnheit, fünf Leichen in Stühle zu setzen und ihnen Teetassen in die Hände zu drücken. Dann setzte er sich zu ihnen, nippte an seinem eigenen chinesischen Gebräu und plapperte drauflos wie Alice im Wunderland. Aber die Geschichte hat weiter keine Pointe, und ich glaube kaum, daß ich sie benutzen werde.

Aber Dinky verdient seine fünf Dollar, denn, als ich gerade aufhängen will, fragt er mich, ob ich schon weiß, daß Blackie Gagin tot ist. Blackie starb an Tb, sagt Dinky, und wird heute oder morgen auf dem New Yorker Armenfriedhof begraben.

Blackie bringt einen kleinen Lichtstrahl in diesen schwarzen Tag. Ich rufe im Leichenhaus an, aber dort weiß man von keinen sterblichen Überresten, die Blackies Namen tragen. Es gibt jedoch eine Akte über einen verblichenen alten Mann mit einer künstlichen, schwarz angemalten rechten Hand, der vor einem Monat unter die Erde kam.

Das ist Blackie Gagin. Ich bin Dinky dankbar und wette acht zu fünf, daß Blackie zu diesem Zeitpunkt aus seinem Grab auferstanden ist und wieder Leute in dunklen Gassen überfällt. Denn Zeit seines Lebens war Blackie ein Einbrecher, Straßenräuber und ein Kerl mit Mark und Saft. Aber sein Ruhm geht nicht auf seine Gaunereien zurück, die eher kindisch waren, sondern darauf, daß kein Gefängnis Gagin je zu halten vermochte. Außerhalb eines Kittchens war er ein Amateurgangster mit linkischen Fingern. Hinter Gittern war er ein Genie und ein Held. Er war das wilde Herz, von dem die Russen singen: »Es dürstet so nach Freiheit, daß kein Tyrannenschwert es aufhalten kann.«

Blackie war aus ungefähr zwanzig Gefängnissen ausgebrochen, als die Sache passierte, die ihn zur Legende machte. Es geschah im Joliet-Gefängnis in den Tagen, ehe die Gefängnisreform das Los der Knastbrüder erleichterte. Zwei Monate lang schlug Blackie vergeblich gegen die Gitter seiner Joliet-Zelle. Tag und Nacht hatte er ein Laubsägenblatt in seinem Mund versteckt, aber weder das, noch all seine anderen Bemühungen halfen ihm aus seinem Zellenblock hinaus in die Freiheit.

Dann fand Blackie heraus, daß der einzige Weg aus Joliet über die Krankenstation führte. Vom Gefängniskrankenhaus aus war es ein Kinderspiel. Aber lange Zeit konnte Blackie keine List ersinnen, für ein Weilchen auf die Krankenstation zu kommen. Schließlich faßte er den Plan, so zu tun, als sei er verrückt – dann mußte man ihn dorthin bringen.

Er sprach kein Wort mehr, und, ganz im Sinne seines Plans, antwortete er auf alle Fragen mit einem einzigen Satz. Gleich, was man ihn fragte, antwortete Blackie immer mit den Worten: »Reich mir mein Schwert.«

Das hielt er sieben Monate lang aufrecht. Blackies Wärter verdroß das sehr, und einer ging dazu über, Blackie zu verhauen. Bei dem Versuch, Blackie das Geständnis zu entlokken, daß er nur simulierte, wurde dieser Wärter tatsächlich so verrückt, wie Blackie zu sein vorgab. Aber nach jeder Prügel, die er bezog, sagte Blackie nur: »Reich mir mein Schwert.«

Der Wärter wurde gelb vor Rage. Dieser verbitterte Mann hatte plötzlich eine Idee, wie Blackie zu kurieren sei. Eines Nachmittags trat er vor die Gitter von Blackies Einzelzelle und grinste den Straßenräuber an. Ob Blackie heute irgendeinen besonderen Wunsch habe, schnurrte er.

»Ja«, sagte Blackie. »Reich mir mein Schwert.«

Und der Wärter hielt Blackie eine fünf Fuß lange Stange glühend heißen, zischenden Eisens vor die Nase. Er hatte sie mit Hilfe von zwei Universalschraubenschlüsseln gefaßt.

»Hier hast du dein Schwert«, sagte der Wärter und warf die glühende Stange durch die Gitter.

Blackie betrachtete sie, lächelte und flüsterte »Danke«.

Dann griff er nach seinem Schwert und umschloß es mit den

Fingern. Seine Hand verbrannte zu einem schwarzen Klumpen. Der Klumpen und Blackies Schwert fielen auf den Zellenboden.

Auf diesem Weg kam Blackie auf Krankenstation. Einige Zeit später, als man ihm eine hölzerne Hand an den Armstumpf angepaßt hatte, benutzte er sein Laubsägenblatt und sägte sich seinen Weg in die Freiheit.

Ein Hoch auf dich, Blackie, in deinem Armengrab, und auf alle Herzen, die nach Freiheit dürsten.

Die Geschichte vom Wolf

Ich habe einen Freund, der Nazi geworden ist.
Seine Metamorphose irritiert ihn ein wenig. Vielleicht hätte er es vorgezogen, kein Nazi zu werden, aber das Ganze war eine Frage chemischer Vorgänge gewesen, auf die er keinen Einfluß hatte.
In der Biologie finden wir viele solche Fälle chemischer Hypnose vor. Überall auf der Welt erkranken plötzlich die Flechten, werden, wie auf das Zeichen eines Taktstocks hin, alle von derselben Krankheit befallen.
Ich holte meinen Freund heute von der Werkstatt ab, in der er arbeitet, und wir gingen zusammen zum Lunch. Nachdem er seinen Kaffee und Kuchen in seinem Lieblings-Yorkville-

Gasthaus zu sich genommen hatte, fühlte sich Herman gleich besser. Andere Nazis waren zugegen. Die Luft war erfüllt von rauhen deutschen Kehllauten, die so schwermütig und poetisch sind. Deutsche Zeitungen wurden zusammen mit dem Kuchen verschlungen, und ein deutscher Sender plärrte im hinteren Teil des kleinen Restaurants vor sich hin. Mehrere Nazis winkten Herman zu, er winkte zurück – und fühlte sich noch besser.

Dann kamen zwei seiner winkenden Freunde an unseren Tisch. Und wie sie so dasaßen, sich bescheiden und höflich unterhielten, vermittelten sie mir ein Bild von den Deutschen, das mir neu war. Plötzlich erschien mir ihre Bestimmung als Volk ganz klar. Die Deutschen waren mit krankhafter Emsigkeit dabei, sich in die neuen Juden zu verwandeln.

Dieses Gasthaus, in dem ich gerade saß, war Teil eines neuen Ghettos, das die ganze Welt umspannte. Alle, die in diesem Ghetto festsaßen, sahen gleich aus – alle hatten leicht quadratische Köpfe, waren leicht specknackig, alle hatten die gleichen wässrigen blauen Augen. Politik kam in ihren Gesprächen nicht vor, und während der halben Stunde, die wir plauderten, war kaum die Rede von irgendeinem Krieg. Und doch strömte von unserem Tisch und den Tischen um uns herum ein Deutschtum aus, verbreiteten meine Tischnachbarn hier in der Fremde eine so starke Atmosphäre völkischer Gemeinschaft, daß man sich kaum vorstellen konnte, es sei die Third Avenue in New York, die draußen vor den Gasthausfenstern lag.

Jene um mich herum waren keine Bürger eines Landes. Ich habe Engländer, Franzosen und sogar Chinesen im Exil gesehen (wer hätte das nicht?) und konnte an ihrer Art ihre Nationalität so deutlich erkennen, als trügen sie ein Abzeichen auf dem Revers. Aber das, was Hermans alte Freunde kennzeichnete, ähnelte in nichts einem solchen Nationalitätenabzeichen. Sie wirkten eher wie die Mitglieder eines vorgeschichtli-

bäude in Wirklichkeit aussieht, werden wir nie von ihnen erfahren.
Heute hat es wieder einer dieser Bruderschaft von Pedanten auf unsere Märchenprinzessin abgesehen. Es ist Bill Stone, und er hofiert sie von der 49. Straße, Ecke Madison Avenue aus durch den Sucher seiner Kamera. Sein Stativ ist auseinandergeklappt, und, die Augen zusammengekniffen, liebäugelt er so lange mit ihr, bis sie scharf vor seiner Linse steht.
Einsame Menschen, die durch die nächtlichen Straßen laufen, bleiben neben dem Stativ stehen und blinzeln zu der silbernen Galeone von Turm hoch, dieser sich in die Nacht ergießenden Fontäne aus Stein.
Ein älterer Mann mit schäbigen Kleidern beobachtet Bill, schüttelt den Kopf und kommt zu dem Schluß, daß man von der 51. Straße aus einen viel besseren Blick hat.
»Wenn Sie weiter zurückgehen, steht das Gebäude nicht so schief da«, rät er Bill Stone. »Ich seh' es am liebsten, wenn es schön gerade steht.«
Ein schmalgesichtiges Mädchen mit Sperlingsaugen widerspricht: »Ich würde dichter herangehen«, rät sie Bill. »Von nah sieht es viel besser aus, dann öffnet es sich über einem wie ein Regenschirm.«
Ein farbiger Mann kichert vor sich hin und sagt: »Das ist kein Haus, das ist ein Känguruh.«
Eine ältere Dame, eine von denen, die man nach Einbruch der Dunkelheit allein durch die Straßen gehen sieht, mit einem Gesicht wie ein Papiertaschentuch und hochhackigen Riemenschuhen, sieht Bill eine Weile schweigend zu. Dann sagt sie: »Wie schön es ist. Viel zu schade zum Fotografieren.«
Mit dieser rätselhaften Bemerkung geht sie weiter.
Ein dickbäuchiger Mann mit einem speckigen Mantel tritt heran. »Entschuldigen Sie«, sagt er. »Ich beobachte Sie schon die ganze Zeit, und ich versteh' nicht, warum Sie diese Botschaft nicht mit ins Bild bringen.«

»Welche Botschaft?« fragt Bill.
»Was ich meine ...« sagt der dicke Mann. »Gucken Sie sich mal die Fenster genau an. Da denkt doch jeder sofort an einen Morsekode. Sie wissen doch – Punkt, Punkt, Strich. Als ob der ganze Klotz eine Botschaft aussenden wollte. Sehen Sie sie sich mal genau an, diese Fenster. Dacht' bloß, ich weise Sie darauf hin.«
Der dickbäuchige Mann geht bescheiden davon.
Andere kommen. Sie lächeln, seufzen, geben Kommentare ab. Es sind die Nachtschwärmer, die, die nicht wissen wohin. Wie die Motten umkreisen sie die Lichter der Nacht, und wenn sie erlöschen, schwärmen die Streuner zurück in das düstere und namenlose Leben ihrer Logierhäuser.
Fotograf Stein wird ein gutes Foto vom RCA-Gebäude machen, das er bestimmt bei einer Zeitung oder Illustrierten unterbringen kann. Aber wieder wird es ein Foto sein, auf dem die Märchenprinzessin ihre Augen geschlossen hat.
All den einsamen Büroangestellten und Stenotypistinnen in der Stadt jedoch offenbart sich die erleuchtete Feste wie einem Angelo oder Shelley. Niemand hat diesen Turm so gut gemalt, besungen oder fotografiert wie die kleinen Leute, die in seinem Schatten gehen.
Seine aztekischen Priester und Märchentreppenfluchten, seine in den Himmel schießenden Fenster, seine Fanfaren von Altanen und Hallelujawände gehören zum Liebesleben eines jeden Nachtschwärmers von der 42. Straße bis zum Central Park.

Drei ohne Geschichte

Der Polyp stellt uns vor.
»Dies«, sagt er, »ist Strich-Maggie – die älteste lebende Dirne.«
Ein fettes Gesicht und ein zahnloser Mund sehen von einer Bank in der Allen Street auf. Es ist ein schöner Junimorgen, und Strich-Maggie nimmt ein Sonnenbad an der Riviera der Penner.
Diese alte Tochter der Freude ist ein Ballon aus Fleisch, der sich nach unten hin zu einem Paar Elefantenfesseln und Pfannenkuchenfüßen verjüngt. Auf dem mit Teer verklebten Haar prangt ein Potthut. Die Augen sind rot und verschwommen

und sehen wie Eingeweide aus. Die schweren Lippen sind mit blauen Flecken übersät.
Ich setze mich neben Maggie. Ihre schmutzigen, geschwollenen Hände fahren gemächlich an eine der Fetterrassen, die ihre Hüften sind. Maggie ist über sechzig. Seit sie zwölf war, stand sie zum Verkauf. Achtundvierzig Jahre lang spielte Maggie Lorelei in den Gassen der Bowery.
Jetzt ist sie zittrig und voller Schmerzen und Pein. Sie braucht lange, um aufzustehen und sich hinzusetzen. Aber ihr Gesicht ist immer noch angemalt. Die Altersflecken sind mit Rouge übertüncht. Puder liegt auf ihrem Halskissen – zumindest an manchen Stellen, und ein feiner Patschuliduft strömt von ihrem schwammigen Fleisch aus.
Einige Minuten verstreichen. Dann schenkt Strich-Maggie mir ein süßliches Lächeln.
»Na gut, Schätzchen«, sagt sie. »Wohin willst du gehen?« Und sie macht Anstalten, sich auf ihre Pfannkuchenfüße zu kämpfen.
Ich sage Maggie, daß ich mich nur mit ihr unterhalten will.
»Auch gut«, murmelt sie. »Alles, was du willst, Süßer.«
Mag schließt ihre kleinen roten Augen wieder und sonnt sich. Zehn Minuten verstreichen. Dann beugt sie sich nach vorn und hebt die Schuhschachtel auf, die zwischen ihren Füßen steht. Sie stellt sie auf ihren Schoß und öffnet sie. Sie ist voller Krumen – Brotkrumen, Kuchenkrumen, Hähnchenreste und Stücke, die nicht zu identifizieren sind. Maggie schaufelt eine Handvoll, stopft sie sich in den Mund und kaut mit vollen Backen.
Eine andere alte Dame nähert sich. Sie ist mit einem halben Dutzend zerrissener Unterröcke bekleidet. Einer schleift auf dem Boden.
»Das ist Schmuddel-Emily«, sagt der Polyp. »In ihren jungen Tagen war sie eine Augenweide.«
Schmuddel-Emily ist nicht so dick wie Maggie, aber noch

hinfälliger. Ihr Haar ist schneeweiß. Kein Hut ziert es. Sie setzt sich ans andere Ende der Bank, kratzt sich am Kopf und starrt eine Weile in die Sonne. Ihre Augen sind milchig, fast blind. Sie fängt an zu singen. Schmuddel-Emily singt: »Three O'Clock in the Morning« und krächzt sich durch die Strophen. Dabei wirft sie ihre Füße in die Luft, als ob sie zur Melodie tanzte. Emily ist betrunken. Plötzlich stößt sie Maggie in die Rippen und sagt:
»Hei, du alte Schlampe, wach auf!«
Dann versetzt sie Mag noch einen Stoß: »Ich hab 'ne tote Katze gefunden heute morgen. Die hättest du sehen sollen.«
Emily stimmt wieder ihr Lied an, steht auf und vollführt Kapriolen zu ihrem Krächzgesang.
Von einer Bank in der Nähe schlurft ein steifgelenkiger, unrasierter Pennbruder heran. Er ist alt und triste und fast so zahnlos wie Strich-Maggie. Er holt eine Flasche aus seinem zerrissenen Mantel und streckt sie der alten Sirene entgegen. Kein Wort wird gewechselt. Maggie kennt die Flasche. Sie ist mit »Spezialfusel« gefüllt, dem Elixier der Slums. Gegenüber Whisky ist dieser Fusel wie Seifenlauge gegenüber Rasierschaum. Er brennt sich durch Fett, Ruß und Krumen, sengt sich seinen Weg bis in Maggies eingesargtes Inneres und versetzt ihrem Magen ein wohliges Zwicken.
Maggie trinkt. Emily stimmt ein neues Lied an. Sie singt »In the Good Old Summertime«. Ihr altes Bein legt einen Can-Can-Schwung hin. Bei dem Versuch, es hoch in die Luft zu werfen, sind ihr die sechs Unterröcke im Weg.
Der gebeutelte Besitzer des Fusels will seine Flasche zurückhaben. Er macht eine steife Verbeugung, zieht sie Maggie von den Lippen und winkt der Kapriolen vollführenden Emily zu.
Für wenige Minuten bilden die drei in der Allen Street eine Gemeinschaft. Schmuddel-Emily, Strich-Maggie und der

Pennbruder mit dem zerrissenen Mantel. Sie lächeln einander zu. Wie drei alte Poeten sind sie von einer seligen Weisheit erfüllt. Das Böse hat sie ausgezehrt, Unglück sie erbrochen. Von allen Fausthieben der Welt wurden sie getroffen, von allen Knuten beehrt. Wie drei Überlebende kamen sie aus dem großen Trümmerhaufen an die Sonne gekrochen. Sie sind unversehrt.

Das Lächeln – das süßliche Lächeln –, mit dem Strich-Maggie den fremden Penner ansieht, ist so unschuldig wie das eines Kindes. Und Schmutz-Emily, die immer noch krächzt und herumspringt, scheint keine tote Katze gefunden zu haben an diesem Morgen, sondern die Seele eines neugeborenen Kätzchens. Der Penner ist schelmisch und galant, sein Lächeln beflissen und höflich. Er verströmt eine eigenartige Zärtlichkeit. Alle drei dieser Diplomaten des Elends scheinen plötzlich von einer Zärtlichkeit erfüllt, als hätten sie sich ineinander verliebt.

Maggie stößt mich mit dem Ellbogen an. »Los, Süßer, troll dich jetzt«, sagt sie. »Ich hab' zu tun.«

Ich stehe auf, und der Penner setzt sich auf meinen Platz. Er streckt die Beine aus und lehnt sich zurück. Emily hört mit ihrer Tanzerei auf und gesellt sich zu den beiden auf der Bank.

Der Polyp ist ein wenig enttäuscht. Er wollte mir zu einer Geschichte über die alten Tage verhelfen. Er ist schon alt, mein Polyp, und liest nichts lieber als Geschichten aus den alten Tagen. Ich gehe ohne Geschichte fort. Ich lasse Schmuddel-Emily, Strich-Maggie und den Pennbruder ihr Sonnenbad in der Allen Street nehmen, die Augen zum Himmel erhoben und ein freundliches Lächeln einem Gott zuschickend, der ihnen kein Leid mehr zufügen kann.

Don Harpo de la Mancha

In diesen Tagen wuchernden Antisemitismus tut es gut, sich an einen der großen jüdischen Siege zu erinnern, den ein beherzter Streiter für die Erheiterung und Erbauung der Menschen errang: Mr. Harpo Marx.

Anders als viele Komödianten, deren Persönlichkeit außerhalb der Bühne allen Glanz verliert, versprüht Harpo auch ohne rote Perücke und Clownsaufzug seine Funken. Er hat den starrenden Blick einer Eule, das Gackerlachen eines Papageis, einen Geist so sprunghaft wie eine Heuschrecke, sein Witz explodiert so unschuldig wie ein Knallfrosch, und bei all dem ist Harpo so hemmungslos wie die Agenten von Billy Rose.

Einen so wunderlichen Verfechter wie Harpo hatte eine Sache wohl nie. In bunter Verkleidung zieht er in den Kampf, und als »Ritter zur traurigen Gestalt« schlägt er all seine Schlachten. Aber in den letzten fünf Jahren sorgte er unter unseren heimischen Nazis für so viele Niederlagen, Verwirrungen und blutige Nasen wie kein anderer Semit.
Es gibt viele Geschichten von Harpo Löwenherzens sonderbaren Feldzügen gegen die Mächte des Dunklen. Der große jüdische Sieg in der Fifth Avenue jedoch ist meine Lieblingsepisode. Sie ist unblutig, aber doch brachte sie einen Nazi um seinen Verstand – oder das, was bei einem Nazi als Verstand durchgeht.
An einem Frühlingsnachmittag schwärmte Harpo auf die Fifth Avenue aus, angetan mit einem hellgelben Mantel und auf dem Haupt einen blauen Hut mit einer kleinen Feder daran. Um seine Taille prangte eine Schärpe, wie sie die brasilianischen Maxixe-Tänzer gern tragen. Sein Hals war bloß, und die Enden seines Byronkragens hingen ihm bis auf die Brust hinunter. All diese Details hören sich vielleicht ein wenig exzentrisch an, aber Harpo war eine äußerst elegante Erscheinung, denn hinzu kam, daß er sich bei seinen Streifzügen durch die Stadt ein Vergnügen daraus machte, seine gummiartigen Gesichtszüge so zu arrangieren, daß er dem seligen Kaiser Wilhelm zum Verwechseln ähnlich sah.
Vor einem sehr berühmten Juwelierladen wurde Harpo in seinem Lustwandeln unterbrochen, denn zwischen dem Türsteher dieses ehrfurchtgebietenden Ladens und einem Taxifahrer war ein Streit im Gange. Der Türsteher war groß, blond und uniformiert. Der Taxifahrer war nichts dergleichen. Er war vor allem jüdisch. Harpo blieb stehen, machte seine Eulenaugen und hörte sich das Sperrfeuer von Beleidigungen an, mit dem der Türsteher den Taxifahrer bedachte.
»Scher dich fort, du dreckiger Jude«, schrie der Türsteher.

»Hau ab, ehe ich dir deinen dreckigen Judenschädel einschlage. Bald wird es ein Gesetz geben, das dich und alle Juden von dieser Straße fernhält. Verzieh dich in dein Ghetto, wo du hingehörst.«
Harpo verließ die Szene. Fünfzehn Minuten später tauchte unser »Ritter zur traurigen Gestalt« wieder in der Fifth Avenue auf. Seine Taschen waren mit Smaragden, Rubinen und Diamanten aus einem Billigladen gefüllt. Er stellte sich vor den Türsteher und fixierte ihn mit seinem gekonntesten Kaiserblick. Der Uniformierte verbeugte sich, öffnete Harpo unterwürfig die Tür und strahlte den vornehmen Kunden einschmeichelnd an. Harpo sah ihm in die Augen, gab ein Krächzen von sich und betrat den Laden. Bis in die Tiefen seiner Lakaienseele gerührt, blieb der Nazi zurück.
Zwanzig Minuten später trat Harpo wieder aus dem Laden. Nach ein paar Schritten knickte er um, und der erschreckte Türsteher sah den eleganten Kunden auf den Bauch fallen. Dann sah er etwas noch Erschreckenderes. Aus den Taschen des erlauchten Kunden rollten Mengen von Smaragden, Rubinen und Diamanten. Sie hüpften in alle Richtungen über das Pflaster. Es waren die Glasjuwelen, die Harpo für 3 Dollar in dem Billigladen erstanden hatte. Aber der Türsteher wußte das nicht.
Mit einem gequälten Schrei warf er sich auf den Bürgersteig und schoß wie wild hinter den davonrollenden Juwelen her. Zehn Minuten lang rutschte er auf Händen und Knien herum. Er pulte Rubine aus dem Rinnstein, schnappte Smaragde unter den Füßen verwunderter Passanten fort und kratzte Diamanten aus den Pflasterritzen. Er zerriß seine Hosen, scheuerte sich die Knie wund und ließ sich auf die Finger treten. Nach zehn Minuten erhob er sich, und, um Luft ringend, aber strahlend, näherte er sich dem eleganten Kunden mit dem undurchdringlichen Gesicht. »Bitte«, hauchte er ergeben. »Sehen Sie gleich nach, ob alle beisammen sind.«

Harpo warf einen kalten Blick auf das Geglitzer in der Hand des Türstehers.
»Ja«, schnauzte Harpo. »Es sind alle.«
»Gott sei Dank«, sagte der Türsteher und wischte sich, vor Freude aufatmend, über die Brauen.
Harpo schritt zum Rand des Bürgersteigs, wo ein Taxi wartete. Am Steuer saß derselbe jüdische Fahrer, dem der Nazilakai vor einer halben Stunde Beleidigungen entgegengeschleudert hatte. Der Türsteher sprang dienstfertig an Harpos Seite und riß, sich tief verbeugend, den Wagenschlag auf, ein glückliches Lächeln im Gesicht.
Aber Harpo stieg nicht ein. Er prüfte die Juwelen, die er immer noch in der Hand hielt, suchte den größten Diamanten heraus und übergab ihn dem Türsteher.
»Hier«, sagte Harpo. »Für Ihre Unannehmlichkeiten.«
Der Türsteher sperrte den Mund auf.
»Und dieser hier ist für Ihr Mädchen«, sagte Harpo, einen weiteren riesigen Diamanten herausfischend. »Und für die werte Mama dieser Rubin hier.«
Ins Taxi hinein rief Harpo dann mit plötzlich sehr geschäftsmäßiger Stimme:
»Fahren Sie mich zur Synagoge. Es ist höchste Zeit für mein Nachmittagsgebet.«
Später an jenem Nachmittag wurde der Türsteher entlassen, weil er den stellvertretenden Geschäftsführer angeschrien hatte.

Ich will heim

Mein Freund Navarro ist in der Stadt.
Señor Navarros Reisen sind von so großen Schwierigkeiten heimgesucht wie die Abenteuer Marco Polos, denn, obwohl gutaussehend und talentiert, ist der Señor immer ohne Geld.
Bei seinem jetzigen Vorstoß von Acapulco zum Broadway jedoch hatte mein Freund trotz mehrerer garstiger Mißgeschicke etwas, was ihn aufrecht hielt, die Überzeugung nämlich, daß all seine Schwierigkeiten vorüber wären, sobald er meiner habhaft würde. Er hatte nämlich ein großes Geschäft im Sinn.

Es war sehr traurig für den Señor, aber nach dem dritten Glas zeigte ich ihm mehrere Bescheinigungen über meinen Besitz an einigen Wüstenäckern, auf denen sich das versprochene Banditengold bisher noch nicht gezeigt hatte. Ich rief ihm auch die Sache mit Montezumas Federmantel ins Gedächtnis, der im Besitz eines entfernten, aber anhänglichen Verwandten meines Freundes sein sollte. Ich hatte eine erste Anzahlung auf das Stück geleistet, aber in der Folge weigerte es sich hartnäckig, materielle Gestalt anzunehmen. Und dann die Silberuhr von General Diaz – die war in der Post verloren gegangen. In Anbetracht all dessen bat ich darum, von weiteren Investitionsofferten verschont zu bleiben.

»Es geht um eine Sache«, sagte mein Freund, »die wird uns so gut wie nichts kosten und uns eine Million Pesos einbringen. – Jedes Museum wird sich die Finger nach dem Ding lecken, das ich ausgeguckt habe«, fügte er bedeutungsvoll hinzu. »Ich bitte dich, hör mich erst einmal an.«

Dies verweigerte ich, denn es ist gefährlich, sich darauf einzulassen, diesem Kaktus-Sindbad auch nur einen Moment zuzuhören. Die Rehaugen und der theatralische Mund nahmen sofort wieder die Mimik des vom Pech heimgesuchten Mannes an.

Um meinen Freund aufzuheitern, bestellte ich einen weiteren Drink und erkundigte mich nach jemandem, der seinem Herzen sehr nahe steht.

»Was gibt's Neues von Mac?« fragte ich.

Dieser Mac ist ein immer betrunkener Americano, der seit fünfundzwanzig Jahren am Rande des Dschungels lebt, einen Tagesmarsch von Acapulco entfernt. Er gehört zu der Sorte Männer, die eines Tages beschließen, der Welt den Rücken zu kehren. Ehe mein Freund Navarro ihn mir vorstellte, hatte ich nie von ihm gehört, obwohl er einst Schlagzeilen in den Zeitungen machte. Das war zu der Zeit, als Mac in Acapulco ankam – mit einem einzigen Koffer in der

Hand, und der war voller grüner Scheine, die er irgendeiner unachtsamen Institution, wahrscheinlich einer Bank, entwendet hatte.

Mac, der Betrüger, hatte sich zehn Meilen von der Fischerstadt entfernt seine Wohnstatt errichtet. Und hier, am Rande von Morast und Dschungel, sind Mac und seine Behausung seit fünfundzwanzig Jahren in Auflösung begriffen. Er hat immer genug Whisky, gelegentlich eine Eingeborenenfrau und sonst fast nichts. Aus Mac, dem gerissenen amerikanischen Gauner, war ein Einsiedler geworden, der im Nirgendwo Leguane jagte.

Nie werde ich den Abend vergessen, an dem mein Freund Navarro mich in Macs Heim führte. Mac erzählte von Angelegenheiten der Eingeborenen, von tropischen Stürmen, von Erdbeben, die ihn aus dem Bett warfen, und von den Ungeheuern, die manchmal in seinem Patio vorbeischauten. Mac betrank sich fröhlich bis zur Bewußtlosigkeit, ganz wie eine Figur aus Joseph Conrads Geschichten.

»Was es Neues von Mac gibt?« wiederholte Señor Navarro meine Frage. »Nur dies, Amigo – Señor Mac ist tot. Drei Wochen lag er mit Fieber in seiner Hängematte, dann starb er. Ich machte mich sofort auf den Weg, weil ich wissen wollte, ob er ordentlich beerdigt war. Das war erledigt worden – von dem Eingeborenen, der ihn gefunden hatte. Ich ging zu Macs Grab, dann in sein Haus. Es war leer wie eine Muschel. Nur die Hängematte, in der er während der Trockenzeit immer geschlafen hatte, war noch dort. Und am Kopfende der leeren Hängematte saß Macs alter Hausgenosse. Du erinnerst dich doch an ihn – Mr. Douglas, der Papagei?«

Ich erinnerte mich an den Papagei.

»Der Vogel«, fuhr der Señor fort, »war nicht zu bewegen, die Hängematte zu verlassen, in der Mac wochenlang gefiebert und mit dem Tode gerungen hatte. Als ich ins Haus kam, stierte das Tier auf die leere Hängematte, schloß alle zwei

Minuten die Augen und krächzte drei Worte. Immer dieselben Worte: ›Ich will heim.‹

Als ich schließlich eine Stunde dagestanden und mir das angehört hatte«, fuhr mein Freund fort, »war es Zeit für mich zu gehen. Sollte Mr. Douglas weiterkrächzen auf seiner Hängematte! Aber es war doch sehr komisch, wie seine Stimme hinter mir her rumorte, als ich ging – ich dachte, ich höre Mac, wie er hier am Rande des Dschungels und vom Fieber geschüttelt jammert: ›Ich will heim.‹«

»Aber jetzt will ich dir von etwas Erfreulicherem berichten«, sagte mein Freund. »Ich habe die wertvollste Reliquie der Welt aufgetan – das Schwert von Captain Cortez, dem Eroberer Mexikos. Es wurde von den überlebenden Indianern aufbewahrt.

Kein Museum der Welt besitzt irgend etwas von dem großen Captain. Das Schwert ist eine Million Pesos wert, ich versichere es dir. Und stell dir nur vor! Fünfhundert Jahre lang bewahrten diese Indianer das Schwert auf, das ihren Stamm auslöschte. Es war das einzige, was der Captain ihnen gelassen hatte – das Schwert, das sie zerstörte. Natürlich werden wir die Indianer am Gewinn beteiligen.«

Ich hob ein fünftes Glas.

»Auf Mac und Mr. Douglas«, sagte ich. »Du hast einen Fehler gemacht. Ich an deiner Stelle hätte den Papagei gekauft.«

Lauft, Schafe – lauft!

Es gibt viele Juden in der Stadt, die vergessen haben, was die Welt zu vergessen sich weigert – nämlich, daß sie Juden sind. Diese in den Tag träumenden Bürger gehören zumeist zu den wohlhabendsten und weltgewandtesten meiner semitischen Brüder, und viele von ihnen sind sogar begnadete Philosophen.

Sie haben sich eine Art Rassenamnesie zusammengebastelt. Diese Amnesie ermöglicht ihnen zwar nicht, ihre jüdische Identität völlig abzulegen, aber doch, sie so weit hinten auf einem Kellerregal abzustellen, daß sie sie aus dem Auge verlieren. Sie treten der Welt gegenüber als Bürger auf, die sozusagen ihr Diplom darin absolviert haben, alles Jüdische in sich auszulöschen und das jüdische Gewissen aus ihrer Seele zu verbannen.

Als ich in den Jahren 1918 bis 1920 als Zeitungskorrespondent in Berlin weilte, traf ich viele solcher Juden. Sie waren sehr klug und sehr gebildet und trauerten über den Untergang des deutschen Kaiserreichs.
Indem diese deutschen Juden ihr Judentum verleugneten, wechselten sie mit gnadenloser Logik ins Lager der Antisemiten über. Um den unwiderlegbaren Beweis zu liefern, daß sie aufgehört hatten, Juden zu sein, verschrieben sie sich einer Kultur mit einem deutlich antisemitischen Programm.
Die reichen deutschen Juden wollten nicht glauben, daß sie ihrer Rasse mit ihrer Abtrünnigkeit schadeten. Im Gegenteil, sie bildeten sich ein, nun, da sie keine Juden mehr waren (glückliche Täuschung) nicht nur selbst besser dazustehen, sondern auch ihrer Ex-Gattung zu helfen. Denn sie hatten der Welt ja gezeigt, daß der Jude, dieser wendige Bursche, sich aus der Zwangsjacke seiner Abstammung befreien kann. Diese Houdinis steckten sich eine Nelke ins Knopfloch, drückten sich ihr Monokel ins Auge, gingen kühn auf die anti-semitischen Wölfe zu und verkündeten träumerisch:
»Seht her, ich bin gar nicht da. Und da es mich nicht gibt, könnt ihr mich auch nicht verschlingen.«
Aber gerade diese eleganten und emanzipierten Männer von Welt waren es, die als erste verschlungen werden sollten. Sie waren das wohlschmeckendste Fleisch für den Hitlerwolf. Mitsamt ihren Nelken, Monokeln und dicken Scheckbüchern verschwanden sie in seinem Schlund – sogar noch vor den Rabbis.
Dies ist der traurigste Teil in der Geschichte jüdischer Abtrünnigkeit. Gerade der Jude, der sich gegen alle möglichen Katastrophen feien wollte, indem er sich nicht nur seines Jüdischseins entledigte, sondern auch alles verwarf, was seine Kultur bedeutet – ihren Mut und ihre Philosophie –, gerade er bekam als erster den gold-gierigen Biß der antisemitischen Wölfe zu spüren.

In unserer Alptraum verursachenden Ära gibt es hierzulande viele Ebenbilder dieser entjudaisierten deutschen Juden. Man findet sie an den vornehmsten Dinnertischen der Stadt, wo sie ein wenig zu hektisch über Kunst und Literatur, über Wissenschaft und Finanzen parlieren. Ihre politischen Ideen sind so bar allen jüdischen Ballasts wie die Trigonometrie, d.h. die Belange der Menschheit, Idealismus und Humanismus kommen darin nicht vor. Ihre Haltung ist elitär und nüchtern, und sie stehen auf seiten der industriellen Aristokratie. Wenn man sie reden hört, will man nicht glauben, daß sie Juden sind. Denn ihre Sorge gilt nicht ihrem Überleben als Juden. Wie es scheint, haben sie vor, als etwas Höheres zu überleben – als Phantome vielleicht.

Mit einem von ihnen sprach ich am gestrigen Abend, einem in der ganzen Stadt geachteten Herrn. Unsere Unterhaltung war seine Schuld, nicht meine. Denn da er wußte, daß ich Schriftsteller bin, fragte er mich, worüber ich gerade schriebe.

Ich antwortete ihm, ich säße an einer Geschichte über einen bemerkenswerten Mann namens Reuben Nathan. Mr. Nathan sei ein jüdischer Patriot, der die Ausbildung jüdischer Piloten in New York organisiere. Die Eröffnung einer jüdischen Fliegerschule stehe kurz bevor. Dort würden Hunderte, vielleicht Tausende junger Juden, denen aus dem einen oder anderen Grund der Zugang zur Luftwaffe oder den Ausbildungsstätten der kommerziellen Luftfahrt verwehrt sei, als Piloten ausgebildet. Und wenn sie je gebraucht würde, dann wäre eine Streitmacht bestens ausgebildeter und hoch engagierter jüdischer Kampfpiloten für jeden Notfall bereit. Das Echo unter den jungen Juden der Stadt, erzählte ich meinem Tischnachbarn, sei bis dato höchst bemerkenswert.

»Ein jüdisches Schwadron, das Berlin bombardiert«, fügte ich hinzu, »würde nicht nur die Geschichte bereichern, sondern auch einen neuen homerischen Vers abgeben.«

Während dieser Bemerkung betrachtete mich mein Begleiter,

als wäre ich mit meinem Dinnerjackett gerade aus einem Kellerloch gestiegen.

»Ich hielt Sie«, sagte er, als ich geendet hatte, »für einen vernünftigen Menschen. Aber wie ich sehe, sind sie alles andere als vernünftig. Sie bilden sich ein, der sogenannten jüdischen Sache zu helfen. Aber Sie irren sich. Sie tragen nur weiter dazu bei, die Juden zur Zielscheibe zu machen. Das einzige, was der jüdischen Sache wirklich hilft, ist, daß die Juden verschwinden. Nicht durch Massaker, sondern durch ihre eigene Intelligenz. Ihre jüdische Luftwaffe ist ein gefährliches und törichtes Unterfangen. Es gibt keine Juden in diesem Land, es gibt nur Amerikaner. Und als Amerikaner müssen wir leben, denken und Teil der Welt sein – nicht als närrische, archaische Juden.«

Ah, diese närrischen und archaischen Juden – ihre Torheiten mögen zahlreich sein, aber Amnesie gehört nicht dazu. Ihnen gelingt es nicht, sich in der Säbelscheide ihrer Feinde zu verstecken. Mein eleganter und weltmännischer Tischnachbar wird nicht so enden wie seine europäischen Kollegen, die in die Winde der Konzentrationslager schreien, sie seien keine Juden. Denn die Tage der Konzentrationslager sind gezählt. Mein Tischnachbar wird Schrecken, Folter und Tod entkommen, aber nicht dank seiner Abtrünnigkeit.

Allein der Mut und die Stärke jener Juden, denen er den Rükken gekehrt hat, werden es ihm ermöglichen, weiterhin seine wundersam unjüdische Nelke und sein Monokel zu tragen.

Gebet

O Gott des Kampfes, das Licht der Freiheit versickert, und Dunkelheit senkt sich hinab auf die Mauern. Unsere Stadt, die größte in der Welt, fühlt sich klein. Denn unsere Herzen sind verzagt, und unser Mut ist so hohl wie das Geplärr eines Angebers.

O Gott des Kampfes, wir besudeln uns mit Druckerschwärze und sind eine Gesellschaft von Schlagzeilen. Wir sind die Haarspalter an den Barrikaden. Auf unseren lauten Zungen lauert die Angst. Wir verschanzen uns hinter einem Ozean, sehen, wie die Lichter verlöschen, der Traum von Freiheit stirbt, all die schwer errungenen Bastionen des Geistes zerbröckeln. Und unsere Gewehre sind nicht bereit.

Nicht der stolze Schrei unseres Adlers erhebt sich, sondern Gänsegeschnatter erfüllt unsere Straßen – Feigheit hat das

Wort, und das niederste aller Naturgesetze ist in Kraft getreten: die eigene Haut zu retten.
O Gott des Kampfes, in unserem Hafen steht eine Statue. Wende ihren Blick von uns ab.
Unsere Geschichte ist voll tapferer Worte. Unsere Münzen zeigen die Köpfe von Helden. Wir haben eine Flagge, die den Winden eine neue Bedeutung gab. Heiß sie alle den Blick von uns wenden.
In deinem Namen gingen unsere Vorfahren mutig in den Tod, erkämpften für uns eine Bastion und hinterließen uns einen triumphalen Traum. Wende ihren Blick von uns ab.
O Gott des Kampfes, wir waren die Tapferen der Welt, warfen unsere Speere nach allen Tyrannen, gaben den Armen und Unterdrückten ihre Rechte, hielten unseren Arm schützend über die Schwerbeladenen und sangen das Lob der menschlichen Seele. Wir, die Ungestümen, die Furchtlosen und Kühnen, wir sprechen nun eine neue Sprache. Während unsere Brüder für die erleuchteten Worte sterben, die wir einst mit Leben erfüllten, bleiben wir untätig auf den Zuschauerrängen.
Nur eine Stimme wird unter uns laut – die Stimme des Feiglings, jene Stimme, die am höchsten stets im Zwielicht schrillt. Sie lockt uns hinaus auf den Weg in die Katastrophe. Den ersten Schritt haben wir schon getan.
O Gott des Kampfes, du hast andere Stimmen von uns gehört. Stimmen, die die Dunkelheit durchbrachen und die Welt mit ihrem Gesang in einen fröhlichen Ort verwandelten. Es war ein süßes Lied, aber ein kurzes. Laß es ersterben. Laß sein Echo nicht an unsere Herzen dringen, gebiete ihm Schweigen.
Unsere Brüder sterben für unseren alten Traum, und unsere Gewehre sind nicht bereit. Hunger verzehrt ihre Gesichter, und unsere Schiffe laufen nicht aus. Unsere Brüder sehen zu uns herüber, halten Ausschau nach dem Arm, der Goliath

besiegte, aber wir sind nur ein weit entfernter Nebel. Mit ihren Körpern bilden sie eine Mauer gegen unseren Feind, aber wir verstecken uns ängstlich hinter einem Ozean.
Laß keines unserer alten Lieder, keinen der alten Schlachtrufe an unsere Ohren dringen. Laß all unsere Reden zum vierten Juli im Lärm der Feuerwerkskörper untergehen, die einst unseren Himmel erleuchteten. Laß die Hörner von Lexington, Gettysburg und den Argonnen verstummen. Wir würden uns nur noch kleiner fühlen und die Feiglinge noch wilder wüten.
Der Mensch ist viele Dinge. Er ist sein Heim, seine Arbeit und seine Vergnügungen. Vor allem aber ist er das, was er zu jenem Traum beiträgt, der größer ist als er selbst. Dies ist seine stolzeste Flagge, an ihr wird man ihn stets erkennen. Unter dieser Flagge hat er sich mühevoll und durch viele Verzweiflungen hindurch aus dem Morast erhoben, wo das Böse und Grausame ihn gefangen hielten. Ohne diese Flagge ist er ein Kümmerling und Gestrandeter – sein Heim ein Luftgebilde, seine Arbeit ohne Sinn und sein Vergnügen leeres Narrengekicher.
O Gott des Kampfes, unsere Flagge ist untergegangen. Der Tod unserer Brüder schreibt jetzt unsere Geschichte. Wir lesen sie und verkriechen uns hinter einem Ozean. Die Freiheit stirbt. All die hart erkämpften Errungenschaften des menschlichen Geistes sinken zurück ins Dunkel, verkriechen sich wieder ins Stadium der Larve. All die Tapferen, die im Kampf gegen den Moloch ihr Leben ließen, brachten ihr Opfer umsonst. Zynismus und Intoleranz heißt das Glaubensbekenntnis, das die Welt wieder in ihren Fängen hält. Und unsere Gewehre sind nicht bereit.
Wir ahnen die Verdammnis unserer Herzen, den Tod unserer Träume, aber keine Trommeln treiben uns in den Kampf. Stattdessen hören wir auf die Feiglinge und auf ihr Gekreisch um die eigene geheiligte Haut.

Die Seele des Menschen wird zurückfallen in die alten Formen von Tücke und Barbarei. Alle schönen und guten Worte werden aus der Sprache dieser Welt verschwinden. Alles Lebendige wird sich ducken, von Nazifesseln umklammert dahocken, und dann wird eine Zeit kommen – eine lange Zeit, in der die besiegt geglaubte Bestie endgültig aus ihrem Käfig ausbricht, den Park überwacht und das Karussell steuert.
O Gott des Kampfes, unsere Todesstunde hat geschlagen. Verberge uns vor unseren Helden und unserer Flagge. Bedecke die Augen der großen Männer, die unsere Zeltwagen lenkten, und bedecke die Augen der langhaarigen Frauen, die den Präriewinden widerstanden. Laß all jene, in deren tapferen Herzen unsere Geschichte geschrieben steht, den Blick abwenden. Und die Hoffnung, die in den Augen unserer Väter schimmerte, mach, daß sie uns nicht sieht.
Die Totenglocken läuten über London, Paris und Athen, über den Dardanellen und dem Suezkanal, über dem Mittelmeer und den Seewegen des Atlantik, über jedem Bergpaß, jeder Straßenecke und allen Wüsten – überall wo die Freiheit von dem Moloch verschlungen wird. Unsere Todesstunde schlägt vom Bloomsbury Square bis nach China. An jedem Ort, wo die Freiheit untergeht, gehen auch wir unter.
O Gott des Kampfes, laß niemanden, der bewundernd zu uns aufblickte, unseren Untergang mitansehen. Denn wir sterben, ohne gekämpft zu haben. Dickleibig und bleichgesichtig und sehr verwirrt werden wir uns gegenseitig beschimpfen, in feigem Geschwätz unsere Scham und unseren Verrat verbergen. Genauso werden wir untergehen und alle unsere Träume mit uns.
O Gott des Kampfes, wirf einen Schleier über uns. Wir sind zu klein geworden für die Geschichte.

Begnadete Rotmacher

Ein New Yorker Überläufer hat sich im Prozeß gegen den Führer der Hafenarbeiter, Harry Bridges, als Belastungszeuge zur Verfügung gestellt. Denn wieder einmal steht Harry Bridges vor Gericht, wieder einmal droht ihm die Ausweisung aus San Franzisko. Der Herr im Zeugenstand heißt Howard Rushmore, und einst war er einer der Literati, die das kommunistische Witzblatt, den *Daily Worker*, mit ihren Ergüssen beglücken.

Nachdem sich Gospodin Rushmore sechs Jahre lang als kommunistischer Denker profiliert hatte, ging ihm plötzlich ein Licht auf, und er lief über ins andere Lager.

Sechs Jahre lang Kommunist zu sein ist für jedermann eine harte Prüfung. Die Denkverzerrungen, die die Partei ihren

Mitgliedern während der letzten Dekade abverlangte, muß jedes ihrer Schäfchen beachtliche Anstrengung gekostet haben, selbst das fügsamste. Vielleicht ist diese Anstrengung schuld daran, daß fast alle Abtrünnigen, sobald sie der Partei den Rücken gekehrt und den roten Brei in ihrem Mund ausgespuckt haben, zu solch verzweifelten und verachtenswerten Typen von Überläufern werden. Sie haben es nicht nur eilig, ihre alten Genossen zu bespitzeln und mit detailliertem Belastungsmaterial zur Polizei zu rennen – nein, sie geben sich nicht damit zufrieden, den alten Freunden in den Rücken zu fallen, sondern müssen gleich die ganze Sache verraten, für die sie sich einst mit all ihrer Kraft eingesetzt hatten.
Aber wie es aussieht, reicht es diesem Typ Überläufer auch nicht, gegen den Kommunismus insgesamt zu Felde zu ziehen, sondern er muß auch noch gegen jedes humane und liberale Glaubensbekenntnis anpredigen, an das er seine entfesselte Zunge legen kann. Fast alle diese kleinen holzköpfigen Charly McCarthys haben aber eher den Schoß vertauscht als das Lager gewechselt.
Ein Kommunist braucht offensichtlich jemanden, der für ihn denkt und ihm die Worte in den Mund legt, die er dann als Dampf aus beiden Ohren bläst. Und wenn er einmal von Stalins Schoß heruntergefallen ist, dann findet seine Seele so lange keinen Frieden, bis er ein anderes bequemes Plätzchen gefunden hat, von dem aus er sein Gedröhn loslassen kann. Daß der neue Schoß genauso willkürlich und zynisch ist wie der alte, stört ihn nicht.
Bei der Suche nach seinem idealen Fleckchen hatte Gospodin Rushmore mehr Glück als viele seiner Genossen aus dem Stamm der Überläufer. Die meisten seiner Verräterkameraden fanden ein glückliches und einträgliches Leben in der Hearst Presse, wo sie in Kleinkolumnen vor sich hinseufzen. Eine befriedigende Aufgabe für all die Bauchredner-Puppen! Aber sie ist bei weitem nicht so befriedigend wie das neue

Tätigkeitsfeld von Gospodin Rushmore, denn er schloß sich Kaliforniens mächtigen Arbeitergegnern an, die es sich zur Aufgabe gemacht haben, Bridges zu verfolgen.

Einen idealeren Belastungszeugen als Gospodin Rushmore hätte sich die Galaxis der Bridges-Gegner nicht wünschen können. Denn bis dato waren die Kräfte, die Bridges allein aufgrund der Tatsache, daß er ein Roter ist, ausweisen wollten, auf die Zeugenaussage von überführten Ladendieben, Fälschern, Schwindlern und sonstigen Kleinbetrügern angewiesen. Ein kommunistischer Überläufer nimmt sich da ganz anders aus im Zeugenstand, er wird der Hexenjagd Klasse verleihen.

Während eines früheren Prozesses, 1939, wurde Bridges freigesprochen. Professor James Landis, Dekan der juristischen Fakultät in Harvard, der bei der damaligen Verhandlung über Bridges' Ausweisung den Vorsitz führte, nannte diesen Schutzheiligen der Hafenarbeiter einen integren und mutigen Mann, dessen Kampf der demokratischen Tradition unseres Landes folge. Nun steht der mutige und brillante Arbeiterführer zum zweiten Mal vor Gericht, und wieder einmal in der gescheckten Geschichte unserer Rechtsprechung geschieht es, daß ein amerikanisches Gericht seine Befugnisse auf zynische und ehrlose Weise mißbraucht, um dem Interesse der Mächtigen zu dienen.

Hier ist der Punkt, wo Gospodin Rushmore ins Spiel kommt. Unser New Yorker Überläufer tat alles, um zu beweisen, daß Bridges einst Mitglied der Kommunistischen Partei war. Zum Beweis dafür erklärte er im Zeugenstand, seine alten Genossen vom *Daily Worker* hätten Bridges immer als feinen Kerl angesehen.

Die Witze des *Daily Worker* jedoch einmal beiseite gelassen – hier sind die Verbrechen, die wirklichen Verbrechen, die Bridges an den Reedereibesitzern Kaliforniens beging: In sechs Jahren organisierte er einen Haufen geschundener und

ausgebeuteter Docksklaven zu einer geordneten Gruppe von Arbeitern mit Selbstachtung. Er bereitete dem »Shape-up«-und-»Kick-back«-System ein Ende, das den Bankkonten der Schiffseigner so gut tat. Er sorgte dafür, daß die »Star Gangs« verschwanden, die es den Reedern zuvor ermöglicht hatten, 90% der Hafenarbeiter zum Müßiggang zu verurteilen und die vor Muskeln strotzenden, aber in ihren Köpfen verwirrten Star-Arbeiter, die sie in Dienst genommen hatten, mit der ständigen Drohung zu terrorisieren, sie würden durch andere ersetzt, wenn sie es wagen sollten, den Mund aufzumachen.
Ein weiteres Verbrechen von Harry Bridges bestand darin, daß er den jährlichen Durchschnittslohn dieser an den Docks schwitzenden Burschen von 600 auf 2000 Dollar erhöhte.
Dies sind die Verbrechen von Harry Bridges – Verbrechen, von denen ihn ein Schlichtungsausschuß freisprach, der ein mitreißendes Plädoyer für die Arbeiter hielt. Der Ausgang dieses Prozesses wurde von Präsident Roosevelt als einer der schönsten und mit großem Anstand errungenen Siege der Arbeiterschaft in unserer Zeit gepriesen.
Aber die Schiffseigner, mit den zynischen Kalifen Kaliforniens als Rückendeckung, geben nicht so leicht auf. Die Lust, ihre frühere süße Gewinnspanne zu restaurieren, ist so groß, daß sie durch Kaliforniens Hügel hallt.
Möglicherweise tue ich Gospodin Rushmore ja auch Unrecht. Die Kommunisten sind ein sehr verschlagener Haufen. Und möglicherweise sind sie auf die Idee verfallen, daß sie dieses Land auf dem sichersten Weg zur Revolution führen, wenn sie den geldgierigen und skrupellosen Individualisten helfen, ihren Prozeß gegen die Arbeiter zu gewinnen.
Ein zweiter Freispruch für Harry Bridges wäre eine zu schmückende Feder am Hut unserer Demokratie. Solange einem ehrlichen und erfolgreichen Arbeiterführer hierzulande der Liebesbecher überreicht wird, wird es in den USA keine kommunistische Revolution geben. Vom kommunistischen

Standpunkt aus gesehen, wäre es allerdings viel wünschenswerter, wenn Harry Bridges Unrecht geschähe, er ins Kittchen wanderte oder des Landes verwiesen würde. Im Interesse der Kommunisten ist es zweifellos besser, den Arbeitern den Mann zu nehmen, an den sie glauben und der ihnen durch seine Gegenwart weiterhin Mut machen würde.

Ich biete diese Theorie den Staatsanwälten an. Sie sollten es sich genau überlegen, ob sie sich durch die Zeugenaussage dieses Gospodin Rushmore helfen lassen wollen. Vielleicht ist der Herr ja ein roter Held in neuer Verkleidung, womöglich ein besonders gefährlicher Staatsfeind, der den Tag der Revolution so schnell wie möglich herbeiführen will, indem er sich mit ganzem Herzen auf die Seite der im Lande führenden Gruppe von Rotmachern stellt, den kalifornischen Schiffseignern.

Hund zerfleischt Hund

Früher oder später wird es zu einem Streik kommen – im Hafen um die Tenth Avenue herum. Es wird ein harter Streik werden, in dem Polizisten mit Gewehrkolben auf Schauermänner einschlagen, Schauermänner aufeinander losgehen und in dem die Schiffseigner schreien werden, die Kommunisten wollten ihnen alle Schiffe stehlen.
Der Streik wird sich bis zum Red Hook Viertel in Brooklyn ausdehnen. Und in Brooklyn wird es noch härter zugehen als am Hudson.
Um die 14000 Hafenarbeiter werden sich an dem Streik beteiligen. Und wenn das Schießen und Prügeln beginnt, wird

niemand mehr ausmachen können, wer die Täter sind, was schon im Augenblick, wo nur zehn oder zwanzig Morde pro Jahr passieren, ein so hoffnungsloses Unterfangen ist wie ein chinesisches Puzzle. Und die letzten, die einem erzählen werden, wie das Feld bestellt ist und von wo der Wind bläst, werden die Hafenarbeiter selbst sein.

Denn die Hafenarbeiter gehören der Internationalen Vereinigung der Hafenarbeiter, der AFL, an. Diese muskulösen und schwitzenden Männer, die mit ihren Armen die Güter der sieben Weltmeere auffangen, wissen vieles, worüber sie nicht sprechen. Ein Hafenarbeiter tanzt nicht so leicht aus der Reihe. In einem Hafen liegen zu viele Pflastersteine herum, und es gibt zu viele Piers, von denen man herunterfallen kann.

Pete Panto wurde ermordet, weil er aus der Reihe tanzte. Er hatte die Arbeitsbedingungen an den Docks verbessern wollen. Pete war ein Hafenarbeiter mit einem Kampfschrei in seinem Herzen. Bezirksstaatsanwalt O'Dwyer leistete fleißige und lobenswerte Spürarbeit und machte Petes Mörder dingfest. Sie gehörten der Mord KG und Co. an, dem Mob vom Brooklyn. Die nebensächliche Frage, wer die Schützen anheuerte, um es Pete Panto zu besorgen, hat O'Dwyer jedoch nicht gelöst.

Die Hafenarbeiter aus dem Red Hook Viertel wissen, wer Petes Mörder anheuerte, aber sie stellen sich dumm. Und wenn man sie in Öl siedete, sie würden es nicht verraten. Sie wissen auch, daß, während sie Schiffsladungen löschen oder sich in Reih und Glied an den Docks aufstellen, in der Hoffnung angeheuert zu werden, schwere Jungs in ihre Wohnungen kommen und mit ihren Frauen und Müttern sprechen. Sie erzählen ihnen, wie großherzig die Gewerkschaft der Dockarbeiter ist und daß sie gut daran täten, ihrem Ernährer zu raten, dieser Gewerkschaft treu zu bleiben und sich von den Treffen des »Rank-und-File«-Komitees fernzuhalten. Diese

Treffen würden von den Roten abgehalten, erklären die wohlmeinenden Burschen den Müttern und Frauen. Und wenn ein Schauermann aus der Reihe tanzt und sich dem »Rank-and-File«-Komitee anschließt, dann wird's schlecht aussehen für ihn. Solche Verräter bekämen großen Ärger, und ihre Frauen auch.

Niemand weiß genau, ob diese schweren Jungs Gesandte des AFL sind oder Sturmtruppen, die von den schlauen Schiffseignern ausgesandt werden. Aber die Einschüchterungen nehmen kein Ende, und die Frauen raten ihren Männern, nur ja keinen falschen Schritt zu tun.

Der junge Pete Mazzie ist Pete Pantos Nachfolger als Vorsitzender des »Rank-and-File«-Komitees. Dieses Komitee kämpft gegen das morgendliche Antreten an den Docks und versucht eine Anheuerhalle und ein Rotationssystem für die Dockarbeiter durchzusetzen.

Das Antreten an den Docks ist nicht schön anzusehen. Jeden Morgen in der Dämmerung stellen sich mehrere hundert Männer in Reih und Glied an den Piers auf, wo Schauermänner gebraucht werden. Die Vorarbeiter schreiten die Reihen ab und picken sich ihre Gruppen von je zwanzig Mann heraus. Diese Gruppen gehen zur Arbeit, und zu einem guten Lohn: 1,10 Dollar pro Stunde und 55 Cent Zuschlag für jede Überstunde. Ungefähr die Hälfte der Männer wird ausgesucht. Die andere Hälfte geht unverrichteter Dinge nach Hause. Nie muckt einer der Docker auf, nie verzieht einer eine Miene.

Wer sich dieses Auspick-System einmal angesehen hat, dem fällt auf, daß vor allem Männer um die vierzig oder fünfzig ausgesucht werden. Diese alten Jungs sind erfahren im Lauf der Welt. Sie schreien nicht auf, wenn ein paar Dollar in ihrer Lohntüte fehlen. Denn diese fehlenden Grünen sind eine Art Schmiergeld, mit dem man sich einkauft ins System.

Und die Männer, die Morgen um Morgen zum Müßiggang

verurteilt werden, schreien auch nicht. Denn wenn sie mekkern, würde sich ihre Chance, eines schönen Morgens ausgewählt zu werden, keineswegs erhöhen. Wortlos stehen sie in ihren Kapuzen und Windjacken da und geben sich Mühe, wie zufriedene »Stammarbeiter« auszusehen. Irgendwann einmal werden auch sie an der Reihe sein.

Mazzie schrie auf. Er ließ einen Schrei gegen das Auspick-System los. Dafür mußte er büßen, nicht so schlimm wie Pete Panto – Mazzie wurde nur zusammengeschlagen, ist noch am Leben und tritt weiter um sich wie ein Esel. Inzwischen wurde er von Emile Camarda, dem Vizepräsidenten der Hafenarbeiter-Gewerkschaft, aus der AFL ausgeschlossen.

Bei dem Streik, der früher oder später kommen muß, wird man die Polizei natürlich auf der Seite von Recht und Ordnung stehen sehen, und wie die Dinge liegen, wird das jene Seite sein, die Pete Panto umlegte und im Augenblick viele seiner alten Kampfgenossen zusammenschlägt. Arm in Arm mit den Schiffseignern wird man die Gewerkschaftsvertreter marschieren sehen, die ja schließlich ihren Segen zu dem Auspick-System gaben und all den Sorgen und dem Leid, die es verursacht.

In San Franzisko bereitete Harry Bridges diesem System ein Ende. In Baltimore, Boston und den meisten Häfen des Ostens wurde es über Bord geworfen. Angefangen vom Präsidenten ist jeder im Lande der Meinung, daß es brutal ist und für viel Schiebung und eine grausame Konkurrenz unter den Arbeitern sorgt. Aber in den Häfen unserer Stadt blüht und gedeiht dieses System immer noch.

Emile Camarda, ein harter Realist, aber voll väterlichen Verständnisses, kann ihnen erklären warum. »Es sind weder die Schiffseigner noch die Polizisten oder Vorarbeiter, die das System am Leben halten«, sagt er. »Es sind auch nicht die Gewerkschaftsbosse. Ich persönlich bin gegen das System. Die Schauermänner selbst wollen es. Sechzig Prozent von ihnen stimmen dafür. Es sind die sechzig, die regelmäßig herausgepickt werden, und sie haben keine Lust, ihre Arbeit mit den anderen 40 Prozent zu teilen. Deshalb stimmen sie gegen eine Anheuerhalle und dagegen, daß nach einem Rotationssystem angeheuert wird.«

Die Wahrheit sieht heute offenbar so aus, daß die Schiffseigner es nur fair finden, ihren Nutzen aus der Gier und dem Egoismus ihrer Arbeiter zu ziehen; und die Arbeiter finden es nur fair, sich das zu schnappen, was sie bekommen können und den Kumpel hinter ihnen zur Hölle fahren zu lassen.

Wenn die ersten Schüsse in den Häfen fallen, wird man wissen, daß irgend jemand das Spiel nicht mehr fair fand.

Ein Franzose, den ich kenne

Ich arbeite gerade mit einem Franzosen zusammen, einem alten Freund von mir. Wir sind dabei, uns einen Film auszudenken, und wenn ich das Drehbuch geschrieben habe, wird er Regie führen.

Mein Mitarbeiter ist erst vor zwei Monaten aus Frankreich herübergekommen. Ehe er sein Land über Havanna verließ, hatte er drei Jahre in Paris gelebt. Als er in New York eintraf, sah er sehr mager, verwirrt und ängstlich aus. Er war voller Haß auf die Nazi-Besatzer und schämte sich seiner einst so stolzen Nation.

Nachdem er ein paar Pfund zugenommen und festgestellt

hatte, daß keiner seiner alten Freunde vorhatte, ihm die Kapitulation Frankreichs vorzuwerfen oder sich gar über Frankreichs unglückliche Rolle als Handlanger der Nazis lustig zu machen, entspannte er sich allmählich. Er begann, uns von den Dingen zu erzählen, die er gesehen und getan hatte, und in all seinen Geschichten schwang eine unbeirrbare, fast verzweifelte Loyalität gegenüber Pétain mit.

Mein Freund war nie ein Politiker. Er war Soldat und an der Marne schwer verwundet worden. Für seine Tapferkeit erhielt er öffentliche Ehrungen, und manchmal gefällt er sich darin, seine Orden und seine Verwundungen zur Schau zu stellen.

Seine Loyalität gegenüber Pétain hat jedoch, so scheint mir, wenig mit diesem ehrwürdigen Jongleur in Vichy zu tun, sondern sehr viel mehr mit dem Bedürfnis meines Freundes, daran glauben zu können, daß es immer noch ein Frankreich gibt, das der Liebe derer, die für es kämpften, würdig ist.

Über Laval und seine Truppe speichelleckender Verräter hatte mein Freund wenig zu sagen. Immer wenn die Sprache auf sie kam, verdunkelte sich sein Gesicht, und er verstummte. Die Taten und Worte Lavals beschämten ihn. Offenbar aus dieser Scham heraus sprach er mit um so größerem Eifer und Stolz von dem alten Herrn – Pétain, dem Standfesten, auf dessen alten Schultern nun alles ruhe, was von Frankreichs Ruhm und Ehre noch übrig sei. Eine zerrissene Hülle sei es zwar, aber der alte Mann von Verdun trage sie mit großer Würde, sagte mein Freund.

Ehe wir uns der täglichen Arbeit an unserem Film widmeten, versicherte mir mein Freund jedesmal, daß das Herz eines jeden Franzosen auf seiten Englands stehe und Pétain all das verkörpere, was unzerstörbar sei in der französischen Seele. In die Kolonien fortzulaufen und dort für ein freies Frankreich zu kämpfen, das sei leicht, erklärte mein Freund. Viel schwieriger sei es zu bleiben, so wie Pétain, und mit der mächtigen Besatzungsmacht um Nahrung und Vergünstigungen zu feilschen. Solange Pétain als Symbol französischen Freiheitswillens, französischer Klugheit und Standfestigkeit da sei, würden die Nazis es nicht wagen, Frankreich noch weiter in die Enge zu treiben.

Mein Freund war nie ein Politiker. All seine Worte kommen direkt aus seinem Herzen. Und an einem Punkt gerät er regelmäßig in Rage, dann nämlich, wenn er zuhört, wie sich die Leute darüber unterhalten, was sie in den Zeitungen lesen – von den sich verdichtenden Hinweisen, daß Pétain dabei ist, völlig vor den Nazis zu kapitulieren und ihnen keine größeren Steine in den Weg zu legen, als Laval es tat. Alles Falschmeldungen und Verleumdungen, behauptet mein Freund. Nie würde Pétain die französische Seele verraten.

Mit unserem Film waren wir gut vorangekommen, aber nun sind wir an einem Punkt, an dem alle Handlungsfäden sich verwirren. Mein Mitarbeiter tut sich schwer, die Fehler zu bemerken oder sie zu korrigieren. Um die Wahrheit zu sagen, er zeigt keinerlei Neigung, überhaupt noch an dem Film zu arbeiten – im Augenblick. Er hat auch eine Abneigung, darüber zu sprechen, was im Augenblick in der Welt geschieht.

Wenn wir zusammen sind, spielen wir eine Stunde Backgammon, machen Fotos und ignorieren sowohl den Film als auch den Krieg. Ich achte darauf, nicht das Radio anzustellen, solange mein Freund im Hause ist. Mein Freund war nie ein Politiker, und ich stelle mir vor, daß die Nachrichten aus Vichy entsetzlich und schockierend für ihn sind. Vielleicht irre ich mich auch. Ich weiß es nicht.

Pétains Demaskierung als hemmungsloser Opportunist, der alles aufs Spiel setzte, um den Nazis gefällig zu sein, seine Demaskierung als willenloser, dekadenter Kopf, der sich den Träumen der Eroberer fügt, hat meinen Freund vielleicht so tief mit Scham erfüllt, daß er nicht davon sprechen kann. Aber ich bin mir nicht sicher. Dostojewski schrieb einmal,

fällt mir ein, daß der Mensch das einzige Lebewesen ist, das sich an alles anpassen kann.
Inzwischen vermeiden wir es auch, über Pétain zu sprechen. Oder über Frankreich. Seit einer Woche haben wir auch nicht mehr über unseren Film oder über Syrien gesprochen. Und während wir um Einsätze Backgammon spielen, die wir uns beide nicht leisten können, frage ich mich, was aus meines Freundes Freiheits- und Menschenliebe geworden ist. Hat er sie, wie sein verehrter Pétain, über Bord geworfen? Oder hängt er ihr im Geheimen immer noch an?
Ich weiß, für einen Mann, der immer von einer tiefen Liebe zu seinem Land erfüllt war, ist es schwer, sich plötzlich erbost von ihm abzuwenden. Ich weiß auch, daß sogar ein gewisser Mut darin liegt, die Verwerflichkeit und Feigheit Pétains und seiner Regierung zu verteidigen. Es ist der Mut eines Mannes, der plötzlich entdeckt, daß die Frau die er liebt, das Leben einer Hure führt. Er wird sie immer noch umarmen, denn noch immer hat sie ihren Zauber nicht eingebüßt. Und für ihn besitzt nur sie diesen Zauber. Wahrscheinlich wird er sogar zusammen mit ihr auf die niederste menschliche Stufe absinken, nur um an ihrer Seite zu sein. Lieber will er an ihrer Verkommenheit teilhaben, als sie verlassen.
Ich weiß nicht, ob die Liebe meines Freundes diesen Weg nahm, ob er sich in einen Pariser Unterweltler verwandelt hat, der seiner angebeteten Trikolore in den Hitlerkeller folgt. Ich glaube fast, daß es nicht so ist. Ich glaube, er steht auf dem Treppenabsatz und sieht seiner Geliebten nach, wie sie die Stufen hinabsteigt. Kein Wort kommt ihm über die Lippen, denn er kann sie nicht beschimpfen.
Wenn wir über unserem Backgammon-Spiel sitzen, wandern die Augen meines Freundes manchmal zu meinen Bücherregalen hin. Dort stehen die Bücher, die wir seit unserer Jugend bewundern. Die großen roten Bände von Anatole France sind da, neben ihnen die von Voltaire. Molière, Balzac und der

elegante de Gourmont sehen zu uns herüber. Proust und Gide, Hugo und Montaigne betrachten uns, Brantôme, Stendhal, Flaubert, Verlaine und viele andere. Es sind nur einige der großen Geister, die Frankreich jahrhundertelang ein zierendes Kleid waren.
Sie woben die Hülle, mit der sich heute der verschlagene Pétain schmückt. Und während das Auge meines Freundes vor Stolz aufleuchtet, wenn er diese Namen liest, beantwortet er mir eine Frage, die ich nie stellte. Dem alten Pétain, sagt er mir, steht diese Hülle heute nicht mehr.

Mord in der Broome Street

Heute zur Abwechslung eine Liebesgeschichte.
In diesen Tagen verlautet so wenig über Amouröses in der Presse, daß man ein schiefes Bild von unserer Stadt bekommen könnte. Es scheint fast so, als hätten die Leute aufgehört, sich zu küssen, zur Liebsten durchs Fenster zu steigen und in Badezimmer zu rennen, um sich die Pulsadern aufzuschneiden. Man könnte glauben, daß niemand mehr im Dunkeln auf dem Bett liegt und sich das Herz aus dem Leibe seufzt oder auf einer Parkbank sitzt und der Sphärenmusik lauscht.
Es ist wahr, daß im Augenblick nur betagte und redselige

Herren die Schlagzeilen an sich reißen und daß all die Zeitungsvoyeure vor den Fenstern des Weißen Hauses in Washington herumlungern. Und sollte ein Liebespaar vom Dach des Empire State Buildings springen, dann hätte es kaum eine Chance, auf Seite 1 zu landen. So ist es – leider. Es zeigt, wie weit wir uns von Arkadien entfernt haben.
Das ist aber nicht nur schade, sondern auch unfair gegenüber unseren Bürgern, die, trotz aller patriotischen und unpatriotischen Umtriebe, immer noch emsig wie die Biber in den Gefilden der Liebe zugange sind. Zumindest glaube ich das.
Wie dem auch sei, ich habe eine Heldin, die mich in meiner Annahme bestärkt. Die Kämpfe in Europa brachten sie nicht eine Minute zum Stillstand. Die Meldungen von Bombenangriffen und internationalen Katastrophen glitten wie Wasser an ihr ab. Sie ließ sich nicht beirren und diente der Liebe – bis zum bitteren Ende. Unsere Kolumnisten mag das überraschen, aber so ist es.
Der Name unserer Heldin auf der Akte im Leichenschauhaus – es ist nicht ihr wahrer Name – lautet Mary Delaney, und sie war viel zu beschäftigt, um sich um all die über den Ozean telegraphierten Nachrichten und deren vielzüngige Interpreten zu kümmern. Womit war sie beschäftigt, werden Sie fragen. Damit, behaupte ich, wie besessen eine dunkle Straße hinunterzurennen, wobei ihr das eigene Herz hinterherschepperte wie eine Blechbüchse.
Wir begegnen unserer Heldin (so beginnt man in Hollywood eine Geschichte) in Zimmer 29 des Hotel Commercial. Dies ist eine schmutzige und übel beleumundete Taverne an der Ecke der Broome Street zur Bowery. Außer seiner Marmortreppe hat das Etablissement auch eine Geschichte. Der große Tim Sullivan, der die Stadt einst in seiner Westentasche hatte, regierte von hier aus sein waghalsiges Imperium. *Sic transit*, sagen die Hotelburschen heute, wenn die Sprache auf Tim kommt.

Als wir ihr begegnen, gibt La Delaney ein eindrucksvolles Bild ab. Denn zum einen ist sie, bis auf ein Paar Seidenstrümpfe und einen Zweidollar-Hut, splitternackt. Zum andern wurde ihr der Schädel mit einer ungewöhnlichen aber wirkungsvollen Waffe gespalten. Irgend jemand schlug mit der Marmorplatte eines Nachttisches auf unsere Heldin ein.

Ein Zimmernachbar gibt an, um vier Uhr morgens habe La Delaney viel Lärm gemacht. Aber als die Polizei eintrifft, kurz nach dem Frühstück, gibt es nichts Stilleres auf der Welt als Mary Delaney.

Die Polizei macht sich an die Arbeit und findet heraus, daß unsere Heldin um drei Uhr morgens am Arm eines heruntergekommen aussehenden Beaus ins Hotel gekommen war und sich mit ihrem Begleiter als Mr. und Mrs. F. Booker für Zimmer 29 eingetragen hatte. Aber die Polizei läßt sich durch diese Schriftschnörkel nicht narren. Sie erkennt die Nackte auf dem Bett – unter jedem Namen. Es ist Mary Delaney, die vor einer Woche aus dem Gefängnis kam, wo sie wegen Drogenmißbrauchs gesessen hatte. Wie sollte sie sie auch nicht kennen – die Bowery-Mary, die sie so ungefähr jedes Jahr einmal wegen unerlaubter Straßenprostitution einlochte. Eine Schluckerin, Stricherin, ein Morphinvögelchen und ein großes Ärgernis sagen die Polizisten – armes Ding, fügen sie hinzu, jetzt hat sie ihr Fett.

Nur zwei respektable und weit entfernt wohnende Brüder kommen zu La Delaneys Begräbnis. Sie bringen sie unter die Erde, und nachdem sie mehrere Seufzer ausgestoßen haben, kehren sie zu ihrer Respektabilität zurück. Viele Fehltritte werden mit Bowery-Mary begraben, aber auch vieles andere verschwindet unter den Schaufeln.

Mit vierzehn lief unsere Heldin von zu Hause fort, heiratete, hatte ein Kind, verließ ihren Mann und begegnete dann einem leidenschaftlichen Verehrer. Den Namen des Mannes werde

ich auslassen. Sieben Jahre lang bemühte er sich um La Delaney, wollte sie heiraten und, saß sie in der Patsche, eilte er mit Geld und einem Anwalt an ihre Seite. Aber, so erzählt man sich, sie wollte nichts von ihm wissen. Sie weinte sich in seinen Armen aus, durchseufzte lange Nächte, litt wie verrückt und wählte, statt ihres ergebenen Knappen, die Straße. Warum, weiß Gott.
Irgend etwas hatte seine Zähne in das Herz unserer Heldin gebohrt und gönnte ihr kein gutes Leben. Mary Delaney fluchte, trank, nahm Morphium und blinzelte Fremde an. Rettung in Form zweier solventer Brüder war immer in Reichweite. Sie hätte einen Gemüsegarten haben können, eine Küche zum Kochen und eine Tochter zum Umhegen. Aber La Delaney konnte das Gespenst nicht abschütteln, das sie durch die Bowery-Gassen trieb. Etwas hatte seine Zähne in ihr Herz gebohrt, und sie konnte den Biß nicht lockern. Also malte sie sich an, streunte durch die Nacht und machte schließlich zu viel Lärm in einem Bowery Hotel.
Ein Bürger namens Mikel Bacik steht wegen des Mordes an unserer Heldin vor Gericht. Die Polizei ist überzeugt, daß Mikel der irritierte Romeo war, der unsere Heldin zum Schweigen brachte. Auf diese Weise wird der Fall schnell zum Abschluß kommen, aber doch ist diese Anklage ein wenig kurzsichtig. Denn Bowery-Mary war schon lange, ehe Mikel ihr in die Arme lief, tot. Ja, ich wage nicht, an die vielen Male zu denken, die sie starb – und nicht an die elende Umgebung.
Nun, hier haben Sie ihre Liebesfee – heruntergekommen, voll wie eine Haubitze und mit einem gespaltenen Schädel –, eine abgetakelte wimmernde Isolde, die in den Protokollen der Polizei zu Ehren kam. Und hier ist ein Epitaph für sie.
Es gibt eine Menge Entwürfe, mit denen die Welt in Ordnung gebracht werden soll. Vielleicht wird einer sogar eines Tages funktionieren. All unsere Kolumnisten werden dann gütig strahlend um dieselbe Breischüssel herumsitzen, all unsere

Politiker werden ihre Hüte an demselben Regenbogen aufhängen, und selbst unser Mr. Ingersoll braucht sich dann nicht mehr unruhig in seinem Bett hin und her zu wälzen. Aber auch wenn dieser schöne Tag kommt, wird das Epitaph auf unsere Heldin immer noch eine Nachricht wert sein: Heute und morgen – Mary Delaney verliert immer.

Eine Handvoll Don Quijotes

Ein Freund von mir ist aufgebracht über Senator Burton Wheeler, und zwar so sehr, daß er seine Empörung unter Sarkasmen verbirgt. Er fragt sich zum Beispiel, welche Worte dieser Solon aus Montana an dem Tag finden wird, an dem sich herausstellt, daß all seine windigen Prophezeiungen nichts als leeres Gewäsch waren.

Aber mein Freund ist nicht nur sarkastisch. Er ist auch pessimistisch. Er glaubt nämlich, daß dieser schwarze Tag kommen wird. Er hört die Bomben auf den Stork Club fallen, sieht England am Boden zerstört und die USA mutterseelenallein gegen die Nazi-Invasion kämpfen.

Wenn es soweit ist, sagt mein Freund, dann wird nicht mehr viel übrig sein, worauf man sich noch freuen kann, und er wäre schon zufrieden, wenn er den New Yorker Blitz lang genug überlebte, um noch zu hören, wie Senator Wheeler aus einem bombensicheren Bunker heraus seine Rede hält und Ausflüchte macht.

Im Gegensatz zu meinem Freund bin ich nicht neugierig darauf, was der alte Wheeler zu sagen hat, wenn der Tag kommt, an dem er Rechenschaft ablegen muß. Ich habe schon viele Träumer gesehen, die von den Tatsachen des Lebens eingeholt wurden, und in den Sprüchen, die sie dann machten, lag weder Trost noch Nutzen. Ein Don Quijote hat seine Windmühlen gewöhnlich immer zur Hand.

Ich erinnere mich an einen solchen Träumer namens Alexander Dowey, der Zion City, Wisconsin, gründete. Mr. Dowey hatte einen langen Schnurrbart, durch den er sich direkt mit Gott unterhielt. Zu den Dingen, die Gott ihm anvertraut hatte, gehörte auch die Information, die Welt sei flach und nicht rund, so wie es in den Schulen der Heiden gelehrt würde.

Als Mr. Dowey seinen ehrenvollen Lebensweg beschloß, fingierte ein alter Zeitungsmann namens Kid Ash ein Testament für den großen religiösen Führer. Er steckte es in den Sarg unter Mr. Doweys Kopf. In diesem mit der flinken, alkoholisierten Hand des Reporters hingekritzelten Dokument nahm der hochgeachtete Gründer von Zion City alles zurück, was er über die flache Beschaffenheit der Welt gepredigt hatte, und ersuchte seine Jünger, von nun an zu glauben, die Welt habe die Form einer Orange.

Zu gegebenem Zeitpunkt zeigte Kid Ash auf das gefaltete Papier unter dem Kopf des Hirten und wies zwei der versammelten Männer in schwarzem Anzug darauf hin, daß es möglicherweise etwas Interessantes enthalte. Die beiden tränenreichen Zionisten traten an den Sarg und versuchten den

Zettel zu entfernen. Aber im Tod wie im Leben war Mr. Dowey ein entschlossener Mann. Es gelang ihnen nicht, den steifen Kopf hochzuheben. Alle ihre Anstrengungen, den Zettel unter diesem starren, frommen Schädel hervorzuholen, schlugen fehl. Als sich schließlich ungehaltenes Geflüster unter der Trauergemeinde erhob, gar das Wort »Sakrileg« zu vernehmen war, ließen die Männer von ihrem Vorhaben ab. Sein Testament unter den Kopf geklemmt, wurde Mr. Dowey begraben, und deshalb ist die Welt für Zion City bis zum heutigen Tage flach.

Ich erinnere mich an einen weiteren Träumer. Er hieß Edwin Fischer. Dieser Gentleman war ein angesehener Hals-Nasen- und Ohrenarzt. Trotz seiner Bildung und seines tadellosen Charakters hatte auch er einen Hang zur Wirklichkeitsferne. Was genau es nun war, was Dr. Fischer quälte, gab niemand sich die Mühe herauszufinden. Aber eines Nachts erdrosselte der begabte Medikus seine Frau. Als er am Morgen verhaftet wurde, weigerte er sich zu sprechen. Auch während der ganzen Verhandlung öffnete der gute Doktor kein einziges Mal seinen Mund.

Zum Schluß sprach er doch, nur einmal. Das war auf dem Galgen, als der Strick ihm schon um den Hals lag und er gefragt wurde, ob er noch irgend etwas zu sagen habe, irgend etwas, das ihm die Seele erleichtern würde.

Aus dem bedrängten Hals kam ein Räuspern, dann antwortete Dr. Fischer mit fester Stimme.

»Das hier bin ich nicht.«

Mein Lieblingsträumer war jedoch schon immer Toby Harmon. Ich hoffe, daß Mr. Wheeler eine ebenso angemessene Äußerung einfällt, wenn die Tatsachen des Lebens *ihm* auf den Pelz rücken.

Toby war ein farbiger Gentleman, von Beruf Rechtsanwalt, der eine rührende Liebe zu seinen in Bedrängnis geratenen Brüdern und Schwestern im Herzen trug. Unglücklicherweise

überstieg diese Liebe irgendwann Rechtsanwalt Harmons Kräfte. Und dieser frommste und sanfteste aller Barrister saß zum Schluß selbst in der Todeszelle und wartete auf den Henker.
Hoch auf einem weißen Roß sitzend, hatte er eine Parade von rund hundert seiner Bewunderer zum Rathaus führen wollen, als ein Schutzmann, der den Verkehr regelte, die Hand hob und der Kavalkade Einhalt gebot. Rechtsanwalt Harmon zog eine Pistole, ein Geschenk eines seiner Jünger, schoß den Polizisten nieder und rief: »Vorwärts zum Rathaus und zum Tausendjährigen Reich Christi.«
Ich mochte Toby Harmon und besuchte ihn oft in seiner Todeszelle. Einen geistig regeren und besser informierten Gentleman habe ich nie gekannt. Er war ein bewanderter Historiker und scharfsinniger Ökonom. Während unserer Gespräche in seiner Zelle erwähnten wir nie den Freitagmorgen, der Toby den Henkerstrick bringen würde, auch nicht den seltsamen Zwischenfall, der ihn an diesen Ort gebracht hatte. Toby selbst schien jenem Abschnitt seines Lebens völlig gleichgültig gegenüberzustehen. Er studierte und forschte fleißig, las in dicken Bänden, machte sich Notizen, entwarf utopische Pläne und hielt den Hilfssheriff damit auf Trapp, ständig in die Städtische Bibliothek zu springen. Auch als der Henkerszug vor seiner Zelle aufmarschierte, war Toby noch eifrig dabei zu planen und zu forschen.
Zehn Minuten später sah ich Toby Harmon auf dem Galgen stehen. Er trug seinen Lieblingsgehrock, aber ohne den üblichen Stehkragen. Er blickte sich geschäftig um, und als man ihm die Arme am Körper festband, bemerkte ich, daß er immer noch seine Notizblätter in den Händen hielt.
Auf die Frage, ob er noch etwas sagen wolle, lächelte Toby höflich, schüttelte den Kopf und antwortete mit wundervoll überlegener Stimme.
»Im Augenblick nicht.«

Ich weiß nicht, ob Senator Wheeler, Auge in Auge mit den einfallenden Nazis, sich seine falschen Überzeugungen unter dem Schädel festklemmen wird – ob er so tun wird, als gäbe es ihn gar nicht oder ob er seine Wählerschaft höflich davon in Kenntnis setzt, im Augenblick habe er nichts zu sagen. Ich weiß nur, daß er, wie alle Träumer, seine Windmühlen zur Hand haben wird. Und obwohl ich nichts Neues von ihm erwarte, hoffe ich, wie jeder gute Reporter, zur Stelle zu sein, um seine Witze mitzuschreiben.

Dunkelheit überall

In meinem heutigen Bericht geht es um Literatur. Ich habe gerade ein Buch mit dem Titel *Sonnenfinsternis* gelesen. Es wurde von Arthur Koestler geschrieben, von Daphne Hardy übersetzt und 1940 von Jonathan Cape veröffentlicht.
Dieses Buch enthält meiner Meinung nach so viele neuartige Enthüllungen, daß es augenblicklich all unseren Diplomaten und Propagandaleuten in die Hand gegeben werden sollte, die sich mit Rußland auseinandersetzen – der Bedrohung, die von dem Land ausgeht, und den Rätseln, die es aufgibt. Denn meines Wissens wird hier zum ersten Mal ein Licht in die neue moskowitische Seele geworfen.
Die alte russische Seele, jetzt mitsamt ihren Ikonen und Kaf-

tanen ein Museumsstück, hatte eine Heerschar von wortgewaltigen Chronisten. Gogol, Dostojewski, Turgenjew, Lermontow, Puschkin, Gontscharow, Kuprin, Gorki, Sologub und eine große Anzahl unbedeutenderer Geister besangen sie und brachten sie uns nahe. Die neue russische Seele schoß, wie die Champignons, im Dunkel hervor. Eine Reihe literarischer Koriphäen hat versucht, Licht in dieses Dunkel zu bringen, aber es war immer ein schiefes Licht, eines, das eher den Zorn, die Schrecken, Wehen und Weihen des Fackelträgers beleuchtete als das Terrain, das er erforschte.

Die widersprüchlichen diplomatischen Strategien Rußlands, sein Kokettieren nach allen Seiten, seine nicht zu entziffernden politischen Launen, seine wetterwendischen Ideologien – all das blieb auf irritierende Weise unverständlich – zumindest mir. Rußlands Bewunderer in Druckerschwärze fallen vor Verzückung immer noch in epileptische Krämpfe, und seine Verleumder schreien noch immer aus den Tiefen ihrer Bigotterie, der Antichrist sei gekommen. Unsere Bürger wurden durch die endlose Propaganda so tyrannisiert, daß ihnen nichts anderes übrigblieb, als Partei zu ergreifen. Aber es ist eine Sache, »Nieder mit Rußland« zu schreien oder »Hoch lebe Rußland«. Eine ganz andere ist es zu wissen, worüber zum Teufel man spricht.

Seit der Farce der Moskauer Säuberungsprozesse, in denen die des Verrats Angeklagten reihenweise wie wild aufs Podium sprangen und sich selbst mit den übelsten Beschimpfungen traktierten, starrt unsere Öffentlichkeit auf Rußland wie auf das Plakat einer Monstrositäten-Schau vergangener Zeiten mit der Überschrift »Wer errät, was dies ist?«

Mr. Koestler nimmt uns die Mühe des Ratens ab und erklärt, was es ist. In seinem Buch gibt es einen Helden namens Rubashov. Dieser Mr. Rubashov, der spitzfindigste, himmelschreiendste Wortklauber seit den Theologen des Mittelalters, ist das neue Rußland. Er ist das erste literarische Porträt

des neuen Russen, das in die Galerie gehört, wo die Karamasows und Bazarows hängen.
Wenn man das Getue und Gepluster Rubashovs, dieses sonderbaren Burschen, verfolgt, wird man, neben vielen anderen Dingen, die Moskauer Säuberungsprozesse verstehen. Man wird verstehen, warum die einstigen Helden der Revolution, die nun des schlimmsten Verrats, der bösesten Teufeleien angeklagt wurden, starben, ohne ein einziges, mutiges Wort geäußert zu haben – noch nicht einmal auf einer Blechflöte so etwas wie einen Schwanengesang versuchten. Sie fielen auch nicht in stoisches Schweigen, sondern redeten sich selbst, wie jeder noch weiß, um Kopf und Kragen, und das mit so wirren Worten, daß niemand sie verstand. Lichte Momente am Galgen gehören zur ältesten politischen Tradition, der sowohl die Helden als auch die Schurken der Geschichte immer gefolgt sind – aber nicht diese Russen.
Man wird sich erinnern, daß sie ihre Ankläger noch darin übertrafen, den eigenen Charakter zu besudeln, und alles taten, die eigene Lage zu verschlechtern. Mit wildem Eifer bekannten sie, all den Prinzipien, denen sie ihre Jugend geopfert hatten, böswillig in den Rücken gefallen zu sein. Am Ende richteten sie Schlimmeres an, als die Welt in Erstaunen zu versetzen. Sie irritierten die Welt und langweilten sie schließlich so, daß sich kaum noch jemand an die Namen dieser geschwätzigen Haarspalter erinnert, die als die glanzlosesten und zugleich rätselhaftesten politischen Leichen in die Geschichte eingingen. Nachdem die Presse in der westlichen Hemisphäre noch eine Zeitlang die vielfältigsten Mutmaßungen anstellte, tat man diese »Märtyrer« schließlich als Wirrköpfe ab, und sie gerieten in Vergessenheit.
Wenn man Rubashov kennenlernt, den neuen Helden, wird man all die Vorgänge in Rußland in neuem Licht sehen. Zum ersten Mal ersteht der neue Russe in Druckbuchstaben vor einem – ausgerüstet mit seiner neuen Seele, dem alten zerris-

senen Charakter und einem brandneuen Vokabular, das so sperrig und unverständlich ist wie der Stein von Rosette. Uns wird ein Held vorgestellt, der halb Christ ist und halb Clown, halb Schaf und halb Werwolf und dessen hirnverbrannte Spitzfindigkeiten und Animositäten einen so verblüffen wie die der Hexenjäger im Europa des zwölften Jahrhunderts.

Koestlers Held ist in einen Titanenkampf verstrickt, der Sie faszinieren wird. Dieser Kampf findet zwischen seinem Vokabular und seiner Parteilinie statt. Angesichts von Folter, im Schatten von Hinrichtungen verfällt Rubuschow, dieser neue, wahre Russe, in ein endloses Gewäsch. Er schwatzt über Utilitarismus und dessen Gegenteil, schwadroniert in mathematischen Formeln über das Bewußtsein der Massen, palavert von einer Art vierdimensionaler Unehrenhaftigkeit, die viel besser sei als eine gewisse dreiundeinhalb-dimensionale Ehrenhaftigkeit. Er ist verschlagen und dumm zugleich. Sein Geist ist monströs und so verschlungen wie ein Labyrinth.

Er begeht die teuflischste aller Taten, und doch ist seine Seele so empfindsam wie eine Babyhaut. Vor allem aber ist er ein großer Feigling. Und doch versucht er nicht, sein Leben zu retten, als es in Gefahr ist. Offensichtlich liebt er das Leben nicht. Und so wie das Leben keinen Wert für ihn hat, besitzt der Tod für ihn auch keinen wirklichen Schrecken. Am Ende wird Rubuschow hingerichtet. Man starrt auf den toten Helden. Aber kein Mensch liegt hier im Staub des Kremls begraben, sondern ein Anagramm, ein Kreuzworträtsel, ein Rechenschieber und eine Seite aus dem Euklid.

Sonnenfinsternis ist eine erschöpfende und deprimierende Chronik. Aber wenn man die Lektüre hinter sich hat, wird man die Gründe für das verstehen, was in Rußland geschieht und wohl noch einige Zeit geschehen wird. Mr. Rubuschow, der sich seinen Weg von der Gefängniszelle bis vors Erschießungskommando schwatzte, hat es einem deutlich gemacht.

Mishkins Seele des Menschen

Mein Freund Mishkin, der beleibte und allwissende Auslandskorrespondent, verfolgt mich seit Jahren. Und all die Jahre hat sein Eifer, meiner Unwissenheit auf die Sprünge zu helfen, keinen Deut nachgelassen.

Ich war ein wenig alarmiert, als ich seine Stimme wieder hörte, denn seit ich meine Kolumnen in dieser Zeitung schreibe, war es mir immer ein Trost, daß Mishkin in sicherer Entfernung in Chicago weilte. Er sei zu Besuch in New York, teilte er mir mit, hoffe aber – mit meiner Hilfe –, einen Daueraufenthalt daraus zu machen.

»Du hast eine Menge über Rußland geschrieben«, strahlte

Mishkin mich zur Begrüßung an. »Und wie ich sehe, hast du dich nicht verändert, seit den guten alten Tagen. Aber ich versichere dir, ich kann von unschätzbarem Wert für dich sein. Tja, die guten alten Tage – erinnerst du dich noch?«

»Ja, ich erinnere mich«, nickte ich ungeduldig.

»Du weißt heute noch weniger über Rußland als damals, wenn das überhaupt möglich ist.« Mishkin musterte mich zufrieden. »Nachdem du so viele Jahre über Rußland geforscht und geschrieben hast, finde ich das wirklich erstaunlich.«

»Es ist eben ein schwieriges Land«, sagte ich.

»Was ist schwierig daran?« fragte Mishkin. »Wenn du mit meinem Freund Brodsky gesprochen hast, wirst du einsehen, wie töricht deine Bemerkung ist.«

»Dein Freund Brodsky ist also eine Kapazität, wenn ich recht verstehe«, sagte ich leicht spöttisch.

Mishkin schnaufte.

»Warum brauchst du bloß immer Kapazitäten«, sagte er. »Wie ein Blinder einen Hund, der ihn führt. Was hat es dir denn eingebracht, daß du dein ganzes Leben lang immer nur Kapazitäten befragt hast?«

»Nicht sehr viel«, gab ich zu.

»Genau meine Meinung«, sagte Mishkin. »Der Wert meines Freundes Brodsky liegt nicht in dem, was er weiß, sondern in dem, was er ist. Verstehst du den Unterschied?«

»Und was *ist* dein Freund Brodsky?« wollte ich wissen.

»Eine solche Frage kann ich nicht beantworten«, sagte Mishkin.

»Ein Mann wie Brodsky ist schließlich kein Werbeprodukt, das man mit ein paar oberflächlichen Schlagworten beschreiben kann. Er ist vor allem eine Seele.«

»Ich verstehe«, sagte ich und sah Mishkin mißtrauisch an. »Welche Sorte Seele ist er denn?«

»Die Sorte, die sich niemals ändert«, sagte Mishkin. »Hast du von der Revolution von 1905 gehört?«

»Du hast mir oft davon erzählt«, sagte ich, »wie die Kosaken des Zars die heroischen Arbeiter in den Straßen von St. Petersburg niederschossen.«

»Wie ich sehe, erinnerst du dich immerhin an die nüchternen Fakten. Das freut mich, um meines Freundes Brodskys willen.«

»War er bei der Revolution von 1905 dabei?« fragte ich.

»Wo sonst hätte ein Mann wie er sein sollen?« antwortete Mishkin.

»Er war einer der führenden Denker, Organisatoren und Helden der Barrikaden von St. Petersburg. Und wenn ich dir jetzt sage, daß er acht Jahre als Gefangener in der Provinz Archangelsk zubrachte, wirst du verstehen, wie wichtig er war.«

»Er floh also«, spekulierte ich. »Die Geschichte würde ich gern hören.«

»Da gibt es keine Geschichte«, sagte Mishkin. »Es war doch selbstverständlich, daß er floh. Auf Eisschollen kämpfte er sich den Petschora-Fluß hinauf bis zum Weißen Meer, aß wochenlang keinen Bissen. Halb erfroren im Meer schwimmend wurde er schließlich aufgelesen. Dann schippte er Kohle auf einem Schiff. So kam er nach Amerika. Aber all das ist völlig unwichtig.«

Ich nickte beschwichtigend.

»Wichtig ist, daß 1917 die neue Arbeiterregierung unter Kerenskij Brodsky aufforderte, nach Rußland zurückzukehren – im Triumphzug«, sagte Mishkin, »um an dem großen Sieg seiner alten Kameraden teilzuhaben. Brodsky und 61 andere Helden der Revolution folgten der Aufforderung und kehrten zurück. Man empfing sie mit einer Parade. Die Menschen warfen ihnen sogar Blumen zu.«

»Das muß ein glücklicher Augenblick für Brodsky gewesen sein«, sagte ich.

»Ich sehe, daß du wie immer nur an Erfolgsgeschichten interessiert bist«, sagte Mishkin. »Es tut mir leid, daß ich dich enttäuschen muß. Das Glück meines Freundes Brodsky ist kein Thema, über das es sich zu schreiben lohnt. 1919, unter der Arbeiterregierung Miljukow, wurde er drei Monate arrestiert; 1922, unter der Arbeiterregierung Lenins, zwei Monate, und 1929 wurde er von der stalinistischen Arbeiterregierung auf die Solowez-Inseln verbannt. Dort war er zehn Jahre Gefangener – zwei Jahre länger als unter dem Zaren.«

»Und er floh wieder?«

»Ja«, sagte Mishkin, »du vermutest richtig, er floh wieder. Erst mußte er unter dem Zaren fliehen, dann vor der Regierung der Arbeiter.«

»Das alles muß ihn doch ziemlich verwirrt haben.«

»Das sagst du«, ereiferte sich Mishkin, »denn du, du wärst unter ähnlichen Umständen verwirrt. Du wüßtest nicht mehr ein noch aus und würdest deine Kapazitäten bemühen. Aber mein Freund Brodsky ist nicht verwirrt, das kann ich dir versichern.«

»Es wäre doch interessant zu erfahren, welche Gewißheiten ihm noch geblieben sind, deinem Freund Brodsky«, sagte ich zu Mishkin.

»Ihm ist etwas geblieben, das du nicht verstehst«, antwortete Mishkin, »denn sonst würdest du nicht so über Rußland schreiben, wie du es tust. Ihm ist das geblieben, womit er 1905, als junger Arbeiterheld, begann: seine Liebe für die Massen und sein Glaube an die Seele des Menschen, und das ist mehr wert als alle Politik.«

Mishkin strahlte mich an.

»Komm mit mir«, sagte er. »Ich habe ein Treffen arrangiert. Brodsky möchte dir aus dem Buch vorlesen, an dem er gerade glücklich und zufrieden in seiner Dachstube arbeitet – *Die Bedeutung der Freiheit*.

Eine Apfelblüte fällt

Ein Frühlingswind ging den Broadway hinunter. Die Türen der Tabakläden standen offen. Die Botenjungen, die alten Männer, die die Bürgersteige fegen und die Markisen betätigen, und die vielen Menschen ohne Dach über dem Kopf wirkten plötzlich ganz versöhnt mit ihrem Element – den Straßen unter freiem Himmel.
Ein Dichter schrieb einst, die Gesichter der Masse seien wie Apfelblüten an einem schwarzen Ast. So sehen sie eigentlich nicht aus – nicht für Sie und für mich. Denn heutzutage ist mehr vonnöten als ein Frühlingswind und wie von Zauberhand über die Dächer gefächertes Sonnenlicht, um uns zu Dichtern zu machen. Es gibt zu viele Schlagzeilen. Zu viele unerträgliche Dinge geschehen in der Welt. Wohin wir den

Blick auch wenden, überall sehen wir das Bild, wie das Böse triumphiert.

In diesem Frühling erklingt keine Faunenmusik über den Straßen. An unsere Herzen dringt nur das Echo des Tods – des Untergangs großer Ideen und tapferer Männer. Es ist nicht nur ihr Tod. Das verzweifelte Schlagen ihrer Herzen läßt auch uns das Herz stocken. Wenn sie bei der Verteidigung unserer Hoffnungen sterben, dann stirbt auch ein Teil von uns. Und das weit entfernte Tosen ihres Kampfes übertönt das vielfältige Frühlingsgezirp.

Und doch gab es an diesem Kreuzigungstag einen Poeten, der, als er den Broadway hinunterging, Apfelblüten sah. Er hörte Faunenmusik, und ein sanfter Himmel sprach von Dingen zu ihm, die nicht in den Schlagzeilen stehen.

Sein Name war Max Simon. Er war alt, mittelgroß, grauhaarig und ging ein wenig gebeugt mit seinen dreiundsiebzig Jahren.

Weil es ein so schöner Tag war, hatte er seinen Juwelierladen verlassen. Über der Ladentür hing ein bescheidenes Schild:

M. SIMON
Gegründet 1898

Jedesmal, wenn er den Laden verließ, lächelte Mr. Simon zu diesem Schild hoch und fragte sich, ob er es je wiedersehen würde. Denn in den letzten Jahren fühlte Mr. Simon sich nicht ganz so beständig wie sein Geschäft. Sein Herz machte ihm zu schaffen, schlug immer schwächer und verursachte ihm Schwindel.

An diesem schönen Tag hatte Mr. Simon sich also zum Broadway aufgemacht und ging mit dem Frühlingswind. Er wollte einen alten Freund treffen, der ihn angerufen hatte. Er war früh aufgebrochen und hatte genügend Zeit, ein wenig zu schlendern und sich umzusehen. Er betrachtete die Schaufenster, und – selbst Ladenbesitzer – hatte seine Freude an den reichen Auslagen. Er sah lächelnd in die Gesichter der Nachmittagsmenge. Er fand sie alle schön – ja, Menschen, die an einem sonnigen Tag durch die Straßen gingen, hatten etwas Schönes an sich. Auch wie die Sonne in die Fenster schien und die Türen der Tabakläden so einladend offen standen, war schön.

Woher weiß ich, der ich Mr. Simon überhaupt nicht kannte und auch in seiner letzten Stunde nicht neben ihm ging, das alles? Ich weiß es, weil er etwas Ungewöhnliches tat.

In der Nähe des Capitol Kinos am Broadway mußte Mr. Simon stehenbleiben und sich gegen das Schaufenster eines Süßigkeitsladens lehnen. Sein Herz schien kaum noch zu schlagen, und ihm war schwindlig. Der sonnige Tag wurde dunkel, und die Gesichter, die an ihm vorbeizogen, verschwammen vor seinen Augen.

Mr. Simon wußte, daß er sterben würde. Und dieser lächelnde alte Mann wollte nicht auf der Straße sterben. Immer hatte er Angst gehabt, auf der Straße tot umzufallen. Die Leute gehen vorbei und amüsieren sich, pflegte er zu sagen, und plötzlich liegt ein fremder Mann vor ihnen auf dem Bürgersteig und ist tot. Und sie müssen stehenbleiben und ihn ansehen. Es ist nicht gut, tot auf der Straße zu liegen – nicht gut für mich und nicht gut für die Straße. So zu sterben, davor fürchte ich mich mehr als vor allem andern.

Aber nun, wo seine Todesstunde gekommen war, wollte Mr. Simon, der sich gegen das Fenster eines Süßigkeitsladens lehnte, die schönen verschwommenen Gesichter und den lauen Frühlingswind nicht verlassen. Später erinnerten sich mehrere Passanten, die an dem Bonbonladen vorbeigekommen waren, daran, wie ein alter Mann dagestanden und sie lächelnd angesehen hatte. Vom Inneren des Ladens aus hatte der Verkäufer Mr. Simon fünfzehn Minuten so reglos dastehen sehen, als sei er aus Holz.

Mr. Simon hatte Abschied von den Apfelblüten an einem schwarzen Ast genommen.
Um 1 Uhr kaufte er sich eine Karte und ging in das Capitol Kino. Er saß auf Sitz 26, Reihe o. Auf der Leinwand lief eine Komödie; die Leute lachten und nahmen weiter keine Notiz von dem alten Mann, der offensichtlich eingeschlafen war.
Erst um halb neun Uhr abends beschloß ein Platzanweiser, John Garren, den schlafenden alten Mann aufzuwecken. Seit Stunden hatten sich Zuschauer in Reihe o hinein- und hinausgeschlängelt, ohne ihn zu stören.
Aber Mr. Simon war einfach nicht wach zu kriegen. Seit 1.15 Uhr mittags war er tot. Er war höflich gestorben – ohne ein Geräusch von sich zu geben oder jemanden zu stören, und selbst während der vielen Stunden, die er tot war, hatte er sich nicht von seinem Platz gerührt.
Mr. Simon hatte so lange tot im Kino gesessen, daß sein Körper in Sitzhaltung erstarrt war. Den Polizisten im Revier der 54. Straße blieb nichts anderes übrig, als ihn wieder auf einen Stuhl zu setzen.
Als seine Söhne kamen, um ihn nach Hause zu holen, saß er immer noch da und sah sich vielleicht etwas so Interessantes wie Apfelblüten an einem schwarzen Ast an.

Kein Auftritt

Aus dem Ärmel geschüttelte Sketche, komische Witze, den Hut schief auf dem Kopf, der Mund schräg nach oben gerutscht in siebenundvierzig Jahren von Gags und Comebacks, federnder Gang und Hans Dampf in allen Gassen der Improvisation – das ist der Vaudevillekünstler von gestern – auf der Suche nach einem Job.

Er heißt Eddie Sonnen.

Er kam von Brooklyn herüber zum Broadway, um den Agenturen für Kleinkunst seine Aufwartung zu machen. Als erstes will er zum Strand-Gebäude; auf dem Weg dorthin wird er gesprächig. Bin rumgekommen im Land wie ein Riesenrad. Nichts hab' ich ausgelassen – vom Broadway bis Saskatchewan. Stand mit Chaplin auf dem Plakat, mit Cantor, Cagney, Jolson, Jessel und Will Rogers. Die waren zwar auch nicht schlecht, aber keiner konnte mir je die Show stehlen. Tja, mein Leben lang war ich ein Sprühfeuer, eine Sensation! Nur im Augenblick, da schlage ich Funken vor Hunger. Dabei kann ich die Leute immer noch zum Lachen bringen. Aber keiner will mehr lachen. Soll es doch sein Hari-Kari betreiben, das Publikum. Schneidet sich ja nur selbst in den Finger, wenn's mich nicht haben will. Bin schließlich glücklich verheiratet; nach vier vergeblichen Anläufen hat's geklappt. Zwei Kinder und eine kleine Frau, die ihr Gewicht in Gold wert ist, hab' ich – nur keine Knete. Kein Auftritt. Kein Vaudeville. Früher, da hab ich regelmäßig 200 bis 300 Grüne pro Woche in die Tasche gesteckt. Dasselbe Talent, derselbe Witz und dasselbe Genie bringen heute, wenn ich Glück hab', vielleicht zehn ein am Tag.

Zimmer 405 des Strand-Hochhauses beherbergt die Künstleragentur von Eddie Dowson. Agent Dowson ist mitten in einem Streit. Ein Kollege will fünf zu eins mit ihm wetten, daß er Molly Picon früher einmal für 35 000 Dollar die Woche unterbrachte.

Sunnyboy Sonnen unterbricht den Disput mit einem Dollarschein, den er in die Luft hält.

»Ihr Anteil, Mr. Dowson«, ruft er.

Agent Dowson schnappt danach wie eine Forelle, und der grüne Schein verschwindet in seiner Tasche.

»Dicker Fang«, sagt Sunnyboy Sonnen. »Und wie steht es diese Woche mit der Nachfrage nach meinen Talenten? Stechen sich die Theaterdirektoren wieder einmal nieder wegen mir?«

»Möglicherweise habe ich für Donnerstagabend etwas für Sie«, sagte Agent Dowson. »Aber es ist noch nicht sicher.«

»Na, was London hinnehmen kann, ertrage auch ich«, sagt Spaßvogel Sonnen. »Aber bitte, Blumen sind nicht nötig.«

In Zimmer 318 residiert die Künstlervermittlung von Solly Shaw. Sunnyboy Sonnens Vorstellung hier ist ein Musterbeispiel an Kürze. Mr. Shaw sieht von seinem Schreibtisch auf, und noch ehe Mr. Sonnen einen einzigen Witz vom Stapel lassen kann, poltert er ihm mit lauter Stimme entgegen: »Nein!«

Leichten Schritts zieht Sunnyboy Sonnen sich zurück. Er öffnet die Tür zu Harry Lees Büro. Harry Lee ist auf die Vermittlung von Attraktionen spezialisiert.

»Gruß und Salut«, strahlt Sonnyboy Sonnen. »Na, was macht mein Publikum? Verzehrt sich nach mir, nehme ich an.«

»Tja, mein Junge«, sagt Agent Lee. »Es sieht düster aus diese Woche, sehr düster, mein Junge.«

Der federnde Schritt überquert die Straße zum Bond-Hochhaus. Zimmer 510 ist der Sitz von Lew Price, dem Vermittler für die Clubs.

»Na, was macht unser kleiner Krieg?« ruft Sunnyboy Sonnen ihm entgegen. »Kriegen wir sie langsam unter?«

»Lang wird's nicht mehr dauern, und wir sind oben! Ich sag' dir was, Eddie, überall, wo du aufgetreten bist, war man mit deiner Vorstellung zufrieden. Keinerlei Beschwerden, kein einziges Mal.«

»Keine Beschwerden!« schnieft Sunnyboy Sonnen. »In dreißig Jahren hat es noch keine Beschwerden gegeben! Seit dreißig Jahren biegt sich das Publikum vor Lachen, kippt von den Sitzen! Sie hätten hören sollen, wie sie in Schenectady applaudierten. Mit Schwielen an den Händen gingen die Leute nach Hause! Im Augenblick tut sich wohl nichts, wie?«

»Im Augenblick nicht«, sagt Agent Price.

»Haben Sie's schon in den Irrenhäusern probiert, vielleicht brauchen sie da einen Spaßmacher«, sagt der Hans Dampf in allen Gassen der Improvisation.

»Nein«, sagt Agent Price.

»Na, dann probieren Sie es«, sagt der schiefe Hut. »Ich spiel überall. Verschaffen Sie mir einen Auftritt in einem Einsteigloch! Ich übernehme 'ne halbe Woche in 'nem Einsteigloch.«
Agent Frank Duncan hält sich in Zimmer 808 versteckt. Er hat eine Vorzimmerdame, Miss Ruth Ginsberg.
»Na, wie geht's, meine Liebe«, sagt Sunnyboy Sonnen. »Sie haben nicht zufällig versucht, mich telefonisch zu erreichen?«
»Wie soll ich versuchen, Sie telefonisch zu erreichen«, sagt Miss Ginsberg trocken, »wo Sie doch gar kein Telefon haben.«
»Meine Schwester hat Telefon«, sagt der federnde Gang. »Ich schneite zufällig bei ihr rein, um mir ein paar abgetragene Hemden von ihrem Mann zu leihen, und da erwähnte sie einen rätselhaften Anruf. Sie verstand nicht genau, worum es ging, aber von Paramount und dem Palace wär' die Rede gewesen.«
»Ich wußte doch gar nicht, daß Sie eine Schwester haben«, sagt Miss Ginsberg noch trockener.
Wie ein Wirbelsturm fegt Agent Duncan aus seinem Zimmer. Er erspäht den federnden Gang und schreit:
»Nein! Nein! Nein! NEIN!«
Sunnyboy Sonnen zieht die Augenbrauen hoch und lächelt.
»Ich hab' Ihnen doch noch gar nicht das Stichwort gegeben! Wollt' doch bloß fragen, was mit der Zylinder-Nummer ist«, sagt er.
»Läuft nichts«, sagt Agent Duncan. »Läuft überhaupt nichts. Keine Zylinder-Nummer und auch sonst keine.«
Eddie Sonnen, der Mann, der die Leute zum Lachen bringt, geht nach Hause. Sein Heim ist in Nr. 810 St. Johns Place. Seine Frau und die beiden Kinder erwarten ihn.
»Wie ist es gelaufen?« fragt Patricia Sonnen aus Manchester, England.

»Nicht schlecht«, sagt der schiefe Hut. »Gar nicht so schlecht. Hab' mir einen Riesengag auf dem Heimweg ausgedacht. Zwei Cockney-Frauen zanken sich. Die eine: »Halt 'en Mund, du. Ich binne anständje Frau. Der ganzen Welt kann 'ch mein Gesicht zeigen.« Die andere: »Ja, genau. Und erschrickst se zu Tode.«
Patricia und die beiden Kinder lachen. In Nr. 810 St. Johns Place ist Spaßmacher Sonnen immer noch groß.

Echos aus einem Abfallhaufen

Diese Geschichte können Sie überspringen, denn Sie kennen sie schon. Sie handelt von einem Burschen und einem Mädchen, die der Schiedsrichter auszählt. Wer der Schiedsrichter ist, weiß ich nicht, aber, ihre Gesichter im Staub, warten die beiden seine Entscheidung ab. Wenn er zu Ende gezählt hat, wird man sie zum Armenfriedhof karren, und dann wird sich der Schiedsrichter daran machen, ihre fünf kränklichen Kinder aus dem Spiel auszuscheiden.

Überspringen sie diese Geschichte. Wenden Sie sich wieder Ihrem Ärger mit der Einkommensteuer zu und Ihrem Verdruß darüber, daß es so schwer ist, einen Hut zu finden, der Ihnen wirklich steht.

Lester Ranieri, der Held dieser uninteressanten Geschichte, ist Ex-Soldat (303. Infantrie, 77. Bataillon), Ex-Kellner (in Leone's Restaurant in der 120. Straße, Ecke Lenox) und im Augenblick ein Stachel im Fleisch des kapitalistischen Systems. Lester ist kein einsamer Stachel. Millionen seinesgleichen sitzen in den glatten feisten Hüften von New York City. Unser Bürgermeister, eine ehrliche Haut, wird Ihnen die genauen Zahlen nennen, wenn Sie ihn darum bitten. Es sind die Millionen New Yorker Zweibeiner, die sich mit den Straßenkatzen um die Abfälle des Wohlstands und die Geschenke der Mülltonnen balgen.

Das ganze Bild ist zu groß, um es an einem Nachmittag einzufangen – eine Million Mitbürger, die nicht ins Kino gehen können und die, unter den Adleraugen von Schnüfflern, Kontrolleuren und Fragestellern, von den Almosen der Wohlfahrt leben. Ich halte mich also an Lester, den Ex.

Eines Tages, vor elf Jahren, traf Lester, damals noch Kellner mit einem Wochenlohn von 40 Dollar, Katie, die als Verkäuferin in einem Billigladen der Kress-Kette arbeitete. Für Lester war Katie das große Los. Sie heirateten und begannen sich ein wenig zu schnell zu vermehren. Leone's Restaurant machte pleite, und Lester mußte sich nach einem neuen Job umsehen. Indessen sprangen ohne Unterlaß neue Ranieris in die Welt. Lester hat die Fortpflanzung nicht erfunden, man kann also nicht nur ihm allein einen Vorwurf daraus machen. Ja, selbst wenn ich ein Racheengel wär' mit flammendem Schwert – ich würde Lester überhaupt nichts vorwerfen. Zuerst würde ich die Schuld bei einer Menge anderer Leute suchen.

Viele Übel kamen über Lester. Aber keines kam aus ihm selbst. Sie kamen von anderswo her. Es gibt eine schlimme Krankheit, die die Menschen befällt. Sie heißt Kein-Job. Sie verjagt das Lächeln aus den Augen und verursacht wunde Füße. Sie krümmt das Rückgrat und läßt die Hosen um die

Beine schloddern. Und schließlich enden die von dieser Krankheit Befallenen auf einem Abfallhaufen – als Müll.
Als Lester noch in Kampfpausen mit seinen AEF-Kameraden Binokel spielte, wäre er sehr überrascht gewesen, hätte jemand ihm gesagt, er würde auf einem Abfallhaufen enden. Heute ist Lester nicht mehr überrascht. Er ist eingeschüchtert und hat Angst, seine Meinung zu sagen. Denn wenn er zuviel sagt, wird man ihn vielleicht sogar noch von dem Abfallhaufen hinunterwerfen. Lester fürchtet, daß es noch schlimmere Orte gibt.
Letzte Woche schlug Katie, Lesters großes Los, der Wohlfahrtsbehörde ein Schnippchen. Sie zerrte ihre fünf Kinder in die Amtsstuben am Broadway 902, jammerte, Lester habe sie verlassen und tat so, als wolle sie ihre Brut verstoßen. Es war ein verzweifelter Scherz. Lester saß zu Hause und starrte auf den Blechboden des leeren Wohnzimmers. Er steckte in Schwierigkeiten – Schwierigkeiten, die schlimmer als alles waren, was er im Kampf gegen die Deutschen erlebt hatte. Patrioten werden das nicht glauben wollen, aber wenn Sie Lester fragen, dann gibt es noch größere Übel auf der Welt als die Deutschen.
Lester war vom *WPA* ausgesperrt worden. Das ist viel schlimmer, als von Newport ausgesperrt zu sein, auch wenn sich die Presse für solch unbedeutende Unglücksfälle viel weniger interessiert. Der Grund war, Lester hatte einen Job abgelehnt, der ihm vom *WPA* zugewiesen worden war und der ihm 57,20 Dollar pro Monat eingebracht hätte. Es handelte sich um eine Arbeit an den Abwässerkanälen im Hafen. Mit Hinweis auf sein schwaches Herz, seinen bedenklichen Blutdruck und seine angeschlagene Wirbelsäule, die wohl dazu taugte, Tabletts zu tragen, aber nicht, die Spitzhacke zu schwingen, schüttelte Lester diese unschöne Aufgabe von sich ab. Sein Vorbringen beeindruckte die WPA-Behörden, die die Fäden des Schicksals so fein und unergründlich

spinnen wie die Götter, jedoch wenig. Sie strichen ihn von ihren Listen. Dann stürmte Kate mit ihren fünf kränkelnden Kindern in die Amtsstuben, führte ihre Scharade auf, und wie es sich begab, begannen die Mühlen der Philanthropie wieder zu mahlen und trockene Brotkrusten an die Ranieris auszuteilen.

Drei der Ranieri-Kinder liegen mit verschiedenen Beschwerden im Krankenhaus. Wenn man klein ist, dann können trokkene Brotkrusten einem mehr Kummer bereiten als Fettleibigkeit. Lester sitzt immer noch in seinem Heim in Nr. 1524 Amsterdam Avenue. Er ist eingeschüchtert und ein wenig verbittert. Nachdem er sich sieben Jahre abmühte hochzukommen und wieder und wieder von jemandem, den er nicht kennt, zu Boden geschlagen und aus dem Spiel ausgeschieden wurde, hat er endlich einen Namen für seinen Feind gefunden. Es ist die Wohlfahrtsbehörde, genauer eine Mrs. R. im Büro in der 101. Straße, Ecke Columbus Avenue. Mrs. R. herrscht über eine beträchtliche Anzahl der Brotkrustenkauer der Stadt. Sie wacht darüber, daß sie sich nicht fortschleichen, sich einen Job besorgen und weiter Almosen einstreichen.

»Ich habe Angst, mich nach einer geeigneten Arbeit umzusehen«, sagt Lester. »Denn wenn ich mich aufmache und mir eine Arbeit suchen will, in einem Restaurant etwa, und nicht in den Abwässerkanälen, die mein Tod wären, kommt sie, und ich bin nicht zu Hause. Und dann streicht uns die Wohlfahrt von der Liste. Mrs. R. hat es uns schon angedroht. Gestern kam sie, und ich war nicht zu Hause. Sie sagte Kate, ich solle mich bloß in acht nehmen. Also kann ich nicht losgehen, mir Arbeit suchen – ich kann nur hier rumsitzen wie ein ausgedienter Schuh.«

»O mein Gott«, sagt Lester plötzlich, »wenn ich doch nur hingehen könnte und sagen: Ich hab' einen Job. Ihr könnt mich von eurer Liste streichen.«

»O mein Gott«, sagt Kate, »wenn wir doch nur selbst zurechtkämen!«
Und das Echo in der leeren Wohnung antwortet: »O mein Gott!«
Die Ranieris besitzen ein Wörterbuch, ein Kinderfahrrad, drei Kinderbettstellen, ein Bett, einen Stuhl mit steifer Rükkenlehne, ein Radio, das nicht funktioniert, und etwas, das nach einer Parkbank aussieht. Aber bald wird ihr Haushalt bereichert werden. Während der Schiedsrichter sie auszählt, bereitet sich Kate auf ihre nächste Niederkunft vor.

Die andere Wange

Das Sperrfeuer, mit dem die offiziellen Samariter der Stadt mich seit zwei Wochen attackieren, ist mir auf den Magen geschlagen. Die Attacke besteht aus Briefen – aufgebrachten und hochnäsigen Tiraden. Unterschrieben sind sie von verschiedenen empörten Leuten, die in der Wohlfahrtsbehörde tätig sind, unter ihnen William Hodson, der Vorsteher der Behörde.

PM, die keine Achtung vor meinem Seelenfrieden hat, druckte einige der Briefe ab. In ihnen werde ich als boshafte Kreatur bezeichnet und jemand, der keine Ahnung hat. Glücklicherweise waren 90 Prozent der Leserpost direkt an mich adressiert und entschlüpften so dem Auge von Mr. Ingersolls sadistischem, für Leserbriefe zuständigen Redakteur.

Anlaß für all das böse Blut war die Geschichte, die ich über die Ranieri-Familie schrieb. Die Ranieri-Familie lebt von den Almosen unserer Stadt, und sie ist nicht sehr glücklich dabei. Ich behauptete, Mr. Ranieri fühle sich ein wenig schikaniert von den Gesetzen und Bestimmungen unserer Almosenbehörde und ihren zahlreichen Spitzeln und Kontrolleuren. Mr. Ranieri sagte mir, er habe Angst aus dem Haus zu gehen, um sich um eine Anstellung als Kellner zu bemühen (denn das ist die einzige Arbeit, zu der er körperlich in der Lage ist, auch wenn das vorschnelle Gesundheitsattest von Mr. Hodsons beflissenen Medizinmännern das Gegenteil behauptet). Denn falls Mr. Ranieri nicht zu Hause ist, wenn die Kontrolleure in seine Wohnung kommen, kann er leicht in Schwierigkeiten geraten. Die städtischen Samariter könnten glauben, er sei außer Haus, um heimlich Geld zu verdienen, und wären dann schnell bei der Hand, seinen Status als Almosenempfänger in Frage zu stellen.

Meine Kritiker behaupten, das sei eine Lüge. Mr. Ranieri ist anderer Meinung. Ich bin anderer Meinung. Aber das spielt vielleicht keine Rolle. Entscheidend ist, daß irgend jemand den Ranieris Angst macht – und das bin nicht ich.

Die Ranieri-Familie hat solche Angst vor den Samaritern vom Dienst wie ein Häuflein hilfloser Menschen in einem Konzentrationslager. Und ein großer Teil der Empfänger städtischer Almosen hat ebensolche Angst – wie viele es genau sind, weiß ich nicht. Aber ich erhielt ungefähr 45 Briefe von Menschen, die wie die Ranieris die Müllhalden bewohnen.

Ich habe keinen der Unglücklichen interviewt, die in ihren Briefen die Leiden unter der gütigen Ägide von Mr. Hodson aufzählen. Ich habe auch weder Mr. Hodson noch seine donnernden Wohltäter befragt. Der Grund dafür ist, daß ich, ob ich nun will oder nicht, auf der Seite von Mr. Hodsons Fein-

den stehe, auf der Seite ihrer vermeintlichen Lügen und an den Haaren herbeigezogenen Klagen.
Ich gebe auch zu, daß ich die Ranieri-Geschichte von einem einseitigen und bewußt boshaften Standpunkt aus schrieb – dem der Armen. Dieser Standpunkt ist immer extrem einseitig und neigt nicht nur zu Boshaftigkeit, sondern manchmal auch zu Anarchie und Feuerwaffen. Wenn ich mit den Armen gegenwärtig auch nicht ihr Angewiesensein auf Almosen teile, so doch ihre Meinung über die Almosenverteiler – jedenfalls so weit, daß ich die Wahrheit Mr. Ranieris jeder Wahrheit des beamteten Wohltäters Mr. Hodson vorziehe.
Denn von den vielen Übeln, die wie ein Fluch über den Armen hängen, sind die schlimmsten oft ihre Wohltäter. All diese Samariter kann man in zwei Hauptkategorien aufteilen: Da sind einmal die Masochisten, für die in dem Unglück anderer ihre eigenen tiefsten Ängste Wirklichkeit geworden sind, und die dann stellvertretend aus einem Alptraum aufschreien, der nicht ihr eigener ist. Die gebrochenen Beine und leeren Mägen anderer Menschen verursachen ihnen Phantomschmerzen, und sie stimmen ein lauteres Gejammer an als jedes wirkliche Opfer und jeder wirklich Verhungernde. Diese empfindsamen Weichlinge werden gewöhnlich irgendwann vom Kommunismus angezogen. Mit ihren eingebildeten Leiden sorgen sie dafür, daß die Armen in eine politische Bratpfanne nach der anderen geworfen werden.
Die andere Kategorie ist genauso schlimm. Dies sind die Sadisten, die ihre Destruktivität mit guten Taten kaschieren. Sie sind bereit, den Armen zu essen zu geben, sie zu kleiden und zu besänftigen. Ihr Interesse gilt jedoch nicht den Armen, sondern ihrem eigenen Wohlergehen, denn Wohltätigkeit ist wie Medizin für ihre tieferliegenden bösen Impulse.
Diese sadistischen Samariter erwarten von den Armen, daß sie sich als Musterbeispiele an Dankbarkeit, Zucht und Ordnung erweisen. Als Gegenleistung für die hingeworfenen

Krumen sollen die Armen vor ihnen den Hut ziehen und einen Hofknicks machen. Und wenn man ihnen nicht so begegnet, sind sie nur zu schnell bereit, die Armen als Ärgernis zu betrachten, als unwürdige Kreaturen voller Tücken und Lügen.

In allen Wohlfahrtsämtern der Welt, unsere eigenen eingeschlossen, wird man viele solche Arme-Leute-Hasser finden, viele dieser falschen Pharisäer, die die Armen als Feinde betrachten – als Schakale, die man am besten in Schach hält, wenn man ihnen ab und zu eine Handvoll Krumen hinwirft. Sie laufen herum und terrorisieren die Hungrigen und Gebeutelten mit ihren Almosen. Die Beschwerden ihrer unglücklichen Anempfohlenen aber verlachen sie gern als Einbildungen und Lügereien.

Der Ranieri-Fall ist einer von tausenden, in denen im Gewande solch kinntätschelnder Wohltätigkeit Unrecht geschieht. Gesetze können dieser Situation nicht abhelfen, und selbst der einsichtigste Staatsmann könnte hier mit seinem Einfluß nichts ausrichten.

Helfen könnte vielleicht eine Kommission von Psychiatern. Helfen könnte, wenn die Samariter vom Dienst ihre Eignungsprüfung in Zukunft nicht mehr vor der Wohlfahrtsbehörde ablegen müßten, sondern vor einer solchen Kommission – dabei müßte es sich um eine Charakterprüfung handeln, und zwar eine, bei der es nicht um den Charakter der Armen geht, sondern den Charakter derer, die ihnen unbedingt helfen wollen.

Ich werde all die hochnäsigen Tiraden gegen mich und die Armen, die während der letzten beiden Wochen meinen Schreibtisch überschwemmten, aufbewahren. Ich bin sicher, sie wären für eine solche Kommission von hohem wissenschaftlichen Interesse und würden so einem weit besseren Zweck dienen, als mir auf den Magen zu schlagen.

Ballade von den toten Reportern

Für diese Geschichte leihe ich mir Jack Laits Witz und Gedächtnis aus. Das versetzt mich nicht nur in die Lage, sie zu schreiben, sondern auch, sie ein wenig zu loben: Es ist eine der besten Geschichten über einen Zeitungsmann, die ich je gehört habe.

Und da sie von einem Zeitungsmann handelt, dürfen Sie sicher sein, daß sie sich vor langer Zeit und an einem weit entfernten Ort zutrug. Denn obwohl Zeitungsleute ständig über Dinge schreiben, die vor ihrer Nase explodieren, leben sie doch meistens in der Vergangenheit. So wie Rodolphe, der Held von Murgers *La Vie de Bohème*, haben sie die Neigung, rückwärts durchs Leben zu gehen und bei dem Tag zu verweilen, an dem sie einundzwanzig waren.

Ich fragte Jack um Rat, denn ich hatte einige Geschichten im Kopf, die ich *Ballade von den toten Reportern* nennen wollte. Wir verglichen Notizen über die uns beiden bekannten Presseheroen, die inzwischen den Löffel geworfen hatten, und bahnten uns eine Stunde lang unseren Weg durch die ehrwürdigen Geister. Mit Genuß stöberten wir durch ihre wundersamen Heldentaten. Ich war dafür, die Ballade mit dem großen Christian Dane Haggerty zu beginnen, einem der frühen d'Artagnans von Associated Press. Aber Jack stürzte sich ins Jahr 1910, und als er wieder hervorkam, hielt er den Schatten von Nelken-Dan Cameron in der Hand. Hier ist er.

Nelken-Dan war ein sich gewählt ausdrückender, weißhaariger Gentleman, dessen Manieren den speckigen Glanz seiner Hosen Lügen straften. Sein Gesicht war rosig, seine Sprache harmonierte mit der immer gegenwärtigen Nelke im Knopfloch seines verschossenen Revers und – er war ein sehr schlechter Zeitungsmann. All seine Bildung, Weisheit und seine Beharrlichkeit als Nachrichtenspürhund nutzten ihm nichts. Kein Lokalredakteur wollte ihn anheuern, keine Gazette ihm einen sicheren Hafen für seine alten Tage bieten. Viele hatten es mit ihm probiert und Nelken-Dan für erstaunlich untauglich befunden.

Denn Nelken-Dan war nicht in der Lage, irgend etwas Unerfreuliches zu schreiben. Er hatte eine Abneigung gegen jegliche Probleme und Katastrophen und konnte sich nie überwinden, mit schlechten Nachrichten in die Redaktion zurückzukommen. Gleich, auf welche Geschichte Dan angesetzt wurde, und gleich, wie blutrünstig und voller Verderbtheit sie war, dieser Nachrichtenhai hatte immer die heitersten Meldungen in der Tasche, wenn er in der Redaktion erschien. In Dans Kosmos gab es weder Leichen noch Kalamitäten – nur Freude und Licht. Mit einer solchen Weltsicht wird man kein guter Reporter – am wenigsten im Chicago von 1910,

das zu jener Zeit an seinem Ruf als Mordzentrum der Welt arbeitete.
Dan wurde also zu einem Nachrichtenjäger ohne Auftraggeber. Er hing auf dem Polizeirevier in der East Chicago Avenue herum und pickte sich die Nachrichtenfetzen heraus, die seinem Naturell entgegenkamen. Diese verkaufte er dann für Zeilenhonorar an die Lokalredaktionen. Eine Spalte brachte ihm 10 Dollar ein. Aber auf so viel wie eine ganze Spalte kam Nelken-Dan selten in einer Woche, selbst während seiner Blütezeit als Zeilenhonorarschreiber nicht. Doch er lebte genügsam, und fünfzehn Jahre lang bestand seine einzige Extravaganz in der täglich frischen Nelke.
Die Jahre vergingen, und Dans Verdienstmöglichkeiten schmolzen fast ganz dahin. Seine kleinen Geschichten von Sonnenschein und Freude bereiteten den gequälten Redakteuren allmählich Verdruß. Schwere Zeiten vertieften den Glanz auf Dans schwarzen Cheviothosen und ließen seine achtundsechzigjährige Taille schrumpfen. Er wurde immer weniger, sein Gesicht immer durchsichtiger und sein Haar immer weißer. Wie er sich am Leben hielt, wußte niemand. Denn er war ein stolzer alter Pollyanna und nahm von niemandem Almosen, nicht einmal den Polypen.
»Sir, ich bin Journalist und suche nach einer Geschichte – nicht nach Münzen«, pflegte er beleidigt zu erklären.
Mit achtundsechzig – bankrott und die Redaktionstüren endgültig vor ihm verschlossen – verliebte sich Nelken-Dan. Sie war Kellnerin in einem Restaurant namens High Stool. Nelken-Dan hielt um ihre Hand an, und die Dame war so überwältigt von diesem noch nie dagewesenen Anliegen, daß sie sich seinem Werben auf der Stelle überließ und sich nicht einmal Zeit nahm, noch die Theke aufzuräumen.
Das Paar wurde von einem freundlichen Bischof getraut, und der stolze Bräutigam, mitsamt Braut und seinen leeren Taschen, eilte zum *Morning Herald*, wo unser Chronist, Jack

Lait, derzeit frischgebackener Lokalredakteur war. Dan ließ seine Braut vor der Tür warten, setzte sich an einen der Reportertische und schrieb eine Stunde lang.

»Hier habe ich eine Geschichte für Sie, Sir«, sagte der alte Dan zu dem jungen Jack. »Sie können sie für zehn Dollar haben. Es ist mein Nachruf. Ich weiß zwar, daß ich überall als schlechter Reporter gelte, aber ich bin, das müssen Sie zugeben, ein exzentrischer Charakter, den tausende Polizisten, Straßenverkäufer und andere ständige Leser Ihrer Gazette kennen. Und als solcher meine ich, bei meinem Hinscheiden eine Kolumne wert zu sein. In aller Ausführlichkeit habe ich meine Sonderbarkeiten, seltsamen Sprüche und Mißgeschicke aufgeführt. Darüber hinaus bitte ich Sie zu bedenken, daß Sie Ihr Geld nicht zum Fenster hinauswerfen, denn ich bin ein alter Mann und werde wahrscheinlich sehr bald dafür einstehen, daß Sie die Geschichte drucken können.«

Redakteur Jack gab Nelken-Dan die zehn Grünen für seinen Nachruf, und der Bräutigam eilte in seine Flitterwochen.

Zwei Tage später erhielt Redakteur Jack ein Nachnahmetelegramm aus Joliet, Illinois:

ERGÄNZUNG ZUM CAMERON NACHRUF – ZITAT – DER EXZENTRISCHE CHARAKTER, DESSEN HINSCHEIDEN WIR HIER MELDEN, WIRD VON EINER SCHÖNEN UND TALENTIERTEN WITWE NAMENS MRS. BELINDA CAMERON ÜBERLEBT. AUS IHRER GLÜCKLICHEN EHE GING KEINE NACHKOMMENSCHAFT HERVOR – ZITAT ENDE – ICH DENKE DIESER NACHRUFZUSATZ IST WEITERE ZWEI DOLLAR WERT. BITTE DAS GELD TELEGRAPHIEREN CAMERON

»Ich kabelte ihm die 2 Dollar«, sagt der alte Jack, der immer noch der »Vollblut«-Redakteur von damals ist. »Und die Zeitung machte keinen Verlust bei dem Handel. Wenige Monate später setzten wir den Nachruf ein, den Dan auf sich

geschrieben hatte. Ich erinnere mich, wie der Chefredakteur vor Begeisterung glühend in die Lokalredaktion kam. Er hatte gerade den Nachruf gelesen und wollte wissen, wer ihn geschrieben hatte. Ich sagte ihm, der Schreiber sei nicht bei uns angestellt, sondern arbeite für Zeilenhonorar.
»Der ist viel zu gut für einen Zeilenschreiber!« rief er. »Heuert ihn an!«

Mein Stamm heißt Israel

Die jüdische Frage scheint in unserer Stadt eine Quelle erheblichen, wenn auch eher unterirdischen Aufruhrs zu sein, und es ist bemerkenswert, daß es kaum eine Gazette gibt, die der Angelegenheit ihre Aufmerksamkeit schenkt.
Nachdem ich über dieses Thema geschrieben habe, kann ich die poetische Stille, die unsere Gazetten wahren, verstehen. Denn offenkundig ist es schwierig, die Lage und Psychologie meines Volkes (fast hätte ich wieder *Rasse* gesagt) zu erörtern, ohne ein Sperrfeuer von eigenartig aufgeregten und spitzfindigen Briefen auf sich zu ziehen.
Die meisten dieser Briefe stammen von Juden, die sich empören, weil ich gelegentlich von unserem Volk als *Rasse* gesprochen habe. Es ist ihnen ein großes Anliegen, mich darauf hin-

zuweisen – und mit rechtschaffener und leidenschaftlicher Heftigkeit erheben sie ihre Zeigefinger – daß die Juden keine Rasse sind. Sie als solche zu bezeichnen, werde ich zurechtgewiesen, hieße Hitler und all den anderen Judenhassern in die Hände zu spielen.
Ich habe sehr viel über jüdische Geschichte gelesen, und ich weiß sehr wohl, daß die Juden keine Rasse sind. Ich weiß auch, daß sie zu weiten Teilen noch nicht einmal Juden sind. Eine solche Behauptung kann nur eine Finte sein, die sich die Judenverleumder ausgedacht haben – entweder als Rechtfertigung, sie abzuschlachten oder sie von exklusiven Clubs und Hotels fernzuhalten.
Weh mir, denn nicht ich bin es, der sich in Unkenntnis über die sehr menschliche, überaus weltoffene und hochkultivierte Seele der Juden befindet. Es sind meine Feinde, die sich dieser Tatsachen nicht bewußt sind. Und wenn ich von Juden als Rasse spreche, dann ist das unhistorisch, unethnologisch und ebenso grotesk, als wollte ich die Gäste des Waldorf-Astoria Hotels als Rasse bezeichnen.
Mindestens 95 Prozent der physischen und geistigen Aktivitäten der Juden in der Welt haben so wenig mit ihrem Jüdischsein zu tun wie mit der vierten Dimension. Es gibt einige jüdische Zeitungen, Synagogen, wohltätige Stiftungen, es gibt ein wenig jüdische Politik (weniger als irische) und ein paar jüdische Theater – und es gibt Orte, an denen eine jüdische Sprache überlebt hat – eine deftige und lebendige Umgangssprache, die sich weigert unterzugehen.
Aber all diese Hinweise auf Jüdisches wiegen gering, sind nichts weiter als Fäden aus der Vergangenheit, die den Juden noch am Rock haften. In fast all ihren Handlungen, Träumen und Ausdrucksweisen sind sie nicht mehr Jude als ihr unbeschnittener Nachbar.
All dies weiß ich. Und noch mehr – ich selbst habe als leuchtendes Beispiel eines Juden gelebt, der kein Jude ist, eines Ju-

den, der sich an seine religiösen Ursprünge so schwach erinnert wie an seine Säuglingszeit.
Trotz mehrerer Onkel, die in russischen Massakern ermordet wurden, wäre es mir vor zehn Jahren nicht in den Sinn gekommen, daß es ein jüdisches Problem gibt, über das es sich zu räsonnieren oder schreiben lohnte. Ebenso fremd war mir die Vorstellung einer jüdischen *Rasse*, der ich angehörte.
Diese Idee kam jedoch anderen Leuten in den Sinn. Den Nazis kam sie mit aller Gewalt in den Sinn, und nun macht sich die Philosophie des Antisemitismus überall im Schimpansenhirn Mitteleuropas Luft.
Meine Kritiker unterliegen einer kläglichen Täuschung, wenn sie meinen, der beste Weg, die dumm krakelende, aber mächtige Attacke gegen die Juden zu bekämpfen, sei, sich mit anthropologischen Büchern und ihren amerikanischen Pässen zu bewaffnen und durch Kapitellesungen und Vorzeigen des Stempels in ihrem Paß zu beweisen, daß sie keine Juden sind. Durch unsere Taten, unsere Worte und durch unsere große Weltoffenheit, so behaupten sie, müssen wir beweisen, daß wir Amerikaner sind – an erster Stelle gute amerikanische Patrioten und dann erst – wenn überhaupt – Juden.
All dies sind wir, wir Juden – weltoffen und gute Patrioten. Wir waren auch gute deutsche Patrioten. Und wunderbare, dem Land ergebene Franzosen. Einst waren wir auch die besten Italiener und Spanier, und viele von uns trugen sogar mit Stolz ihr Wappenschild. Wir waren immer die beherztesten Nationalhelden – in den Ländern anderer Leute. Im Kampf für Hindenburg und die Hohenzollern starb ein größerer Prozentsatz Juden als Deutsche. Der einzigartige jüdische Soldatenfriedhof in Berlin wird Ihnen die Geschichte erzählen.
An unserem Jüdischsein krankten wir nie – zumindest eine lange Zeit nicht. Aber unsere Feinde krankten daran.
Ich, der ich mich nie als Jude sah, schreibe heute über Juden. Ich schreibe über sie, weil das, was jüdisch in mir ist, mit

Barbarengewalt angegriffen wird. Und meine Art, mich zu verteidigen, ist, als Jude zu antworten. Dabei kümmere ich mich nicht darum, ob meine Antwort unhistorisch und unethnologisch ist oder ob sie jenen Juden Verdruß bereitet, die glauben, sie könnten sich aus der Schußlinie entfernen, wenn sie dem Kampffeld ihren törichten Rücken kehren.

All meine wütenden Kritiker schreiben mir, wie stolz sie darauf sind, Amerikaner zu sein, ihre Nelken im Knopfloch zu tragen und daß sie die Nase voll von Versuchen wie den meinen haben, sie wieder zu judaisieren und zu gettoisieren und das Bewußtsein der Welt von neuem auf die Juden zu lenken.

Ihr guten Juden mit euren Nelken, nicht ich bin es, der die Welt dazu gebracht hat, wieder auf die Juden zu sehen. Das neue »Juden-Bewußtsein« plärrt aus allen Radios in Europa und alarmierend vielen in den USA. Und dagegen werdet ihr nicht viel ausrichten, wenn ihr – auf Talmudart – Haarspalterei betreibt, ob ihr nun Juden seid oder nicht.

Ich gebe euch nicht den Rat, auf eure Nelken zu verzichten. Ich rate euch nur, euch nicht zu sehr hinter ihnen zu verstekken. Sie bieten geringen Schutz. Außerdem schlage ich euch vor, damit aufzuhören, euren Zorn an mir zu verschwenden. Ich greife euch nicht an. Ich fordere euch nur auf zu kämpfen. Mit meinen bescheidenen Mitteln will ich versuchen, die so oft getretene jüdische Seele mit dem Stolz und der geistigen Standkraft zu erfüllen, die ich und mit mir viele andere Juden, in Gefahr sehen.

Als Amerikaner brauchen wir unseren Stolz und unsere geistige Standkraft nicht – denn niemand greift uns als Amerikaner an, noch nicht – als Juden brauchen wir sie.

Und mein Credo für die Dauer des Krieges: Da wir in den Augen unserer Feinde Juden sind – da sie uns mit großer List und Bosheit neuerschaffen haben –, sehe ich nur eine Möglichkeit für uns: daß wir uns in Frankensteins verwandeln.

Arme Leute

Gregory möchte lieber, daß sein Familienname nicht genannt wird. Würde er publik, könnte leicht der Eindruck zerstört werden, den Gregory zu erwecken versucht, den nämlich, daß er ein solventer, fröhlicher und gebildeter junger Mann ist. Nur durch solch verzweifeltes Täuschungsmanöver kann ein Mann auf Erfolg hoffen, besonders, wenn er zufällig ein Russe in New York ist, das im Augenblick von Heerscharen wundersam aktiver, aber völlig zahlungsunfähiger Moskowiter überrannt wird. In diesen düsteren Zeiten neigen die Leute dazu, vor Armut mit einem Akzent doppelt zurückzuschrecken.

Meine Geschichte, sagt Gregory, ist trotzdem sehr aufschluß-

reich, denn sie lehrt, daß alles, was je über die Größe und das noble Herz Amerikas geschrieben wurde, leere Worte sind.
Gregory studiert an der Columbia Universität, wo er nach seiner Tagesarbeit als Hilfspförtner Abendkurse in Ingenieurwissenschaft besucht. Sie dürfen mir glauben, daß Gregory nicht immer Hilfspförtner war, aber so ist der Lauf der Neuen Welt. Man schnappt nach dem, was man erhaschen kann in der Glückslotterie.
Eines regnerischen Abends machte sich Gregory nach seinem Kurs auf den Heimweg. Und während er durch den Regen stapfte, seine in Zeitungspapier eingewickelten Bücher unter den Arm geklemmt, war sein Kopf voll von der Fitzgeraldschen Kontraktionstheorie. Der Regen prasselte auf den fröstelnden Gregory nieder, aber Regen gibt es schließlich überall auf der Welt. Ein Bauer mag über die ungelegenen Wassermassen mit Gott hadern, aber einem Wissenschaftler steht es schlecht an, sich über meteorologische Phänomene zu empören. Deshalb stapfte Gregory ungerührt weiter durch den aufgeweichten Morningside Park in Richtung seiner Schlafkammer, wo ein Feldbett auf ihn wartete.
In der Mitte des regendunstigen Parks sah Gregory eine Gestalt auf sich zukommen. Er schob die Fitzgeraldsche Kontraktionstheorie beiseite und erinnerte sich, daß es in letzter Zeit genau in diesem Park eine Anzahl von Raubüberfällen gegeben hatte. Gregory umklammerte das dickste seiner Bücher und blieb in dem strömenden Regen stehen, um den Angriff abzuwarten.
Die Gestalt kam näher. Es war ein alter, verhutzelter Mann, schäbig gekleidet und vor Regen triefend. Mit weinerlicher Stimme fragte er Gregory, ob er einen Dime für einen hungrigen Menschen übrig habe, damit er sich eine Tasse Kaffee leisten könne.
Dieses Anliegen verärgerte Gregory bis an die Fußsohlen. Er starrte den Bettler eine Weile an; dann antwortete er mit vor

Verachtung bebender Stimme: »Wenn ich einen Dime hätte, du Narr«, sagte Gregory, »glaubst du, dann würde ich hier im strömenden Regen durch einen Park voller Mörder laufen – mit Löchern in meinen Schuhen? Wenn ich auch nur einen Nickel hätte, dann säße ich jetzt in einer Straßenbahn. Warum guckst du dir die Leute nicht an, ehe du sie anbettelst? Wenn du mich nur eine Minute angesehen hättest«, fuhr Gregory fort, denn Russen achten immer darauf, die eigenen Leiden als die schlimmsten darzustellen, »wenn du mich nur dreißig Sekunden lang mit ein wenig menschlicher Anteilnahme betrachtet hättest, dann wäre dir aufgefallen, daß ich nasser und hungriger bin als du, schlechtere Kleider trage, und daß diese Bücher hier, die alles sind, was ich auf der Welt besitze, durch den Regen ruiniert werden. Du hättest sofort gewußt, daß ich den ganzen Tag hart arbeite und dabei so gut wie nichts verdiene, nur um abends wie verrückt zu studieren, weil ich es irgendwann zu etwas bringen will. Aber nein! Für dich ist jeder reich, glücklich und schwelgt in Luxus. Und warum? Weil du ein Egomane bist!«

»Du studierst also an der Universität«, sagte der Bettler, als Gregory geendet hatte. Er ging nun neben ihm her.

»Ja, abends, wenn ich schon todmüde bin«, sagte Gregory.

»Und du mußt durch den Regen nach Hause laufen«, sagte der Bettler. »Das ist eine Schande. Ein junger Bursche will nach oben – und dann so viel Pech!«

»Ich brauche dein Mitleid nicht«, sagte Gregory schroff. »Und wozu hängst du dich an mich? Mir liegt nichts an deiner Gesellschaft. Geh woanders betteln. Und das nächste Mal, sperr deine Augen auf.«

»Ich möchte gern etwas für dich tun«, sagte der Bettler. »Hier«. Er zog drei Dollar-Scheine aus seiner schäbigen Jacke.

»Wofür hältst du mich?« fauchte Gregory ihn an. »Glaubst du, ich nehme Geld von einem Bettler an?«

»Ich habe genug«, sagte der Bettler. »Komm. Wir gehen hier herein.«

Er bugsierte Gregory in Fred's Saloon an der Ecke der Morningside Avenue. Der Barkeeper begrüßte den Bettler mit einem freundlichen:

»Na, wie läuft's Geschäft?«

»Gut«, sagte der Bettler. »Gib dem Burschen hier was zu trinken. Er ist ein strebsamer Student. Und wenn er wieder herkommt, gib ihm alles, was er möchte.«

»Von mir aus gern«, sagte der Barkeeper. »Was soll's denn sein, mein Sohn?«

Während er trank, sah Gregory dem Bettler nach, der, ein verstohlenes Grinsen im Gesicht, wieder in die regnerische Nacht verschwand.

»Das war mir eine Lehre«, sagte Gregory zu mir. »Seither schaue ich jeden Abend in der Bar vorbei. Ich bekomme etwas zu trinken und manchmal ein Sandwich. Weihnachten übergab mir der Barkeeper einen Umschlag mit 20 Dollar. Ein Geschenk. Für den Augenblick bin ich all meine Sorgen los.«

»Aber ich bitte Sie«, sagt Gregory. »Nennen Sie meinen Namen nicht. Denn wer wird schon einen Ingenieur anstellen wollen, der sich von einem Bettler durchs College bringen ließ.«

»Die Psychologie der Geschichte? Die ist sehr einfach«, sagt Gregory. »Mein Freund, der Bettler, hat ein nobles Herz – ein nobleres als die Leute, die ihn mit ihren Dimes reich machen. Von denen kann man nichts erwarten.«

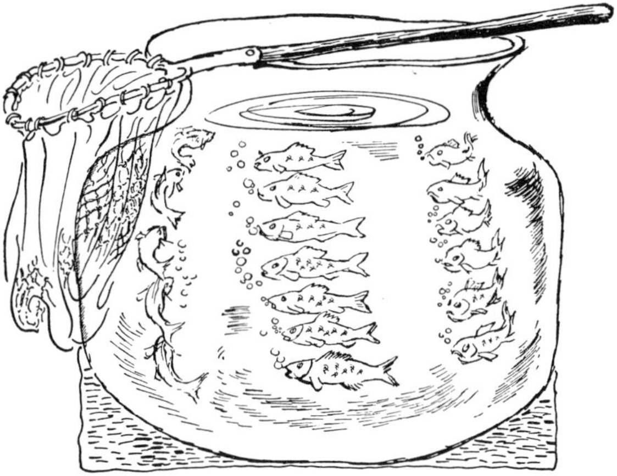

Schule der Fische

Unter einer Voraussetzung habe ich es immer leicht und angenehm gefunden, die Roten zu bewundern – wenn ich an ihre Feinde dachte. Wegen ihrer Feinde muß man sie beneiden.
Seit den Tagen, als ich für den homerischen, einäugigen Bill Haywood, den Käpt'n der alten Wobblies, diese Art Bewunderung hegte, konnten alle Roten, die ich kannte, mit dem feinsten Sortiment von Heuchlern und dickbäuchigen Pfeffersäcken als ihren Feinden aufwarten. Noch nie habe ich einen habsüchtigen, bornierten Unternehmer getroffen, dessen Kehllappen nicht vor Zorn gegen die Roten gebebt hätten. Jeder gottselige Schwindler, jeder begüterte Tölpel und jeder Schwachkopf im pelzgefütterten Mantel, auf den ich stieß, haßte die Roten.
Die krokodilslederhäutigen Fords, die zaristischen Nullen, die die Movies leiten, die Raffhälse, die ihre Scheckbücher und Wertpapiere an ihren entmenschlichten Busen drücken, die mottenzerfressenen Egos, die als Journalisten herum-

schwadronieren und ihren geistigen Müll in die amerikanische Flagge oder ein Bild von Abraham Lincoln einwickeln – seit der Zeit, als die Gracchi so bitter dafür zahlen mußten, daß sie Getreide an die Armen verteilten, sabbern und quasseln alle lynchsüchtigen Feiglinge und schmalzhirnigen Staatsmänner von der roten Gefahr. Nie hat eine Sache einen hundsgemeineren Haufen von Menschenfeinden auf den Plan gerufen; und als Krönung des düsteren Gemäldes gesellen sich nun die mit dem Teufel tanzenden Nazis mit ihrem Kommunistenhaß dazu.

Noch immer fällt es mir leicht, mich auf meine verquere Art mit den Roten verbunden zu fühlen. Immer noch sehe ich, wie all meine Lieblingsfälle von menschlichem Aussatz drauf und dran sind, die Kommunisten zu teeren und zu federn. Mich mit den verfehmten Burschen selbst anzufreunden, fällt mir heute jedoch ein wenig schwerer als einst.

Ich sage dies, weil ich ein Gespräch mit sieben jungen Kommunisten führte, die kürzlich durch die Presse gingen, weil ihnen ihr Studienplatz am Brooklyn College streitig gemacht werden soll. Im Hauptquartier der Amerikanischen Studenten Union in der 381 Fourth Avenue unterhielt ich mich mit den sieben, und als ich sie verließ, war ich recht desillusioniert.

Die sieben waren jung und schielten ein wenig, so wie es sich für Radikale gehört. Außerdem hätschelte jeder seinen kleinen Märtyrerkomplex – aber nach wirklichem Märtyrertum stand ihnen wohl doch nicht der Sinn, denn nur unter der Voraussetzung, daß ich ihre Namen nicht nannte, erklärten sie sich bereit, der Öffentlichkeit auseinanderzusetzen, warum sie sich nicht einen Deut darum scherten, ob die Briten den Krieg gewännen. Zuvor hatten sie diesen Standpunkt überall laut herausposaunt und damit den Widerwillen ihres Rektors erregt, der sein Bestes tat, Brooklyn für die Demokratie zu retten. Wenn sie nicht aufhörten, solche Reden zu

schwingen, hatte dieser demokratische Menschenfresser gedroht, würde er sie alle aus seinem Lehrschlund ausspeien.
Die anonymen Sieben informierten mich, daß die Engländer nicht besser seien als die Nazis. Ich brauche nur daran zu denken, belehrten sie mich, wie Albion die Hindus behandelt habe. Sie schienen die Hindus sehr zu lieben. Für die Finnen hingegen hegten sie keinerlei Zuneigung. Meine Frage an sie, was sie von Stalins Eroberung dieses beherzten Volkes hielten, betrachteten sie als Fangfrage, die einer Antwort unwürdig sei.
Der Knackpunkt ihrer »Weltpolitik« war, daß es für das Schicksal der Menschheit völlig unerheblich sei, wer den Krieg gewinne. Der Krieg, so meinten sie, sei nichts weiter als ein imperialistisches Spektakel, in dem es um nichts anderes ginge als das niedere Motiv, immer weitere Investitionen zu sichern.
Diese Auffassung ist nicht neu, und trotz meiner Abneigung gegen sie – wer weiß, vielleicht ist sie voller Weisheit und enthält Wahrheiten, die jenseits der offenkundigen Tatsachen von heute liegen? Vielleicht wird es sich ja als richtig herausstellen, was die namenlosen Sieben sagen – daß die Welt nicht gerettet wird, wenn man Hitlers Stamm von Automaten-Igoroten bekämpft, sondern alles Heil darin liegt, dem, was vom Kapitalismus noch übrig ist, endgültig den Garaus zu bereiten.
Das einzige, was mich an der geistigen Gesundheit dieser Ideen zweifeln ließ, war, daß sie vorgetragen wurden, ohne daß man so etwas wie ein menschliches Wesen hinter ihnen hätte erkennen können – nicht einmal einen Collegestudenten. Die Sieben deklamierten ihre Gedanken mit einer eigenartigen Präzision und Uniformität, die mich nur an eines erinnerte – an Fisch.
Bis in die einzelnen Ausdrucksweisen hinein waren die Sprecher identisch. Ihre Augen waren rund und glänzend, und um

ihre Münder zuckte der gleiche Spott. Und während sie ihre Ansichten ventilierten, wußte man nie, wo eine Stimme aufhörte und die nächste begann. Keine Zweifel, keine Fragen, keine Persönlichkeiten waren zu erkennen.

Ich hatte das Gefühl, diese sieben Radikalen befanden sich nicht an irgendeiner Barrikade, sondern in einem Aquarium.

So sah also der neue rote Jungfisch aus Moskau aus – Artgenossen des etwas zäheren braunen Jungfischs aus Berlin. Wie jener mitteleuropäische Karpfen hatte auch der moskowitische jegliches eigene Denken abgelegt, sich aller menschlichen Zweifel entledigt, nur um in den Genuß des Privilegs zu kommen, in dem exotischen und aufregenden neuen russischen Gedankenstrom mitzuschwimmen. Wie Fische tummeln sie sich in dem Propagandastrom, sind glücklich, all seinen Parabeln und Umwegen zu folgen.

Es mag sein, daß man sich in solch verdrehten und irrationalen Zeiten wie den unseren einer Sache nur verschreiben kann, wenn man sich in einen Fisch verwandelt. Es mag auch sein, daß diese sieben Mitglieder der Studentenunion ebenso gute und tapfere Radikale sind wie die, die ich einst kannte. Aber doch fällt es einem schwer, sie zu bewundern, es sei denn, man findet Gefallen an intellektueller Unterwasserfauna.

Als ich die sieben verließ, hatte ich das Gefühl, daß es – journalistisch gesehen – nur fair sei, ihre Namen nicht zu nennen. Abgesehen von Moby Dick wüßte ich auch sonst von keinem Fisch mit einem Namen.

Im ganzen gesehen war es ein unerfreuliches Treffen, denn es wird mich eine Woche *Times-*, *World-Telegram-* und *Journal*-Lektüre kosten, um meinen Neid auf die Roten und meine verquere Bewunderung für sie zurückzugewinnen.

Das Pogrom kommt zu Mr. Isaacs

Mr. Isaacs kennt die hebräische Geschichte, zweihundert Gebete und Washington Heights.
Ehe er sich zur Ruhe setzte, um eine Stütze der Synagoge zu werden, eine graue und recht hinfällige Stütze, hatte Mr. Isaacs an zwei Generationen von Hausfrauen Lebensmittel verkauft. Es gab keine Seitengasse im Viertel, die nicht von vertrauten Gesichtern bevölkert war, die Mr. Isaacs jederzeit gern zulächelten. Er war immer ein ehrlicher Mann gewesen und hatte niemandem etwas zuleide getan. Und jetzt, wo er mit jedem Jahr kleiner und grauer wurde, nickten ihm die Leute noch freundlicher zu. Denn hier, in diesen Straßen,

spendeten ihm die Armen für sein Leben harter Arbeit ihren bescheidenen Beifall.
An diesem verschneiten Abend mußte Mr. Isaacs nur einen Häuserblock in der 181. Straße entlanggehen, um von einem Polizisten, einem Taxifahrer, einem Kioskbesitzer, einem Bettler, einem Drogisten und einem Priester gegrüßt zu werden. Alle Schaufenster und Leuchtreklamen am oberen Broadway waren Marksteine für Mr. Isaacs, seinen Augen so vertraut und anheimelnd, wie das Geschirr zu Hause in seiner Küche.
Und doch blieb Mr. Isaacs in der 181. Straße, Ecke Broadway stehen und wußte nicht mehr weiter. Er hatte sich verirrt. Er versuchte, sich an die Adresse des Polizeireviers zu erinnern, die ihm der Synagogenküster genannt hatte. Aber Mr. Isaacs Gedanken verschwammen. Die 181., Ecke Broadway, ihm so lange vertraut, war eine fremde Straße voller fremder Menschen geworden. Die Straßenschilder und Reklamen, die hinter den Schneeflocken aufleuchteten, hatten ihre Bedeutung verloren.
Mr. Isaacs stand im dichten Schnee, die Jahrmarktslichter des oberen Broadway schienen auf ihn hinab, aber er fühlte sich verloren im Dunkel. Den ganzen Tag hatte er für die Tausende von Juden gebetet, die im Ghetto von Bukarest hingemetzelt wurden. Und während er betete, hatte vor seinen Augen jene andere Synagoge gestanden, in der die niederträchtigen Rumänen zweihundert alte Männer und Frauen gefoltert und getötet hatten. In seinem Herzen hatte er die Schreie der Wehrlosen gehört, die unter den rumänischen Messern starben. Und die Qual all der anderen Tausenden, die die feuerflammenden Straßen hinuntergejagt wurden, ihre Köpfe von den niederträchtigen Rumänen zu Brei geschlagen, ihre Körper verstümmelt, hatten Mr. Isaacs Seele, während er betete, erfüllt.
Aber die Schreckensvision hatte Mr. Isaacs nicht zum Weinen

gebracht. Er hatte trockenen Auges gebetet. Denn Mr. Isaacs wollte Gott die heiligen Gebete darbringen und nicht die Marter seines Herzens. Außerdem hatte er das Gefühl, Gott sei an jüdische Tränen schon so gewöhnt, daß er ein paar mehr, die in Washington Heights fielen, keine besondere Aufmerksamkeit mehr schenken würde.

Aber jetzt, hier im abendlichen Schnee, bemächtigte sich ein schlechter Traum Mr. Isaacs' Seele. Er stand still da, und während die Schneeflocken auf seinem alten Gesicht schmolzen, versuchte er, sich an die Adresse des Polizeireviers zu erinnern. Der Rabbi hatte ihn mit einem Auftrag fortgeschickt. Er sollte der Polizei melden, daß letzte Nacht mehrere Vandalen in die Synagoge eingedrungen waren, viele heilige Bücher geraubt hatten, Fenster eingeschlagen und die Wände mit Kreide beschmiert.

Mr. Isaacs kannte den scharfen, kalten Wind, der in Washington Heights blies. Er kannte alle Schaufenster und Straßenwindungen. Aber jetzt entrückte ihm plötzlich alles. Er stand da und sah nur eine fremde und bedrohliche Welt hinter den Schneeflocken.

Wer war in die Synagoge eingebrochen und hatte die heiligen Bücher geraubt? Die niederträchtigen Rumänen aus dem weit entfernten Bukarest waren es nicht gewesen, sondern Gesichter aus Washington Heights, Gesichter, die ihn während der vielen Jahre, die er die Straßen des Viertels entlanggelaufen war, gegrüßt und angelächelt und Paps genannt hatten.

Der böse Traum, der sich Mr. Isaacs' Seele bemächtigt hatte, verwandelte den oberen Broadway in ein Land voller schattenhafter Feinde. Es gab keine Feuerflammen, keine Messer, die die Bäuche von jüdischen Arbeitern, Müttern und Kindern aufschlitzten. Nichts war zu sehen, nichts war zu hören.

Aber inmitten des dichten Schnees sah Mr. Isaacs Gesichter und hörte Stimmen. Sie flüsterten von seiner Synagoge, und

in der letzten Nacht waren sie dort gewesen. Mr. Isaacs starrte in die Schneeflocken und nickte langsam. Der schreckliche Pfad des Hasses erstreckte sich jetzt bis Washington Heights – jener Pfad, der seinen blutgetränkten Lauf durch die Geschichte wand, die Mr. Isaacs so gut kannte. Durch Ägypten, Babylon, Rußland, Frankreich, Spanien, Barbarossas Land, durch all die alten und neuen Landkarten der Welt zog er sich – und nun auch durch Washington Heigths. Noch war er kaum zu erkennen hier, und nur wenige hatten ihn, heimlich und verstohlen, beschritten, aber doch zog er seine Spur durch den Schnee des oberen Broadway. Und auf ihr bewegten sich ein Polizist, ein Taxifahrer, ein Kioskbesitzer, ein Bettler, ein Drogist und ein Priester.
Mr. Isaacs hatte keine Angst. Seine Gedanken verschwammen ihm, weil seinem alten Herzen plötzlich zumute war wie einem Kind, das sich im Sturm verirrt. Mr. Isaacs war alt. Das Böse, das durch die Schneenacht zu ihm drang – was sollte es ihm noch anhaben? Als es jedoch zu ihm sprach und sagte: »Es gibt keinen Ort auf der Welt, den ich nicht heimsuchen werde. Keine Ehre kannst du erringen, die ich nicht besudeln werde.« Als es sagte: »Selbst hier in Washington Heights, wo du geliebt und geachtet bist, werde ich dich aufspüren und die Wände deiner Synagoge beschmieren, zuerst mit Kreide und dann mit …«, als diese Worte in Mr. Isaacs Kopf dröhnten, verirrte er sich auf dem oberen Broadway und stand da wie ein Kind, das sich weit fort von zu Hause im Schnee verirrt hat.
Später fand Mr. Isaacs den Weg zum Polizeirevier.
Er sprach mit ruhiger Stimme und erzählte dem Sergeanten, daß Vandalen in die Mt. Sinai Anshe Emeth Synagoge in der 178. Straße, Ecke Wadsworth Avenue eingedrungen waren.
»Na so was!« sagte der Sergeant. »Na, mach dir keine Sorgen, Paps – wir kümmern uns darum.«

Hitlers verlorene Sache

Immer, wenn Hitler eine Rede darüber hält, wie wichtig es sei, daß jeglicher Individualismus aus der Welt verschwinde, muß ich an Stanislaus Szulkalski denken. Und ich frage mich dann, welch seltsame und boshafte Possen sich Adolf noch wird ausdenken müssen, ehe er – zumindest was Stanley betrifft – seinen Traum verwirklichen kann.

Vielleicht wird er Stanley eines Tages einfangen, ihm die Haut abziehen, das Herz herausreißen, ihn stopfen wie eine Olive, heißes Blei in seinen Schädel gießen und ihn als Türknauf benutzen. Aber all das wird den Individualismus seines Erzfeindes, Stanislaus Szulkalski, in keiner Weise mindern oder beeinträchtigen. Tatsächlich hat Adolf Stanley Schlimmeres angetan – viel Schlimmeres – und nichts damit ausgerichtet. Würden Adolf und Stanley sich zu einem Gespräch treffen, dann würde Adolf zum Schluß, da bin ich mir sicher, in die Nacht fliehen und all seine düsteren Pläne als aussichtslos aufgeben.

Ehe ich Ihnen erzähle, was Stanley zustieß, will ich Ihnen sagen, wer er ist. Zwanzig Jahre lang war Stanley das berühmteste unbekannte Genie in den USA, der gefeiertste verkannte Künstler, der in einer Mansarde Hunger litt. Und Stanley hungerte. Ich habe ihn vor Hunger schwankend die Michigan Avenue, Chicago, hinuntergehen sehen, und nie werde ich vergessen, wie er dabei mit langen Schritten lief, seinen polnischen Eichenstock schwang und triumphierend zum Himmel aufsah.

Stanley war Bildhauer und Maler, und seine Arbeiten wurden – nahm man sie überhaupt zur Kenntnis – als exzentrisch angesehen. Exzentrisch waren sie nicht. Sie waren heroisch.

»Ich stecke mir Rodin in eine Tasche, Michelangelo in die andere«, pflegte Stanley in jenen unerschrockenen Tagen zu sagen, »und gehe zur Sonne.«

Trotz solcher Äußerungen war Stanley ein bescheidener junger Mann. Sein Vater, der Schmied gewesen war, hatte ihn im Alter von sechzehn Jahren an unsere Gestade gebracht. Stanley liebte seinen Vater. Jeden Sonntag morgen traf er sich mit ihm im Jackson Park, um fünf Stunden mit ihm zu wandern. Eines Tages wurde Stanleys Vater, als er gerade zum Park eilte, um seinen Sohn zu treffen, überfahren. Er starb bei dem Unfall. Stanley hob seinen toten Vater auf und trug ihn zum Leichenhaus. Er erhielt die Erlaubnis, die Leiche zu sezieren. Sie gehörte ihm. Stanley war zu arm gewesen, um eine Kunstakademie oder medizinische Fakultät zu besuchen.

Wenn später die Leute Stanley fragten, woher er die beeindruckende Kenntnis der menschlichen Anatomie habe, die seine Statuen enthüllten, dann antwortete er: »Ich habe bei meinem Vater Anatomie studiert«.

Nur einen großen Traum hatte Stanley: Polen. Bei jeder sich bietenden Gelegenheit behauptete er, er sei nie aus Polen weggegangen. Zwanzig Jahre lang zeigte er auf seinen unausgepackten Koffer und sagte: »Ich bleibe nur ein paar Minuten hier.«

Während dieser »paar Minuten« arbeitete Stanley wie ein Besessener. Er produzierte hunderte von Statuen, tausende Skizzen und Gemälde. Nie beschwerte er sich über das Ausbleiben des Ruhms. Er hatte vor, mit all seinen Werken nach Polen zurückzukehren, und dann, erst dann, wollte er mit Ruhm bedacht werden.

Die Brotkrusten, von denen er sich ernährte, und die vielen zugigen Lofts, in denen er nacheinander zwanzig Jahre lang besessen vor sich hinarbeitete, vermochten Stanleys triumphierendem Lächeln nichts anzuhaben. Der Hunger stärkte ihn, sein Ego gedieh im Dunkel, und sein Talent vervollkommnete sich im Nirgendwo.

1939 wurde Stanleys Traum Wahrheit. In der Kunst war ein Szulkalski Boom ausgebrochen. Die Leute kauften seine Arbeiten. Aber Stanley holte nur so viel aus dem Boom für sich heraus, daß er sich, seine Frau und all seine Werke auf ein gen Polen steuerndes Schiff verfrachten konnte. Seine Werke bildeten eine beachtliche Fracht. Als ich ihn verabschiedete, sah ich ein wahres Kunstimperium auf den Weg nach Warschau gehen.

Auch in Warschau wurden Stanleys Träume wahr. Man überhäufte ihn mit Ruhm und Ehren. Denn hier enthüllte Stanley seine Statuen und Gemälde einer Welt, die sich vor ihnen verbeugte und sie bejubelte. Die polnische Regierung richtete Stanley ein großes Atelier ein, das gleichzeitig ein für das Publikum geöffnetes Museum seiner Werke war. Er erhielt den Auftrag, das größte und heroischste Monument Eu-

ropas zu schaffen. Was Sibelius für die Finnen ist, war Stanley auf dem besten Wege für die Polen zu werden, so wie er es sich immer erträumt hatte.
Als die Bomben auf Warschau fielen, wurden alle Statuen Stanleys zerstört, und jedes Stück Papier oder Leinwand, auf das er gezeichnet hatte, verbrannte. Die Hufe von Hitlers Rittern der Luft zertrampelten das Kunstimperium von Stanislaus Szulkalski.
Lange nachdem Warschau in Ruinen lag, lange nachdem die Massenhinrichtungen von Polen und Juden etwas nachgelassen hatten, verließen Stanley und seine Frau Polen. Kein Gepäck begleitete die Szulkalskis. Sie hatten nichts bei sich, was im Schiffsladeraum hätte verstaut werden müssen, nicht einmal so viel, wie auf einem Tisch Platz gehabt hätte.
Als ich Stanley in New York wiedertraf, wanderten seine Augen unruhig umher – so als suche er etwas. Und während er mir seine Geschichte erzählte, wirkte er eigenartig verlegen.
»Alles ist verloren«, sagte er. »Du erinnerst dich an die Aesop-Figur und all die anderen. Alle sind zerstört. Es war entsetzlich, als die Bomben sie töteten – sie und meine Bilder. Ich meinte, jemand zöge mir die Haut ab und reiße mir die Eingeweide aus dem Leib.«
»Und was wirst du jetzt tun?« fragte ich.
Szulkalskis Blick wurde plötzlich ganz ruhig. Er hob seinen Kopf und sah triumphierend zum Himmel auf, so wie er es während seiner Hungerspaziergänge auf der Michigan Avenue getan hatte.
»Arbeiten«, antwortete er. »Ich fange wieder von vorn an. Wenn Polen erst wieder frei ist, wird es Kunst und Schönheit nötig haben. Und dann kehre ich mit einer neuen Schiffsladung zurück.«
Nun frage ich dich, Adolf, wozu weitermachen?

Akt auf Fels

Für eine Reihe von Leuten, die ich kenne, hört sich diese Geschichte vielleicht entsetzlich boshaft an, besonders wahrscheinlich für Moss Hart, den eleganten Dramatiker. Sollte es wirklich so sein, dann sind die Leute selbst schuld. Denn jeder, der sich die Geschichte genau betrachtet, wird sofort erkennen, daß, wenn überhaupt jemand, es nicht Mr. Hart ist, der garottiert wird, sondern die moderne Kunst.
Ich hatte schon lange eine Theorie über die moderne Kunst, und Mr. Hart und Hunderte seiner kunstbetörten Freunde waren so freundlich, sie mir zu bestätigen. Meiner Theorie

nach gibt es die moderne Kunst überhaupt nicht; es gibt nur die Kunstbewunderer.
Ich bin der Meinung, daß in den Gemälden von Cézanne, Picasso, Derain, Braque, Matisse und ihren vielen Kollegen, keine der Wahrheiten, Schönheiten und Werte zu finden sind, die die Leute in ihnen zu entdecken behaupten. Diese neuen Meister erfüllen eher eine soziale als ästhetische Funktion. Ihre Wirkung besteht nicht darin, den Anteil von Schönheit in der Welt zu vermehren, sondern den Snobismus einiger weniger gedeihen zu lassen.
All die Leinwände mit ihren verdrehten und kapriziösen Aussagen wurden nicht gemalt, um das naive, aber ehrliche »Ah« zu inspirieren, das wir Menschen für das Schöne empfinden. Was die Absicht solcher Kunst wirklich ist, mag dahingestellt bleiben, bezweckt hat sie jedoch, daß ein paar wenige von uns mit ihrer Überlegenheit protzen können. Indem sie eine Schönheit entdecken, die gewöhnlichen Seelen verschlossen bleibt, machen sie sich auf der Stelle zu außergewöhnlichen Menschen. (Das gleiche gilt für die Genießer moderner Musik). Indem sie vor Gemälden in Ohnmacht fallen, die für die Augen von neunzig Prozent der Menschheit keinen Sinn ergeben, etablieren sie sich als Angehörige jener zehn Prozent »höherer Seelen«, die es wohl überall auf der Welt gibt.
Die Bewunderung für Dinge, denen andere Menschen nichts abgewinnen können, macht sie beinahe zu Genies. Die moderne Malerei, Musik und selbst der moderne Tanz erfüllen diese lebenswichtige Funktion: Sie haben einen neuen Typus von Genie geschaffen – das Publikumsgenie.
Kurz, meiner Theorie nach ist die moderne Kunst nicht die Quelle von Schönheit, sondern ein Laden, in dem Überlegenheitskomplexe en gros und zu Schleuderpreisen zu haben sind. Diese moderne Kunst sagt nicht: »Erhebe dich, o Seele«, zu den vielen, sondern »Erhebe dich, erlauchter Ritter« zu wenigen. Ihr Erfolg gründet vor allem darauf, daß sie die Le-

gende einer Aristokratie am Leben hält – besonders für jene, die nicht gerade für den Königspurpur geboren wurden.
Meine Geschichte balanciert diese Theorie sozusagen auf der Nase. Alles begann mit dem Kauf eines Gemäldes auf einer Auktion der Montross Galerie. Für 10 Dollar erstand Rose Caylor das Bild. Andere Gebote hatte es nicht gegeben. Es handelte sich um eine zwei Fuß breite, vier Fuß lange Leinwand, die eine rosafarbene Nackte mit Spitzbauch zeigte, die auf irgendeinem wenig einladend aussehenden Felsen lag. Ein Fuß dieser in so unbequemer Lage posierenden Sirene hatte nur vier Zehen. Der andere Fuß war offensichtlich mit einem Drehzapfen bearbeitet, denn er sah aus, als säße er verkehrt herum. Miss Caylor kaufte das Bild, weil sie Mitleid mit dem Liftboy hatte, der es nach vier Stunden Unterricht in einer Kunstklasse gemalt hatte.
Das Bild wurde Miss Caylor von Charles Lederer, zu Gast in ihrem Haus und ein weiser Mann, entwendet. Mr. Lederer gackerte und tanzte vor dem albernen Bild herum. Schon lange fühlte er sich als Opfer seiner die moderne Kunst anbetenden Freunde. Nur weil Mr. Lederer sich nicht dazu verstehen konnte, vor einem schieläugigen, spaghettihalsigen Werk Modiglianis oder einer Handvoll Picassostrohpuppen mit dem Titel *Mood* in Ohnmacht zu fallen, sahen sie auf ihn herab, als sei er ein primitiver Eingeborener.
Der einfältige Mr. Lederer besorgte sich einen Wasserfarbenkasten. Miss Caylor half ihm, den unwahrscheinlichsten Namen als Urheber dieses Gemäldes auszuwählen – den von Braque. Der Name dieses bedeutenden modernen Künstlers wurde dann mit schwarzer Wasserfarbe in die Ecke des Bildes gemalt. Galeristen erzielen für eine Braque-Leinwand zwischen 2000 und 5000 Dollar.
Mr. Lederer trug den *Akt auf Fels* in die Stadt, um ihn zu verkaufen. Zuerst bot er ihn Sam Harris, dem ehemaligen Theaterproduzenten, an. Mr. Harris weigerte sich, etwas zu

bewundern, das er nicht verstand und schreckte vor dem Ankauf zurück. Danach weigerte er sich standhaft, das Gemälde als Geschenk anzunehmen. Während der Lederer-Harris-Kontroverse betrat Mr. Hart die Szene. Als Mr. Lederer diesem das Kunstwerk für 350 Dollar anbot, scheute Mr. Hart, die ehrliche Seele, sich, seinen einfältigen Freund auszunutzen. Ein Braque war Tausende wert. Aber Mr. Hart sah sich im Augenblick nicht in der Lage, eine solche Summe locker zu machen.

Da es Mr. Harts Geburtstag war, wurde Mr. Lederer weich und übergab seinem Freund das wertvolle Gemälde als Leihgabe. »Ich werde hin und wieder eine Anleihe darauf machen«, sagte er.

Auf diese Weise kam der *Akt auf Fels* ins Haus des vor Glück benommenen Mr. Hart und fand dort seinen Platz über dem Kaminsims. Dort hing er drei Monate lang und wurde zu einem artistischen *pièce de résistance* für die Stadt, wurde bewundert und begurrt von – aber ich will nicht alle Ästheten der Stadt bloßstellen. Es sei nur gesagt, daß die Liste von Mr. Harts Gästen die gesamte Aristokratie der Kunstliebhaber und -käufer enthielt.

Sie alle bekamen glühende Wangen vor Mr. Harts Braque und beneideten ihn um seinen Besitz. Man schwang Reden über seine Schönheit, und mit phantastischen und bewegenden Sätzen erörterte man seine Technik, seine Botschaft und seinen überwältigenden Charme.

Drei Monate lang wurde diese lächerliche Kleckserei von der Intelligenzia der Stadt vergöttert. An einer Reihe von Abenden stand Mr. Lederer dabei und lauschte dem hochkarätigen Kunstpalaver. Er wurde schon ganz grämlich; vielleicht war es diese, sich immer wiederholende Erfahrung, die seinen Charakter so entstellte.

Schließlich kam das Ende. Eines Abends befand sich Fanny Brice unter Mr. Harts Gästen. Mr. Hart zeigte ihr seinen hochgeschätzten Braque. Miss Brice sah sich das Gemälde lange genau an, kniff ein Auge zusammen, verzog gedankenvoll den Mund, und dann spuckte sie auf ihren Zeigefinger. Sie zog die feuchte Kuppe über die Signatur »Braque«, und die Wasserfarbenschrift löste sich auf.

Der *Akt auf Fels*, den die Intelligenzia drei Monate lang hochleben ließ, liegt nun bei mir im Keller und hat nur noch einen Bewunderer – Mr. Lederer.

Abend in Hermelin

Wir befinden uns an einem der aufregendsten Plätze der Stadt. Es wimmelt vor Berühmtheiten, und es strotzt hier vor Protz wie aus einer Botschafterhose.

Vor der Tür hängt eine Gruppe Wind und Kälte trotzender Halbidioten herum. Sie alle sind Angehörige des abgehärteten und geistig zurückgebliebenen Stammes der Autogrammjäger.

Als unsere zehnköpfige Gesellschaft den zwei noblen Kutschen entsteigt, kommt Bewegung in diesen Haufen, der die Straßen nach Namen abkehrt. Denn in unserer Mitte befinden sich zwei Filmstars, ein Krösus aus der Finanzwelt und eine Primadonna. Gnädig signieren die vier die ihnen entgegengeschleuderten Autogrammbücher, und nach diesem Akt erregt unser Eintritt ins Café ein solches Aufsehen, als würden wir von Salutschüssen begleitet.

Man mag gegen diese Bürgersteigkretins wettern wie man will – in ihrer Aufmerksamkeit liegt ein gewisser Stimulus. Natürlich sind sie ein oder zwei Nummern kleiner als die Kritiker, aber doch sind sie ein unfehlbares, wenn auch unwillkommenes Echo der eigenen Berühmtheit.

Innen im Café wird uns unsere Berühmtheit um ein vielfaches bestätigt. Denn an einem Dutzend anderer Tische sitzen Gesellschaften, die ebenso berühmt sind wie wir. Durch unser Erscheinen haben wir die Bedeutung dieses Vorzeigekastens noch erhöht, und alle sind glücklich.

Man sollte meinen, daß es genau andersherum wäre, daß die Großen es mit Widerwillen sehen, wenn rivalisierende Größen auf der Bildfläche erscheinen. Aber so ist es nicht, zumindest nicht in unseren Cafés. Hier scheinen die Berühmtheiten sich selbstlos aneinander zu weiden. Nie fühlen sie sich so gefeiert wie in der hochkarätigen Gesellschaft ihresgleichen.

Ja, ihre Hauptaktivität besteht darin, sich Schulter an Schulter an den richtigen Orten zusammenzudrängen, ganz nach Art der Schafe, und zu ihrer Berühmtheit gar nicht passend. Aber dies ist eine ungalante Feststellung. Denn Tatsache ist: Wenn eine Berühmtheit sich nicht an den richtigen Orten zeigt, wird niemand sie sehen und ihr Name nicht in den Zeitungsspalten erscheinen, die ja Brutkästen des Berühmtseins sind. Von den überlasteten journalistischen Schleppenträgern kann man schließlich nicht erwarten, daß sie auf gut Glück durch die Nacht streunen, um nach berühmten Leuten Ausschau zu halten. Und wenn niemand einen sieht, der eigene Name nirgends gedruckt wird, dann wacht man eines Morgens wie ein umgekehrter Byron auf und stellt fest, daß man keine Berühmtheit mehr ist.

Unser Tisch beginnt zu tagen. Musik spielt. Mit den Berühmtheiten am Nebentisch wurden Grüße ausgetauscht. Der Wein ist serviert, und wir alle wurden von Oberkellner und Cafébesitzer mit Namen angeredet. Jetzt widmen wir uns dem Geschäft des Abends. Wie sich herausstellt, geht es dabei weder um Liebesintrigen, noch Gesellschaftsklatsch noch elegantes Geplänkel. Es geht um Politik.
Innerhalb fünfzehn Minuten haben wir die Politik unseres Landes aufs Backblech gebracht. Unser Präsident wird als skrupelloser Straßenräuber entlarvt, und die verschiedensten Katastrophen werden unserem Land prophezeit.
Ein Blick durch diesen aufregenden Platz im Hermelin macht deutlich, daß unser Tisch nicht allein ist mit seinem Klagen. Alle um uns herum wirken wie vom Schlag gerührt. Man könnte fast meinen, wir befänden uns nicht in einem der luxuriösesten Vorzeigekästen der Stadt, sondern an einer Klagemauer.
Alle hier sind reich, und der Wein vermag es nicht, die düstere Stimmung zu heben. Die Rumbamusik klingt wie ein Grabgesang auf den Kapitalismus. Je mehr Weinflaschen geöffnet werden, desto lauter werden die Aufschreie an unserem Tisch. Man erfährt, daß Mr. Roosevelt, dieser ewige Prinz des Dunklen, keineswegs im Sinn hat, die Demokratie zu retten, sondern sie zugrunde zu besteuern. Die vorsichtigen Einwände der Berühmtheiten an unserem Tisch werden von den Millionären übertönt. Auch die Berühmtheiten sind reich, aber ihnen fehlt eben der Weitblick eines blaublütigen Krösus.
Um Mitternacht ist das Orchester an unserem Tisch kaum noch zu hören, so laut sind wir. Auf der ganzen Welt ist wahrscheinlich kein schrillerer Schmerzensschrei zu vernehmen, als der, den die wenigen Privilegierten loslassen, wenn ihnen ein oder zwei ihrer Privilegien genommen werden. Menschen, die Hungers sterben, protestieren und heulen nicht so

laut und erbarmungswürdig. Vielleicht kommt das daher, weil die Reichen tatsächlich mehr unter einem kleinen Schicksalszwicker leiden, als die Armen unter den Hammerschlägen des Elends. Denn reiche Leute werden gewöhnlich in Gewächshäusern großgezogen und sind voller Anfälligkeiten, um nicht zu sagen Philosophien, die sie seit ihren Säuglingstagen hätscheln. Und wenn sie gegen Widrigkeiten protestieren, dann mit der ganzen Vehemenz und Seelenqual eines Dreikäsehochs in seinem Laufstall.

Auch die Musik vermag nicht, unsere Gesellschaft zu besänftigen. Der Wein, aufmerksame Kellner, die Blicke der anderen Berühmtheiten, die unumstrittene Faszination, die wir auf die Autogrammjäger vor der Tür ausüben – all das hat keinerlei Auswirkung auf unsere Konversation. Man sollte nicht glauben, daß wir wirklich reiche Leute sind, die sich im teuersten Bistro der Stadt sonnen. Wir verhalten uns wie zerlumpte Konspirateure, die in irgendeinem düsteren Keller den Umsturz der Republik planen.

Einer an unserem Tisch hatte während all der erschreckenden Prophezeiungen und Schmähungen geschwiegen. Er hatte ein Weinglas nach dem anderen geleert und mit jedem Glas mehr gestrahlt. Seine Augen waren ständig von der Schulter einer Frau zu den Armen der nächsten gewandert. Als er schließlich spricht, sind die Damen an unserem Tisch ganz Ohr. Denn er ist einer der berühmtesten Juweliere der Stadt.

»Allem, was Sie sagen, stimme ich zu«, bemerkt dieser Herr. »Daß das Land vor die Hunde geht und unsere Regierung sich auf jedem Gebiet zum Narren macht. Ich stimme Ihnen zu, denn Sie alle gehören zu meinen besten Kunden. Im Gegensatz zu Ihnen bin ich jedoch im Augenblick in keiner Lage, in der ich verzweifeln müßte. Hier, lesen Sie ...«

Und er überreicht uns den Geschäftsbericht, den er am Morgen von seiner Firma erhalten hat. In dem Bericht steht, daß das Diamantengeschäft in den Vereinigten Staaten im Jahr

1940 von 27 000 000 Dollar auf 35 000 000 gestiegen ist, und im Jahre 1941 einen Rekordumsatz von 45 000 000 erreichen wird.

Ihre wahre Zahl ist Legion

Durch die vielen weit dramatischeren Ereignisse, mit denen die Polizeiprotokolle gefüllt sind, ziehen sich, wie ein roter Faden, die Berichte von Bürgern, die sich in verschiedenen Stadtteilen vermöbeln. Jeden Tag tritt eine beträchtliche Anzahl dieser unbesungenen Kämpfer hervor, und ihre Skala reicht von Nachtclub-Helden, die wegen irgendeiner umkämpften Isolde rechte Haken austeilen, bis hin zu den Mordskerlen von den Docks, die sich aus Gründen, hinter die wohl nie jemand kommen wird, die Seele aus dem Leib prügeln.

Tatsächlich liegen die Ursachen der meisten dieser Straßen-Einzelkämpfe so im Dunkel, wie die Gründe, die ganze Nationen dazu treiben, einander mit Feuer und Schwert zu dezimieren. Nachfragen ergeben, daß der Auslöser zuweilen ein Streit beim Kartenspiel war, zuweilen geht es um unbezahlte Schulden, Charakterverleumdungen, sexuelle Wilderei oder Politik. Aber die meisten Faustkämpfe scheinen aus einer sonderbaren und unklaren Feindseligkeit heraus zu entstehen, die offensichtlich in den morastigen Winkeln der menschlichen Seele lauert. Die Polizei, unumstrittene Autorität auf diesem Gebiet, ist der Auffassung, daß die meisten Bürger einander aus Gründen auf die Nase hauen, die zu absurd sind, sie zu verstehen oder sie gar einzuordnen.

Als ich kürzlich ohne besondere Absicht im Kopf die Statistiken über die Keilereien in der Stadt durchsah, stieß ich auf einen Bericht von einem Handgemenge, der mir sehr verheißungsvoll schien. Die Namen der kriegerischen Parteien lauteten H.M. Thornton und John Doe. Dem Polizeiprotokoll zufolge hatte man die beiden Gentlemen aus dem Palace-Kino hinausgeworfen, weil sie sich gegenseitig zuerst ihre Aktentaschen über den Kopf gehauen hatten, dann Coca Cola-Flaschen und zum Schluß die Absperrpfosten zwischen den Gängen. Blut war geflossen, und man hatte die Polizei benachrichtigt. Mit der Zahlung einer Strafe von 25 Dollar pro Kämpfer war der Fall abgeschlossen worden.

Ich hatte jedoch das Gefühl, hier auf eine Lichtquelle gestoßen zu sein, die das Rätsel menschlicher Beziehungen vielleicht erhellen konnte. Warum sollten zwei respektable Bürger – Respektabilität und Aktentaschen sind schließlich dem Wesen nach siamesische Zwillinge – darauf verfallen, inmitten einer so besänftigenden Umgebung, wie das Palace-Kino sie zu bieten hat, aufeinander loszugehen? Da John Doe ein zu unzuverlässiger Steuerzahler war, um ihn aufspüren zu können, konzentrierte ich mich auf H. M. Thornton und stieß auf einen gutgekleideten, wohlerzogenen und blonden Gentleman von fünfunddreißig Jahren. H. M. ist in einem Maklerbüro in der Wall Street angestellt.

Mr. Thorntons Darstellung der Ereignisse war kurz und bündig. Das Ganze hatte mit Wendell Willkie zu tun, aber nur sehr entfernt. Wendell war im Vorprogramm, in der Wochenschau, erschienen und hatte seinen Charme und einen neuen Pro-Roosevelt Patriotismus versprüht, woraufhin der Kinobesucher im Sitz neben Mr. Thornton in lauten Applaus ausbrach. H.M. hatte mit einem langen Pfiff gekontert, und das hatte eine Diskussion darüber entfacht, ob Wendell Willkie ein großer Amerikaner sei oder ein windiger publicitygeiler Opportunist, der sich nur ans nationale Rad dranhänge. Der Rest war Polizeigeschichte.

Nun, politische Angelegenheiten mit Fäusten oder Exekutionskommandos anzugehen, ist nichts Neues; in den Nachrichten dieser Tage strotzt es von Beispielen. Trotzdem war H.M. Thornton für mich eine höchst interessante Figur.

Ich erfuhr, daß H.M. Harvard-Absolvent ist, verheiratet, zwei Kinder hat, seit neun Jahren für dasselbe Maklerbüro arbeitet, 37,50 Dollar pro Woche verdient, zwei Wochen bezahlten Urlaub bekommt, es sich aber nicht leisten kann, irgendwohin zu fahren, ferner, daß er 750 Dollar Schulden hat, es äußerst schwierig findet, sich von seinem kleinen Einkommen wie ein Gentleman zu kleiden, es aber trotzdem tut, sich zu Tode über die Gesundheit seiner Frau sorgt und die New Deal-Philosophie haßt. Ja, er haßt sie so sehr und schon so lange, daß er auf John Doe losging.

Irgend etwas, sagt H.M., sei in seinem Kopf explodiert, danach kann er sich nur noch daran erinnern, wie er nicht nur auf Mr. Doe mit Fäusten und Flaschen einschlug, sondern auf all die albernen, handgestrickten Demokraten, die während der letzten acht Jahre alles daran gesetzt hätten, die USA in den Ruin zu stürzen.

Als H.M. sich über die Schrecken des New Deal ausließ, die Machenschaften gegen die großen Unternehmen, das Abdrosseln aller individuellen Initiative, wurde mir klar, daß ich mich – und mit mir möglicherweise viele andere hoffnungsvolle Denker – hinsichtlich der Frage, wer das Rückgrat der antiliberalen Kräfte im Lande bildet, bisher im Irrtum befand. Der Leser mag Henry Ford und die ihm verbundenen Stahlmagnaten und Barone von Soundso dafür halten. Ich halte mich an H. M. Thornton, Anzug- und Schlipsträger, Angestellter, gutaussehend – aufrechter und unerschütterlicher Handlanger seines Bosses.

H. M. besitzt keinen Pfennig und hat noch weniger Erfolgsaussichten. Er ist ärmer als eine Kirchenmaus. Aber er ist eine Kapitalisten-Kirchenmaus – eine der vielen, die die Stoßtruppen aller anti-liberaler Bestrebungen bilden. Er lebt von Krumen, aber er wird den großen Schmaus – und die Schmausenden – verteidigen, wenn's sein muß, mit seinem Leben.

Sein Heroismus für die Sache seines Bosses ist sein einziger Reichtum. Seine Loyalität gegenüber dem Country Club seines Bosses, dessen Jachtgesellschaften, protzigen Diners und finanziellem Status bereitet H. M.'s verhungerter Seele eine Wonne, die fast so süß ist, als hätte er selbst Teil an all den herrlichen und vergnüglichen Dingen. Er ist der Schlägerträger, der für die Mannschaft leidet, blutet und wenn's sein muß, stirbt. Er ist das Salz der Erde und ganz wild darauf, es sich in die eigenen Wunden zu streuen.

All diese Dinge sage ich hinter H. M.'s Rücken. Denn während er sich über der für ihn ungewohnten Flasche Wein ausließ, war H. M. ein so netter Bursche, daß ich es nicht fertigbrachte, ihn vor den Kopf zu stoßen. Davon abgesehen hat H. M. mir zehn Jahre Jugend und fünfzehn Pfund Gewicht voraus, und ich habe eine Abneigung dagegen, die Polizeiprotokolle mit meinem Namen zu signieren.

Ein toter Haudegen schlägt noch einmal zu

Eine herrliche Hexenjagd läuft in der Stadt.
Leuchtkugelröhren über dem Kopfe schwingend, Rauch aus den Ohren blasend, mit wilder Perücke, Blaulicht auf der Nase und einer Alarmsirene am Hintern hetzt die Presse die Straßen auf und ab, um nach dem Schurken zu suchen, der General Walter Krivitsky ermordete, den Liebling der Nation.
Mit Dienstabzeichen, Mikroskopen und Zauberkugeln gewappnet, hatte ein Tausend Washingtoner Detektive verkündet, dieser redselige Moskowit habe Selbstmord begangen und sei von überhaupt niemandem ermordet worden. Die Presse will sich von dieser offiziellen Augenwischerei jedoch

nichts vormachen lassen. Ihr zufolge sind die Washingtoner Detektive durchweg von Mr. Roosevelt bezahlte Trottel, und jedem Bürger, so verkündet sie, der die Demokratie liebt – vor allem jenen Teil unserer Demokratie, der so gern Streikposten verhaut – müsse klar sein, daß die gefürchtete Hand Moskaus sich hier ausstreckte und den General niedermähte.

Angeführt von der Hearst Presse, jener unermüdlichen Streiterin für die Menschenrechte, fordert nun der gesamte Blätterwald, wir sollen aufhören, uns über solchen Unsinn wie die Unterstützung Englands Gedanken zu machen und stattdessen auf Jagd nach dem schrecklichen Bösewicht gehen, der Krivitsky aus dem Leben beförderte. Jeder echte amerikanische Patriot hat nun eine Aufgabe: diesen Feigling zur Strecke zu bringen und der Welt zu zeigen, daß in unserem freien Land niemandem ein Mord durchgeht – niemandem, außer der Presse.

Denn so augenfällig wie die wilde Perücke auf ihrem Kopf ist, die Tatsache, daß es diesen Halloween-Pressefratzen, die zur Jagd auf den sagenumwobenen Krivitsky-Mörder auffordern, gar nicht darum geht, wer unser moskowitisches Rotkehlchen tötete. Der ganze Sinn und Zweck der Rumpelstilzchen-Hetze liegt darin, die Teufeleien des Stalinismus so aufzublähen, daß alle im Lande sich vor Moskau fürchten, und nicht vor Berlin. Man hat den guten alten Kerenski hervorgekramt, ihn abgestaubt und ihm ein Megaphon in die Hand gedrückt. Weißrussen und rot angehauchte wurden von ihrem Borschtsch weggeholt und auf die Tribüne gestellt. Nazi-Freunde, die geübt darin sind, Bankpräsidenten, Warenhausbesitzer und Totokartengewinner zu Tode zu erschrecken, indem sie die Gefahr roter Taschendiebe an die Wand malen, wurden in Dienst genommen. Ein Klima entstand, in dem jeder wahre Amerikaner, der Gutscheine ausschneidet, die Gewerkschaften haßt und rot-weiß-blaue Schuhe trägt, sich in

Gefahr sieht, in seinem Federbett von den teuflischen Agenten Moskaus erschlagen zu werden.
Bis zu einem gewissen Grad ist dieses Ballspiel mit der Krivitsky-Leiche und die landesweite Razzia nach dem Butzemann, der ihn tötete, Teil jenes blutrünstigen Journalismus, der seit dem Tage blüht, an dem Mr. Roosevelt achtzig Prozent der Gazetten dadurch frustierte, daß er gewählt wurde. Ein großer Teil dieser gequälten Redakteure betrachtet es nun als seine Hauptaufgabe, Mr. Roosevelt in die Leisten zu treten, die Rettung der Welt dagegen als ganz zweitrangiges Geschäft.
Der Krivitsky-Fall reicht jedoch über solch einfach gestrickte Rache-Politik hinaus. Es geht hier um ein abgrundtiefes und unheilvolles Geschäft, das mit Krivitsky oder damit, wer, wenn überhaupt jemand, zum Teufel ihn tötete, gar nichts zu tun hat. Dieser Fall ist vor allem ein Maß für den Zynismus der faschistisch gesinnten Presse.
Dieser Zynismus gedeiht auf der Vorstellung, Zeitungsleser seien vierzehnkarätige Schwachköpfe und nur wenige von ihnen in der Lage, ihren Ellbogen von einem Mehlfaß zu unterscheiden. Für diese Presse ist die Öffentlichkeit als ganze ein Monster mit Seifenblasenkopf und Caramelcreme-Seele, das willkürlich und je nach Belieben in alle Richtungen formbar ist. Und wer weiß? Vielleicht ist es ja so. Die Nazis waren darin erfolgreich und ebenso die Kommunisten. Noch ein Dutzend tote Krivitskys – und vielleicht gelingt es dann auch unseren eigenen zynischen Demagogen, die Stadt mit so viel Kommunistenhaß zu erfüllen, daß niemand mehr an die Nazis denkt, die, bei all ihren sonstigen Fehlern, immerhin niemanden frech, direkt vor unserer Nase in Washington, ermordeten. (Sie mögen ein paar Munitionslager in New Jersey in die Luft gesprengt haben, aber, lieber Gott, man kann sich schließlich nicht über alles aufregen.)
Unsere Stadt neigt dazu, über die zynische Verlogenheit zu

kichern, die die ausgepumpten Italiener inspiriert, täglich neue Kommuniqués über Siege zu Land, zu Wasser und in der Luft herauszugeben. Sie neigt auch dazu, sich angesichts des Zynismus der Nazipropaganda, die immer noch behauptet, die Deutschen hätten die unterdrückten Völker Europas von der Herrschaft der Juden, Freimaurer und Blindenbürstenverkäufer befreit, vor Lachen zu schütteln. Auch bei der idiotischen Behauptung der Sowjets, sie würden sich nur gegen die das Land bedrohenden Finnen verteidigen, war beträchtliches Gewieher in der Stadt zu hören.

Nun, wer heute gern lachen will, muß nicht ins Ausland sehen. Die rote Gefahr, die die Presse mit Hilfe des komatösen Krivitsky heraufbeschwor, schreit von jedem Zeitungsstand an der Ecke. Und hinter dieser Presse, die das Ganze verzapft, steht weder der russische Geheimdienst mit dem Knüppel in der Hand, noch irgendein Häuptling der Gestapo. Trotzdem lieferte der Journalistenstand ein so schwindelerregendes Beispiel zynischer Verachtung für die Intelligenz von Zeitungslesern, wie man es sonst nur über die Kurzwellensender aus Europa hört.

Über das Krivitsky-Mysterium selbst sind zwei Theorien im Umlauf. Einer zufolge brachte Krivitsky sich selbst ums Leben – aus Reue über seine Sünden, so wie es sein Abschiedsbrief erwähnt. Der anderen zufolge wurde er von Irrlichtern aus Moskau aus dem Weg geräumt. Nun, ich kann eine dritte Theorie hinzufügen.

Krivitsky wurde von Dr. Goebbels ermordet, der den bedrängten Gegnern des Regierungsbeschlusses zur Unterstützung Englands einen besonderen Gefallen erweisen wollte.

Alteisen von morgen

Manchmal, wenn ich halb von Bewunderung, halb von Furcht erfüllt vor den ultra-modernen Wucherungen New Yorks stehe – beispielsweise dem in den Abendhimmel schießenden Stoßkeil von Fenstern des Radio City Gebäudes – kommt mir ein sehr verwirrender Gedanke. Ich stelle mir plötzlich vor, wie ich Teil einer Szenerie bin, die so anheimelnd und rührend ist, daß sie im Jahre 1991 Tränen in die Augen irgendeines Sammlers alter Drucke bringt. Ja, in fünfzig Jahren wird ein Foto von all dem, das sich mir als das Äußerste technischer Errungenschaften – und moralischer Katastrophen – darstellt, von einem ähnlichen untergegangenen Zauber erfüllt sein wie die Bilder New Yorks in den Zeitschriften von 1890.

Dort sieht man glänzende, vernickelte, von Pferden gezogene Feuerwehrfahrzeuge, Dickenssche Gebäude und herrliche Schnurrbärte; Passanten, die aussehen, als befänden sie sich auf einer Lustbarkeit; gasbeleuchtete und romantische Cafés voll roten Samts, Champagner und Seufzern. Walzer erklingen und eine Welt, so unschuldig wie ein Spielzeug, blinzelt uns unter der Glasglocke der Vergangenheit zu.

Und so, verfolgt mich mein Gedanke weiter, werden auch ich und alle um mich herum eines Tages heiter und unschuldig wirken – so wie auf den Bildern vergangener Zeiten.

Hingerissen von dieser Vorstellung blicke ich mich um und frage mich, ein wenig skeptisch, was es wohl sein könnte, das im Jahre 1991 diesen untergegangenen Zauber ausstrahlt. Was in unserer verhexten Zeit könnte das Auge der Zukunft mit einer nostalgischen Träne benetzen? Wo in diesem Gewirr von Gier und Verkehr, in diesen unmenschlichen Wolkenkratzern, in diesen Stunden von Verzweiflung und Zynismus wäre jener zärtliche Ton zu finden, der in Großvaters Schlitten und Cap Ansons Backenbart lag? Und was an unserem Gerangel mit dem Desaster könnte je unschuldig oder zumindest auf pittoreske Weise dramatisch wirken?

Und während ich so in die mich umgebende Szenerie starre, kommen geisterhafte Antworten aus dem Morgen.

Ich selbst bin zu einem wahrhaften nostalgischen Monument geworden – mit dem wundersamen Schnitt meines Anzugs, meinem Schuhwerk und Filzhut nach der letzten Mode. Auch ich befinde mich inmitten einer romantischen Lustbarkeit. Und die Straße, in der ich stehe, die Automobile, die mein Leben in Gefahr bringen und meine Lungen mit schädlichen Gasen füllen – dies sind Dinge, die es nicht mehr geben wird.

Wie rührend die Leute doch aussahen, wenn sie vor diesen wunderlichen Molochen zur Seite hüpfen, wird das Morgen seufzen. Wie unschuldig sie in diese altmodischen Schaufenster gucken! Ja, an jenem fernen Tag mit Tunneln, Pendelzügen, Straßenüberführungen und Norman-Bel-Geddes-Tagträumen werden wir alle, die wir uns vor Vehikeln in Sicherheit bringen, durch die Stadt bummeln und in Schaufenster gucken, einen so altmodischen Charme haben wie ein Tandemfahrrad. Aus Stein und Backstein Errichtetes, wie anheimelnd wird es für Augen wirken, die nur noch auf Glas und Stahl blicken. Und die bunt bemalte vorbeiklingelnde Straßenbahn, wie lustig und abenteuerlich muß es gewesen sein, in diesem komischen Spielzeugding zu fahren.

Und die Elektromanie des Broadway, wie traulich wird sie unter der Glasglocke der Vergangenheit von Morgen blinken. All das Neon- und Elektrogefunkel, der ganze Blutsturz von Lichtern mitsamt den Leuchtreklamen hoch oben auf den Dächern, die Plätze zum Essen, Dinge zum Kaufen, Sonderangebote und alle möglichen Dinge und Vergnügungen anpreisen – all dies wird einen untergegangenen Individualismus ausstrahlen, so wie die Banner eines Fackelumzugs aus den guten alten Neunzigern für uns heute.

Ja, dem Auge von morgen wird alles wundersam und rührend sein. Aber was ist mit den Zeitungsschlagzeilen? Werden auch sie wie Valentinsgrüße anmuten?

Hier muß man sich eine schwierigere Metamorphose vorstellen. Hitler auf einem Valentinsgruß! Das heutige London, Paris oder Warschau als Teil eines nostalgischen Tableaus!

Und doch, auch das wird es geben – ein Tableau mit dem Titel *Tapferkeit*; eine Geschichtsstunde so ergreifend und erfreulich wie die Thermopylen und der Bunker Hill.

Das Bild eines breitkinnigen Mannes mit altmodischem Kragen und Schlips wird uns darauf aus der Vergangenheit zulächeln, so als kenne er den Urteilsspruch von morgen und bekräftige ihn mit einem Augenzwinkern. Ja, in den alten Zeitungsstößen von morgen wird Mr. Roosevelt ein sehr gewinnendes und menschliches Antlitz haben.

Es fällt auch nicht schwer, sich das leichte Schmunzeln vorzustellen, das Mr. Churchills Bulldoggengesicht hervorrufen wird, wie es gequält, aber unerschrocken aus der Vergangenheit herausblickt.
Nachdem mir nun wie von Geisterhand ein Backenbart gewachsen ist, betrete ich mein Lieblingscafé und nehme für eine Stunde in einem alten Druck Platz, der betitelt ist: *Das Ende der Jazzära*.

Lindy fliegt wieder

O üben wir Nachsicht, seien wir nicht verbittert,
kein Wort des Fluchs für diesen Geiferer,
den Überläufer, der seine Chance wittert,
die Demokratie aushöhlen will der Eiferer.
Vor Ehrfurcht haben wir einst vor ihm gezittert,
daß seine Lorbeern so schnell verdorrten,
stimmt uns nicht heiterer

Als ich ihn damals sah, unser Goldlockenköpfchen am
Himmel hoch
wie er nach Paris entschwebte, war er noch bescheiden und
namenlos.
Halb Hanswurst, halb Tölpel, er pfiff auf dem letzten Loch.
Aber mit Hosiannas kam er zurück, Medaillen en Gros
seine Brust geschwollen, eitel noch und noch
fehlte nur noch eine Gefährtin für sein glückliches Los

Und als allenthalben in Lobesreden und Reimen
gewetteifert wurde, seine hohle Schale mit Ruhm zu füllen,
sah ich den Haß auf sein Land in ihm aufkeimen.
Bei jeder Ehrung – vor Scham wollte er wohl brüllen,
so finster blickte drein unser Held. Halt fand er nur in einem:
der Sicherheitsnadel in seinem Rückgrat, die dessen
Krummheit half verhüllen

Er haßte die Massen. Die Presse beschimpfte er.
Seine Ruhe wolle er endlich, in Einsamkeit schwelgen
keiner komme ihm mehr in die Quer.
Und als die Zeitungen sagten: »Na gut, vergessen wir unseren
Helden«
und ihm den Rücken kehrten, da fühlt er sich ganz leer,
vollführt die tollsten Mätzchen, damit die Titelseiten wieder
von ihm melden

Verwirrt im Kopf, die Seele öd und blank
verfällt er auf eine verrückte List.
Erhabenen Haupts – dank seinem gefüllten Tank –
macht er sich zum Oberst, der im Nirgendwo auf
Patrouille ist.
Ein Scharlatan, ein Aufschneider, geistig krank,
nur blinde Liebe zur Gefahr er auf seiner Flagge hißt.

Seine Stunde ist gekommen. Ein Rendevouz steht ihm bevor.
Unser fliegender Hamlet, seine Chance zu sein hat er jetzt,
seinen alten, wirren Haß herauskotzen kann er nun, der Tor.
Gegen alle verständigen Menschen und freieren Seelen
er hetzt.
Und das Schicksal beschert uns mit Kränzen und Flor
einen mutigen Führer der Feigen, nach Ruhm er immer noch
lechzt.

Um ihn scharen sich die Ängstlichen zu Hauf.
Vor der Nazi-Macht gingen sie in die Knie,
aber als große Denker spielen sie sich auf.
Noch im Traum schrecken sie hoch vor dem bösen Nazi.
Und wenn die Schlacht beginnt, der Schrecken nimmt
seinen Lauf
wissen sie nur einen Rat: »Lieber Gott, mach uns
unsichtbar«, wimmern sie

Aus Großmäulern und Tölpeln besteht seine Anhängerschar,
den Feigen, deren Mut nur zu einem reicht,
ihren Brüdern zuzuschrein: Haltet euch fern von aller
Gefahr!
Ihre Gedanken sind pervers: die Naziknute ertragen
ist leicht –
sich zum Kampfe gegen sie rüsten, davor uns das Schicksal
bewahr!
Das ist der Kernpunkt ihrer Philosophie, wie sie selbst
so seicht.

Die mißgünstigen Politiker und ihr Anhang von falschen
Frommen;
die verschlagenen Seelen, die so gern das eigne Nest
beschmutzen;
die Wölfe im Schafspelz – ihr Geheul macht uns ganz
benommen;
sogar die fernen Mongolen, die enttäuscht vom Westen,
die Waffen jetzt putzen.
Sie alle bereiten das laute Getöse zum Willkommen
für Adler-Lindy und sein Sicherheitsstreben – uns wird's
nichts nutzen

Hoch lebe Held Lindy, jetzt ist er nicht mehr allein,
wenn er die Wolken stürmt, das unberührte Blau zerteilt.

Braucht nicht mehr finster blicken, nicht mehr einsam sein:
jeder Verrat an den Träumen der Menschheit in seiner
Gesellschaft weilt.
Alle Scharlatane und Spinner der Welt ihm Jubel zuschrein,
ihr Narrengetöse begleitet ihn in die Lüfte, noch im All es
ihn umkeilt.

Wunder auf WHN

Nichts bringt einen Weltverbesserer so in Fahrt, wie den Finger auf ein kleineres Übel zu legen.
Zum einen kann ein kleineres Übel nicht zurückschlagen. Und zum andern zieht seine Bekämpfung genauso große Aufmerksamkeit auf sich, als träte man in der Arena gegen einen gestandenen Drachen an.
Es gibt aber noch ein drittes und vielleicht wichtigeres Motiv für die Tafelrundenritter, die gegen die kleinen Übel ins Feld ziehen. Nicht nur werden in dieser Schlacht keine Steine nach ihnen geworfen, noch mehr: Sie brauchen nicht einmal zu wissen, worum es überhaupt geht, nur auf welcher Seite das Brot geschmiert ist.
Schon lange wettern die Anwälte der Stadt gegen die verschiedenen Familienschiedsgerichts-Programme im Radio. Wie es

scheint, halten diese Programme die Leute von den ordentlichen Gerichten fern. Und wenn die Leute nicht vor Gericht ziehen, brauchen sie auch keine Anwälte. Und nichts entfacht den Weltverbesserungseifer im menschlichen Busen so leicht wie ein Anschlag auf die menschliche Geldbörse. Fügt man zu diesem Anschlag noch die Tatsache hinzu, daß das in Frage stehende Übel ein so naives Unterfangen ohne jede Lobby ist wie das von diesen leichtherzigen Salomons des Äthers veranstaltete, so hat man eine ideale Bedrohung gefunden, die es unschädlich zu machen gilt.

Die Ehe- und Familienkonferenz des Staates New York, die gerade ihre Sitzungen im Roosevelt-Hotel mit einem Niagara von Klischees beendete, faßte eine Reihe unerschrockener Beschlüsse, um der Existenz dieser tolpatschigen Amateurprogramme den Garaus zu bereiten. Ich bin, was dieses Thema betrifft, nicht ganz unvoreingenommen. Nachdem ich zweimal eine Einladung ablehnte, bei der übelsten Ausformung der Quiz-Seuche im Lande, der *Information Please*-Sendung, mitzuwirken, beschränkt sich meine Radiokarriere darauf, (gratis) als »Richter« in A.L. Alexanders *Court of Arbitration* im WHN-Sender aufzutreten.

Der maßgebende Mr. Alexander hat es sich zur Gewohnheit gemacht, für jede Sendung drei »Richter« zu laden, die in vier Familienkrisen ihr Urteil fällen. In diese Krisen, die so komplex und undurchschaubar sind wie unser heutiges Wirtschaftssystem, sind jeweils zwei bis vier Opfer verwickelt. Die tränenreichen, aufgebrachten und lügenden Opfer haben zehn Minuten Zeit, in denen Aussage gegen Aussage steht. Danach haben die »Richter« fünf Minuten, die unzähligen Pros und Contras der Krise abzuwägen, ehe Mr. Alexander ihnen mit gewichtigem Nicken signalisiert, in Funktion zu treten.

Jegliche richterliche Unentschiedenheit ist nicht nach Mr. Alexanders Geschmack. So etwas, erklärt er, befriedigt die

Hörerschaft nicht und ist schlecht für die Sendung. Dementsprechend fällen seine »Richter« immer sehr eindeutige Entscheidungen. Was ihnen an Wissen fehlt, gleichen sie durch ihre Entschlußkraft aus. Um das abschreckende Bild dieses kleinen Übels zu vervollständigen, brauche ich nur noch hinzuzufügen, daß diese Richter oft – sehr oft – ein ebenso dummschwätzendes Triumvirat abgeben, wie man es an jedem Stammtisch antreffen kann.
Und doch habe ich aus Mr. Alexanders Wellenzirkus mehr Gutes herauskommen sehen und hören als aus irgendeinem Anwaltsbüro oder irgendeiner Richterkammer – und über derartige Rendezvous habe ich siebzehn Jahre berichtet. Dank Mr. Alexanders hirnrissig anmutender Prozedur sah ich versöhnte Familien, wiedergutgemachtes Unrecht, bekehrte Männer, die aufhörten, ihre Frauen zu schlagen, bereinigte Fehden, wiedergeborene Liebe. Wie lange diese Wunder anhielten, weiß ich nicht – vielleicht nur eine Nacht oder Woche lang. Aber ich bin nicht der Mensch, der mit der Stoppuhr vor Wundern steht. Ich bin – und ich wünschte, die Weltverbesserer wären es auch – zufrieden, daß ich ihr Zeuge sein durfte.
Anders als die meisten Wunder sind diese sehr harmlos und außerdem leicht zu erklären. Denn die Opfer, die Mr. Alexander auf seine Weise in der Stadt auftut, damit sie vor seiner Hörerschaft »auftreten«, sind zumeist sehr arme und einfache Leute. Ein Haufen von Einfaltspinseln, deren Mißgeschick so in die Augen springt wie das eines auf der Straße überfahrenen Hunds. Anwälte und Psychiater sind ein Luxus, der ihnen fernliegt. Sie haben nie jemand anderen angeschrieen als sich gegenseitig. Und die meisten von ihnen schreien sich schon so lange an, daß sie fast vergessen haben, warum sie anfingen. Die meisten sind außerdem gebeutelte menschliche Wesen ohne Arbeit, ängstliche kleine Leute, die wie die Präriehunde in ihren Slumlöchern hausen. Das Leben

hat sie geschlagen und gequält und sie soweit gebracht, einander blind an die Kehle zu gehen, auf der Suche nach einem Feind, an dem sie sich rächen können.
Und wenn ein Paar oder eine Gruppe dieser verbitterten Kämpfer sich vor Mr. Alexanders drei »Richtern« wiederfindet, ist das Wunder schon geschehen. Die vom Triumvirat gefällte Entscheidung selbst ist nicht nur ohne jeden Nutzwert; sie wird auch selten von den Streitern verstanden.
Es ist das Radio, das das Wunder bewirkt – nicht menschliches Tun. Einer Million lauschender Ohren sein Herz ausschütten zu dürfen, das erlittene Unrecht, den lange schwelenden Schmerz in ihren Herzen herausschreien, -weinen und -stammeln zu dürfen, ist in sich selbst eine therapeutische Maßnahme, die dazu angetan ist, einen Lichtstrahl in ihr Leben zu bringen.
Wenn diese gequälten Leutchen das Mikrophon verlassen, steht ihnen fast immer ein Lächeln im Gesicht, und oft richten sie dieses Lächeln aneinander. Die Welt kennt jetzt ihr Leid, weiß, wo sie stehen; und, zumindest für den Augenblick, sind sie zufrieden. Jeder Streiter hält sich für den Sieger. Jeder hat die Illusion, endlich verstehe ihn die Welt und klopfe ihm gewissermaßen auf die Schulter. Nachdem er seine Sorgen erst einmal bekannt gemacht hat und sich verstanden fühlt, ist der Angeklagte offenbar bereit aufzuhören, seine Frau, seine Oma oder sein Kind zu schlagen. Er ist sogar willens, das Kriegsbeil mit dem schrecklichen Nachbarn zu begraben, der das Radio die ganze Nacht bei offenem Fenster laufen läßt.
Nur ein einziges wirkliches Unrecht liegt in diesem kleinen Übel, das nämlich, das der riesigen Hörerschaft angetan wird. Da bisher jedoch noch niemand aufgestanden ist, dieses Heer von Äther-Masochisten vor sich selbst zu schützen, fühle ich mich berechtigt, diese Seite des Problems zu ignorieren.

Ein d'Artagnan des Skalpells

Die wahre Sprache des Patriotismus ist französisch. Kein Land hat je die Herzen seines Volks so tief durchdrungen. Andere Nationen haben sich tapfer und stolz gezeigt, und es gibt keine Sprache auf der Welt, die nicht von Helden singt, aber keine besingt sie so herrlich und glühend wie die Sprache von Montaigne und Rostand.

Das kommt daher, daß die Franzosen seit jeher ein Volk mit einer besonderen Begabung zum Narzißmus waren. Die Franzosen lieben sich selbst – nicht laut und überheblich, wie es ihre teutonischen Nachbarn tun, und nicht theatralisch wie die Kastilier südlich von ihnen, auch nicht mit der Rechtschaffenheit und Beredtsamkeit ihrer Freunde jenseits des Kanals.

Andere Nationen haben die Franzosen um ihre Eigenliebe beneidet. Denn in ihr lag mehr Poesie und Geist, als irgendeine andere Nation bei sich entdecken konnte. Die Franzosen hatten jenes Talent, alles, was sie anrührten, mit dem Atem ihres Selbstbildes zu erfüllen. Und dieses Bild zeigte sich immer als eine unnachahmliche Mischung aus Lächeln und Tapferkeit. Ihre Bäume und Straßen, ihre Cafés und Flüsse, ihre Dörfer und Städte und sogar der Himmel über Paris wirkten nie wie Schöpfungen von Natur oder Baumeisterkunst, sondern so, als hätte die ganze französische Bevölkerung Hand angelegt.

Daß eine so tapfere Nation mit einer so strahlenden und begnadeten Geschichte der Eigenliebe erobert werden sollte und all ihr Glanz für eine Weile im Schatten liegt, hat die ganze Welt ein wenig verstört. Ich bezweifle, daß es irgendeinen Kritiker oder selbst Feind Frankreichs gibt, der angesichts des Schauspiels, wie tief so viel Größe sank, nicht geseufzt hätte.

Am bittersten von allem ist die Tatsache, daß die Eroberer ihrer Eroberung so unwürdig sind. Wie heruntergekommen der französische Geist auch sein mag, er überglänzt und überragt immer noch die flegelhaften Nazi-Legionen, die kamen, ihn niederzutrampeln. Ein Rätsel ist nur, warum dieser Geist nie den Weg in die verwirrten Köpfe eines Pétain, Laval oder Darlan fand, die sich stattdessen hinsetzten, um politisches Schach mit den Plünderern zu spielen.

Diesen Geist jedoch totzuglauben, nur weil sich keine offizielle Zunge fand, die tapfer oder begabt genug war, ihm Ausdruck zu verleihen, hieße genauso dumm wie die Nazis zu sein, die träumen, sie hätten für immer vernichtet, was sie nur für eine Stunde zum Schweigen brachten.

Wenn ich jemanden treffe, der gerade aus Paris kommt, lausche ich immer begierig auf jene Geschichten, die ein neuer Dumas oder Victor Hugo eines Tages schreiben werden – Geschichten, die einer anderen Generation die Orte offenbaren

werden, wo die französische Tapferkeit unversehrt in Bereitschaft lag. Hier ist eine solche Geschichte, die mir ein Franzose erzählte, der vor einer Woche aus diesem niedergedrückten Land bei uns eintraf. Wie der beherzte Cortez hatte er lange im Schatten der Traurigen Nacht ausgeharrt, und er hatte viele Geschichten zu berichten. Aber diese hier gefiel mir am besten.
Sie handelt vom Tod Thierry de Martels, der einer der größten Chirurgen Frankreichs war. Unter der Ärzteschaft einer Generation kursierten unzählige Martel-Anekdoten. Sie beginnen mit seinen Aktivitäten im Ersten Weltkrieg, wo er als Feldarzt diente und ihm ein Frontlazarett unterstand. Einmal, als er von einem Krankenhaus in der Nähe der Front, wo er operiert hatte, zurückkehrte, entdeckte er, daß ein deutsches Überfallkommando seine kostbare Lazarettausrüstung geraubt hatte. Dr. Martel führte fünfzehn Soldaten ins feindliche Gebiet, kämpfte wie ein Löwe und eroberte seine Bahren und medizinischen Geräte zurück.
Während der zwanzig Jahre, die dem Sieg der Alliierten folgten, wurde Thierry de Martel einer der berühmtesten Chirurgen der Welt. Er führte allein sechstausend Blinddarmoperationen durch und unternahm Tausende komplizierter Manöver ins menschliche Innere. Zum Teil lag sein Ruhm in der Tatsache begründet, daß der Tod kaum je die Kraftprobe mit seinem Skalpell gewann.
Als der neue Krieg begann, wurde Dr. Martel mit der Leitung des amerikanischen Krankenhauses in Paris betraut. Tausende Kriegsverwundete wurden in seine Betten gelegt, und ein Jahr lang verbrachte der bedeutende Chirurg seine Tage und Nächte im Operationssaal, um die verwundeten Franzosen dem Leben wiederzuschenken.
Er war auch noch in seiner weißen Schürze und weißen Maske, als die Nazi-Legionen in Paris einmarschierten. Als sie ins amerikanische Krankenhaus kamen, zog sich Dr. Mar-

tel in sein Büro zurück und schloß sich ein. Dort blieb er, während die Nazibehörden anordneten, die verwundeten Franzosen aus dem Krankenhaus zu schaffen. Alle französischen Soldaten, ob angeschossen oder verkrüppelt, wurden aus ihren Betten gezerrt und auf eine Weise fortgeschafft, die zu grausam ist, sie zu beschreiben. An ihre Stelle, in ihre Betten kamen die Nazi-Verwundeten.

Als alle Betten des Krankenhauses mit ihnen belegt waren, klopften die Nazi-Chirurgen, die wußten, daß sich unter dem Dach des Hospitals die größte Kapazität ihres Fachs befand, an die verschlossene Tür von Thierry de Martel. Ein Nazi-General sprach zu Dr. Martel und versicherte ihm, es läge nicht in der Absicht der Eroberer, ihn in irgendeiner Weise in Bedrängnis zu bringen; keines der Privilegien, die er als Mann der Wissenschaft genossen habe, solle ihm genommen werden. Das amerikanische Krankenhaus, sagten sie ihm, unterstehe nach wie vor seiner Leitung, und der deutsche Ärztestab, der voller Bewunderung für ihn sei, erwarte seine Anordnungen.

Dr. Martel antwortete, als Franzose habe er die Pflicht, zu seinem Land zu stehen; in einer Stunde, fügte er hinzu, sei er bereit, unter Frankreichs Eroberern seinen Dienst anzutreten.

Die Nazis verbeugten sich und gingen. Nach einer Stunde kehrten sie zurück – Thierry de Martel lag tot auf der Couch seines Büros. Er hatte Gift genommen.

Dr. Martel war fünfundfünfzig Jahre an dem Tag, an dem er sich weigerte, dem Feind mit seinem Talent zu dienen, das nur Frankreich gehörte.

Brief an eine Antisemitin

Mrs. X., N. Y. C.

Gnädige Frau,

Es hat mich sehr bekümmert, von Ihnen zu hören, Ihre besten Freunde, »deren Intelligenz, Toleranz und Charakter« Sie seit zwanzig Jahren bewundern, seien seit kurzem entschiedene Antisemiten, und das, wie Sie es ausdrücken, »mit sehr gutem Grund«. Ihrem Brief entnehme ich ferner, daß es sich bei Ihren Freunden nicht um gewöhnliche Rowdies handelt, die losziehen und jüdischen Menschen, *pour le sport* mit Baseballschlägern auf den Kopf hauen, sondern daß Ihre Freunde feinfühlige Herrschaften sind, die eine »tiefe

Trauer« darüber empfinden, daß sie zu Judenhassern geworden sind.

Selbst Jude, finde auch ich dies in der Tat jammerschade und werde, wie Sie mir in Ihrem Brief vorschlagen, mein Möglichstes tun, aus allen Juden, die willens sind, auf mich zu hören, liebenswertere Menschen zu machen. Das ist keine leichte Aufgabe, gnädige Frau, und ich bitte Sie und Ihre verstimmten Freunde um Geduld. Sie dürfen nicht vergessen, daß Sie und Ihre Freunde nicht die ersten sind, die danach trachten, unser jüdisches Wesen zu verbessern. Ganze Jahrhunderte haben sich nahezu ausschließlich der Aufgabe gewidmet, den Juden liebenswerter zu machen. Er wurde verbrannt, verprügelt, niedergebrüllt und die Gassen der Welt von Sevilla bis Pinsk hinauf- und hinuntergejagt – offensichtlich ohne Erfolg. Denn wie es scheint, finden Sie und Ihre Freunde ihn immer noch nicht sympathisch genug.

Es ist eine schwierige Sache – das Unterfangen, den Juden so umzumodeln, daß er nicht mehr das Mißfallen so feiner Herrschaften wie Ihresgleichen erregt. Sind Sie sich auch sicher, gnädige Frau, ob es wirklich klug von Ihnen ist, sich die Juden so ummodelliert und neugestaltet zu wünschen, daß sie Ihr Feingefühl nicht mehr verletzen?

Überlegen Sie es sich gut. Denn wo wollen Sie sich dann so mühelos das Gefühl sozialer Überlegenheit herholen, das Ihnen im Augenblick von meinen so wenig liebenswerten Brüdern auf einem Tablett serviert wird? Weder Ihre Seele noch Ihren Geist müssen Sie für diese Gefälligkeit anstrengen. Sie brauchen sich bloß zu schütteln, wenn Sie das Wort Jude aussprechen, und kraft dieses Akts gewinnen Sie an Überlegenheit in den Augen aller möglichen talentierten, wohlhabenden und prominenten Bürger, in deren Gesellschaft Sie vielleicht nicht besonders glänzten, würden Sie sich ohne Ihr Schütteln in ihr bewegen.

Vergessen Sie auch nicht den therapeutischen Wert des Juden

– so wie er jetzt ist, wohlgemerkt. Indem Sie ihn verachten, erhöht sich nicht nur Ihr sozialer Status, nein, Sie haben auch gleichzeitig ein bequemes Ventil für all Ihre geheimen und vielleicht bösen Aggressionen. Es ist immer sehr beruhigend, jemanden zum Hassen zu haben, der einem nichts anhaben kann. Ein guter harmloser Feind, an dem man sich nach Herzenslust austoben kann, übt gewöhnlich eine entspannende Wirkung aus und lenkt von all den Niederlagen ab, die einen in die dunkle Ecke drängen, wo man sich geschlagen gibt.

Ich zögere ein wenig, diese Dinge anzusprechen, denn ich bin sicher, daß ein so bedeutender Psychiater wie Ihr Gatte, Dr. X., einer der weltweit geachtetsten Erforscher des menschlichen Unterbewußten, Ihnen hier weit versiertere Erklärungen geben könnte als ich. Deshalb schlage ich Ihnen vor, konsultieren Sie Ihren Gatten, ehe Sie an fremde Leute wie mich Appelle losschicken, Ihnen die Juden erträglicher zu machen. Er hätte, da bin ich mir sicher, eine Menge Erhellendes und Aufschlußreiches zu diesem Thema zu sagen.

Ich bin mir durchaus im klaren darüber, gnädige Frau, daß Ihr Antisemitismus Ihnen und Ihren Freunden peinlich ist und daß es Sie als »intelligente und tolerante« Menschen ein wenig bestürzt, am Rande des lynchenden Mobs mitzulaufen. Aber ich darf Sie beruhigen: Diese anfängliche Schamröte wird sich legen. Sie entstammt nur der Oberfläche Ihrer Seele, rührt lediglich daher, daß Sie vage spüren, wie Ihre »Intelligenz und Toleranz« dabei sind, zu verlöschen. Aber der Verlust beider, sind sie erst einmal ganz dahin, ist immer am leichtesten zu verschmerzen.

Bitte mißverstehen Sie mich nicht, gnädige Frau. Ich bin sicher, daß man Sie und Ihre Freunde nie im dichtesten Getümmel des Mobs wird herumspringen sehen, nie jenes sonderbare Racheglühen des wahren Lynchers auf Ihren Gesichtern entdecken wird. Sie werden an Ihren Dinnertischen bleiben und den Juden mit nicht mehr angreifen als einer hochgezogenen Augenbraue und den feinsinnigsten rhetorischen Knuten. Ich bin sicher, Sie werden immer am Rande bleiben und sich nur so weit hinreißen lassen, den Takt für das Ihrer gesellschaftlichen Sphäre so ferne Getrommel des Mobs anzugeben, das die Juden derart in Bedrängnis bringt.

Gnädige Frau, ich selbst weiß persönlichen Charme zu schätzen, und im Interesse des inneramerikanischen Friedens werde ich selbstverständlich tun was ich kann, den Charme aller Juden, die ich kenne, zu erhöhen. Aber Sie dürfen nicht zu viel von mir erwarten. Ich betrete die Szene ungefähr fünfzehn Jahrhunderte zu spät.

Ich möchte Ihnen jedoch folgendes vorschlagen: Wenn Sie auf jene Juden treffen, die durch ihre »Arroganz und Unverschämtheit« sozusagen gegen Ihren Willen Ihr Mißfallen erregen, dann betrachten Sie das Ganze doch einfach als Segen. Und wenn Ihnen Ihre jüdischen Flüchtlingsfreunde mit jedem neuen Pogrom, mit jeder weiteren Entrechtung noch weniger liebenswert erscheinen, dann trösten Sie sich doch mit dem Wissen darum, daß diese Menschen damit auf irgendeine mysteriöse Weise zu Ihrem persönlichen Wohlbefinden beitragen.

Ich bin mir bewußt, das ich mich mit meinen Vorschlägen in gewisser Weise der Pflicht entziehe, die Sie mir auferlegen. Wenn es mir aber andererseits gelungen ist, Ihre eigenen persönlichen Vorzüge um ein Quentchen zu erhöhen, gnädige Frau, dann meine ich, war meine Mühe nicht umsonst.

Zum Schluß verzeihen Sie mir meine Dreistigkeit, der Gattin eines so brillanten Mannes wie des Ihren so viele Ratschläge zu geben. Den Mut dazu gab mir vielleicht der letzte Satz Ihres Briefes an mich, in dem Sie Ihre Beschwerden über die Juden mit der Feststellung beschließen:

»Ich bin nicht sehr klug, aber so empfinde ich nun einmal.«

Ihr ergebener

Ben Hecht

Die Decke fiel ihr auf den Kopf

Zum Schluß begab sich Katy Curran auf den schwarzen Fluß und reiste fort, immer weiter fort. Katy war ein 92-Pfund-Schrei, der aus dem gewohnten Stadtlärm ausgesondert werden mußte.
Es kostete die Polizei ein schönes Stück Arbeit, sie zu entfernen. Das Notruf-Kommando der 152. Straße umstellte das Heim, in dem sich Katy mit ihren vier kleinen Töchtern verbarrikadiert hatte. Das war an der 439 West, Ecke 126. Straße. Sie kletterten Leitern hoch, stiegen durch Fenster ein und erwischten Katy, wie sie tobte und auf ihrem schwarzen Fluß trieb.

Heute ist die verwelkte kleine Gestalt, die in der 126. Straße irgendetwas totzutreten versuchte – sie trat gegen Eisentüren, Fässer und Zäune, sie ging auf Fremde mit Krallen los und schrie im Lebensmittelladen herum – heute ist Katy in einer Zelle der Long Island Irrenanstalt. Ihre vier Töchter haben ein neues Heim bei den Kellys in der 2388 Valentine Avenue gefunden. Allen tut Katy Curran leid, aber niemand weint um sie.

Ich will Ihnen erzählen, was Katy aus dem Leben riß und sie schreiend in den schwarzen Fluß warf. Nicht alles ist bekannt, aber was man weiß, reicht allemal für eine Geschichte.

Vor siebzehn Jahren heiratete Katy in Chicago Michael Curran. Mike war ein hübscher Bursche mit einem guten Job. Was genau er arbeitete, fand ich nicht heraus. Wahrscheinlich war er Automechaniker, denn 1917 hatte er sich für das 23. Pionierbatallion gemeldet und sich nach Frankreich eingeschifft, um für die Demokratie zu kämpfen.

Welcher Art seine Arbeit auch gewesen sein mochte, Mike blieb zehn Jahre lang dabei. Er zeugte vier Töchter, sorgte für sie, liebte sie, liebte seine Frau, führte sie ins Kino aus und zu den Badestränden, brachte ihr Rommé bei und bewunderte jedes neue Kleid. Aber wenige Monate nach der Geburt der vierten Tochter, Josephine, setzte Mike eines Morgens seinen Hut auf, lächelte seiner Nachkommenschaft, seinem Heim und seiner Frau zum Abschied zu, sagte, zum Mittagessen hätte er Appetit auf Kalbskotelett und trat hinaus ins Nirgendwo. Er tauchte nicht bei der Arbeit auf und kam nie zu seinem Kalbskotelett nach Hause.

Katy begann, in allen Krankenhäusern und auf allen Polizeirevieren nach ihm zu forschen und rannte jeden Morgen ins Leichenschauhaus, um einen Blick auf alle Neuankömmlinge zu werfen. Aber kein Mike war dabei.

Katys Freunde versuchten ihr zu helfen. Aber Katy hatte

keine reichen Freunde, und die junge Mrs. Curran, die so stolz auf ihr Heim und ihren Mann gewesen war, mußte betteln gehen für Essen, ein Dach über dem Kopf und Kleidung für sich und ihre Brut. Die Wohlfahrtsleute vertraten Mikes Stelle als Ernährer, und die Curran-Familie vergrößerte den Abfallhaufen in ihren Akten um ein weiteres Stück.

Doch an Katys Herz nagte eine Bitterkeit, die tiefer ging, als Armut sie je bewirken könnte. Denn schließlich erfuhr sie, daß Mike, der fesche junge Soldat, ihre große Liebe, sie verlassen hatte. Wie eine Handvoll Dreck hatte er sie und ihre vier Kinder abgeschüttelt. Nachdem sie das herausgefunden hatte, ging Katy zur Polizei und forderte Entschädigung. Sie sollten Mike verhaften. Die Polizei stellte einen Steckbrief aus, und an diesem Steckbrief hielt sich Katy acht Jahre lang fest. Gleich, in welche Gegend sie zog, sofort ging sie, den Steckbrief in der Hand, zum dortigen Polizeirevier, verlangte die Verhaftung von Mike Curran und verteilte Fotografien von Mike in seinem Hochzeitsanzug, wie er in die Kamera lächelt.

Die Jagd nach Mike wurde für Katy zur fixen Idee, die Vorrang hatte vor der Armut und der Aufgabe, vier Mädchen großzuziehen. Die Jagd beschäftigte Katy ohne Unterlaß und verzehrte sie so, daß sie immer kleiner und dünner wurde. Fieber stand ihr in den Augen, und des Nachts saß sie an ihrem Schlafzimmerfenster und sah mit wildem Blick hinaus. Oft vergaß sie zu kochen, und ihre beiden kleinsten Mädchen weinten sich mit leeren Mägen in den Schlaf, während ihre Mutter in einer dunklen Ecke des Zimmers saß – und Mike jagte.

Vor einem Jahr lebten die Currans in einer Wohnung in der Morningside Avenue. Etwas geschah eines Nachts in dieser rachitischen Wohnung, das Katy den Rest gab. Bröckliger Putz und das Gesetz der Schwerkraft spielten ihr einen Streich. Sie saß allein im Dunkeln, sah wild zum Schlafzimmerfenster hinaus, als ihr plötzlich die Decke auf den Kopf fiel. In großen Brocken kam sie herab und haute Katy um.

Wenige Tage später zog Katy in die 126. Straße um. Dort begann sie herumzulaufen und ihren neuen Nachbarn zu erzählen, ihr sei die Decke auf den Kopf gefallen. Sie erzählte diese Tatsache so, als sei sie ein Gedicht voller Bedeutung. Mike und die Armut und die Wohlfahrtsalmosen und die Decke, die ihr auf den Kopf gefallen war, das alles reimte sich für Katy irgendwie.

Die Wohnung in der 126. Straße wurde ein trauriges Heim für die Curran Töchter. Zu essen gab es selten, und die Zimmer wurden immer dunkler und schmutziger. Katy war zu beschäftigt mit ihrem Reim und ihrer Jagd auf Mike, um noch Zeit für anderes zu haben.

Dann hörte man mitten in der Nacht Schreie aus den Curran Fenstern. Als nächstes verfiel Katy darauf, mit Krallen auf Leute loszugehen und nach allem möglichen zu treten. Die ganze Nachbarschaft wußte nun, daß in Nr. 439 eine Verrückte wohnte.

Eines Tages kam der Gebäudeverwalter, um die Miete zu kassieren. Katy schrie ihn an.

»Welche Miete? Verschwinden Sie! Ich zahle keine Miete. Das Haus gehört mir. Ich bin reich. Ich bin die reichste Frau der Welt!«

Und Katy rannte auf die Straße hinaus und begann, alles Geld, das sie besaß, an Fremde zu verschenken. Dann lief sie in die Wohnung zurück und verbarrikadierte sich. Als das Notruf-Kommando ankam, fand es zerbrochene Fenster und zerschlagene Möbel vor. Katy stand auf der Couch und schlug mit einem Küchenstuhl gegen die Decke ein.

Dies sind die groben Fakten, wie Katy Curran aus dem Leben fiel. Es gibt noch einen weiteren Fakt, traurig und dunkel, der die Geschichte abschließt. Sie betrifft Mike, den feschen Sol-

daten. Schließlich fand ihn die Polizei. Er lag unter den Kriegsversehrten im Veteranen-Hospital in den Bronx.
Er lag schon sehr lange dort. Aus seiner Patientenakte ergab sich, daß er acht Jahre lang von einem Krankenhausbett zum anderen gewandert war, seit dem Tage, an dem er müde geworden war und nicht mehr zu den Kalbskoteletts nach Hause kam, die er so mochte.

Hallo Zentrale, verbinden Sie mich mit dem Himmel

Ursprünglich hatte ich vor, meine Nase tief in die Sache hineinzustecken – die Sache mit der Telefonnummer CIrcle 6-6483. Aber plötzlich hatte ich das Gefühl, an der Bedeutung von Gott sei schon zu viel herumgerätselt worden. So viele Fragen wurden betreffend seiner Existenz gestellt, daß man meinen müßte, in der Dienststelle für vermißte Personen gäbe es eine Akte über ihn. Welcher Nutzen sollte also darin liegen, noch eine weitere seiner falschen Adressen aufzuspüren? Ich habe daher beschlossen, die Angelegenheit den Lokalredakteuren und anderen Atheisten zu überlassen.

Nach dem augenblicklichen Stand der Dinge hat Gott die Telefonnummer CIrcle 6-6483. Wenn Sie diese Nummer zu irgendeiner beliebigen Tages- oder Nachtzeit anrufen, wird eine feierliche weibliche Stimme antworten. Und wenn Sie zu dieser Stimme sagen: »Ich höre, Sie haben eine Nachricht für mich«, wird sie antworten, ja, dem sei so, und zwar eine sehr wichtige. Sie wird dann eine kurze Passage aus der Bibel zitieren und Ihnen die Nachricht übermitteln – nein, nicht übermitteln – eher enthüllen, denn die Stimme spricht langsam und weihevoll.

Sie werden erfahren, daß große persönliche Kalamitäten auf Sie warten, weil Sie irgendeine Sünde im Schilde führen. Sie bekommen keine Mahnung zu hören, von ihrem satanischen Vorhaben abzulassen, nur die traurige, sanfte Ankündigung einer Katastrophe.

Ich habe eine Anzahl von Personen interviewt, die die Nummer CIrcle 6-6483 anriefen und eine Nachricht empfingen. Viele von ihnen waren verstört. Sie erklärten, natürlich könne nur ein Verrückter Tag und Nacht am Telefon sitzen und völlig Fremden Botschaften zukommen lassen. Und doch, woher wußte diese Stimme, daß sie kurz davor standen, eine Sünde zu begehen? Eine junge Dame hatte eines Abends, ehe sie zu einem Rendezvous aufbrechen wollte, die Nummer gewählt und sich als Folge des Anrufs in ihrem Zimmer eingeschlossen, den Telefonstecker herausgezogen, ihre Nachtcreme aufgelegt und war früh und allein zu Bett gegangen.

Ich kenne einige Psychiater, die über das Ganze lächeln werden und mit einer vollständigen Diagnose, nicht nur der Stimme, sondern auch all jener, die sie anrufen, aufwarten können. Und fraglos werden sich die Skeptiker, die Gott seit jeher aus all seinen Schlupfwinkeln aufgescheucht haben, über die Stimme hermachen, sie aufstöbern und vertreiben. Wäre ich Bürgermeister La Guardia würde ich mein Möglichstes tun, das zu verhindern. Ich würde einen Polizeikordon – natürlich nur aus frommen Beamten bestehend – um den

Häuserblock aufstellen, in dem die Stimme wohnt, und allen Bilderstürmern mit dem Gummiknüppel begegnen. Damit würde seiner Ehren nur der Haltung der weisesten griechischen Denker gegenüber dem Orakel von Delphi nacheifern.

Ich selbst habe CIrcle 6-6483 angerufen. In keinem Gottesdienst, den ich besuchte, habe ich mich je der Gegenwart des Mysteriums so nahe gefühlt wie bei meinem Gespräch mit der Stimme. Die Botschaft, die ich erhielt, hatte sehr persönlichen Charakter und stimmte mich nachdenklich. Ich war überrascht über den tiefen Einblick der Stimme in meine geheime Welt. Ich hatte nicht einmal meinen Namen genannt.

Auf den zweiten Blick erschien mir alles natürlich ganz logisch. Gott verzichtet normalerweise auf solche weltlichen Details wie Namen und Adressen. Und was den Einblick in mein geheimes Innenleben betrifft, so ist auch der leicht zu erklären. Ein Gott braucht nicht besonders helle zu sein, um zu wissen, daß wir alle Sünder sind und unsere Sünden sich gleichen wie unsere Nasen. Und wenn Er diesmal mit einer weiblichen Stimme mit einem leichten skandinavischen Akzent sprach, kommt mir in den Sinn, daß er sich im Laufe unserer Geschichte schon auf viel exzentrischere Weise mitgeteilt hat.

Es mag sein, daß CIrcle 6-6483 der Beginn eines neuen Kults oder einer neuen Sekte ist. Sollte das der Fall sein, so sehe ich für sie eine große Zukunft voraus – unter der Voraussetzung natürlich, Bürgermeister La Guardia tut, was er zu tun hat. Denn in diesen Tagen, wo die offiziellen Vertreter Gottes in unserer Stadt so unglaubwürdig sind, wo die Mysterien des Himmels so verhangen sind mit Geldgier und allen möglichen weltlichen Listen, um die Halbfrommen aus den Kinopalästen in die Kirchen zu locken – wie beeindruckend ist da eine Stimme Gottes, die nicht materieller ist als eine Telefonnummer. Wie eindringlich und wirkungsvoll ist diese Stimme, die

aus dem Nirgendwo spricht und sich ohne theologisches Getue direkt an unsere wankelmütigen Seelen wendet. Eine solche Stimme, wäre nur ihr Schaltbrett groß genug, könnte Millionen dienen. Eher als tausend Predigten könnte sie in uns die Angst vor Verdammnis wiedererwecken.
Politiker, die zu beschäftigt sind, die Gotteshäuser zu betreten; die Tonangeber öffentlicher Meinung, die den Spott ihrer Jünger fürchten, wenn man sie am Sabbat religiösen Hokuspokus veranstalten sähe; die Berühmten und Namenlosen, die der Zynismus unserer Zeit ihres Glaubens entwöhnte – sie alle würden wundersame Hilfe und Bereicherung in der Stimme finden.
Ich empfehle die Stimme auch Charles Lindbergh und Madam Lindbergh und Senator Wheeler und den anderen noch zweifelhafteren Charakteren, die ihre Verbündeten sind und die schon viel zu lange keine andere Stimme mehr als die aus der Wilhelmstraße gehört haben.
Kommt her zu den Telefonzellen, o all ihr Gläubigen, nehmt einen Nickel in die Hand und ruft an, ehe es zu spät ist. Denn Gott weilt immer nur als Durchreisender unter uns, und die Predigten, die wir heute allenthalben hören, bringen eher einen Haufen Gottloser hervor als Gläubige an einen Altar.

Geburt eines Nazi

Gestern abend hörte ich meinen alten Freund Willy von Russwurm-Schleichen über den Äther. Er sprach aus Berlin. Der Empfang war nicht allzu gut, aber ich konnte entnehmen, daß Willy jetzt Oberst ist und daß er sich glücklich fühlt. Er sprach von der Erfüllung des glorreichen deutschen Traums.

Seit geraumer Zeit schon lausche ich den Kurzwellensendern in der Hoffnung, jemanden zu hören, den ich kenne. Willy ist der erste und einzige, den ich aufspürte. Er entschuldigte sich für seine Abwesenheit von der Front, indem er uns alle informierte, daß er in Griechenland verwundet worden sei – verwundet am Körper, fügte er hinzu, aber sein Geist sei umso gestärkter. Dann erzählte er uns allen, er hoffe, ehe der Krieg gewonnen sei, zu seinem Regiment zurückkehren und daran mitwirken zu dürfen, mit deutschem Mut und Nazi-Idealismus die Bestimmung der Welt neuzugestalten. Das ist ein langer Satz, aber auf die Art redete Willy. Deutsche Sätze, wie deutsche Tagträume, versuchen immer, so viel wie möglich zu umschließen. In Willys Riesenschlangensätzen klang der Ausdruck »Nazi-Idealismus« elfmal glockenklar heraus. Für mich war es das erste Mal, daß ich diesen Ausdruck hörte. Möglich, daß Willy, der einst ein großer Bewunderer des Dichters Stefan George war, ihn prägte.

Vielleicht sind nicht alle Nazis wie Willy von Russwurm-Schleichen, vielleicht sind sie so. Vielleicht steht das, was ich über diesen einst eleganten jungen Mann weiß, in keinerlei Beziehung zu den Geheimnissen des Nazi-Idealismus und seinen gegenwärtigen Triumphen. Aber da ich Willy nun einmal aufgespürt habe, wie er über den Äther strahlt wie ein Bräutigam, will ich erzählen, was ich noch von ihm in Erinnerung habe und mir Mühe geben, mich bei meiner Erzählung daran zu erinnern, daß Gott alle Menschen nach seinem Bild erschuf.

Ich lernte Willy kennen, als er nicht annähernd so idealistisch war wie heute. Er war zwanzig Jahre alt und zechte an der Bar des Adlon Hotels in Berlin, und das war um ein Uhr morgens im März 1919. Er trug Leutnantsuniform und stand allein an der leeren Bar, als ich mit Dick Little (Richard Henry Little), in dem sich die Seelen von Mark Twain und d'Artagnan für die Dauer eines Lebens vermischten, hereinkam.

»Komisch«, sagte Dick, »einen Deutschen harte Sachen trinken zu sehen – und das ganz für sich allein. Ich frag' mich, was diesen hübschen Hunnen quält.«

Nachdem er mich so auf die verdrießlichste Geschichte gestoßen hatte, die ich je über den Ozean kabeln sollte, sagte der große Humorist und Kriegskorrespondent, er sei müde und wünschte mir eine gute Nacht. Mr. Little ging nicht nur zu

Bett, sondern blieb gleich mehrere Tage darin, nachdem er an jenem Abend einen Gewehrkolben auf den Kopf bekommen hatte. Dies geschah, nachdem Dick mehrere Stunden auf der Suche nach einer Revolution durch die Stadt gelaufen war. Er hatte sie gefunden.

Willy von Russwurm-Schleichens Hand zitterte schon geraume Zeit, als er sein zehntes Glas Bourbon hob. Ich stand neben ihm, erfreut wie immer, einen Deutschen zu treffen, betrunken oder nüchtern, der gut Englisch sprach.

»Ich betrinke mich«, sagte Willy plötzlich, »weil ich wünschte ich wäre tot. Ich will nie mehr die Sonne sehen. Ab heute abend liegt ein Fluch auf mir.«

Ich fragte Leutnant Willy, warum er so fühle. Nach einigen weiteren Drinks antwortete er:

»Ich stand an einem Maschinengewehr. Moabit Gefängnis. Ich habe getötet. Zwölfhundert Männer, Frauen und Jungen. In Handschellen marschieren sie über den Gefängnishof. Zwei Maschinengewehre sind da. An einem stehe ich. Wir schießen. Sie fallen um – eins, zwei, drei. Wie Dominosteine. Sie liegen auf der Erde, aber sie bewegen sich noch. Eine Hand. Ein Fuß. Ein Kopf bewegt sich. In Handschellen liegen sie auf der Erde und bewegen sich. Wir schießen wieder, und dann bewegt sich nichts mehr. Noch zwei, drei Salven – nichts rührt sich mehr.«

All das sagte Willy in einem Atemzug.

»Wer waren die Gefangenen?« fragte ich.

»Deutsche«, sagte Willy. »Deutsche Männer, deutsche Frauen. Spartakisten. Sie waren beim Putsch am Alexanderplatz dabei. Letzte Woche. Wurden verhaftet und ins Gefängnis gesteckt. Ohne Gerichtsverhandlung. Heute gab General Noske den Befehl zu ihrer Hinrichtung. Um neun Uhr heute abend kommen sie heraus auf den Gefängnishof. In Handschellen. Manche singen – die jungen. Einige der Frauen schreien. Keiner kann fortrennen. Sie laufen zehn Meter von den Maschinengewehren fort, dann stehen sie in einer Reihe, und wir schießen. Einer nach dem andern fallen sie um. Dann räumen Soldaten den Hof leer. Das nächste Hundert wird hinausgetrieben, in Handschellen. Wir töten noch hundert. Um Mitternacht wurde ich abgelöst. Es waren immer noch zweihundert zu töten.«

Ich verifizierte Willys Geschichte und kabelte sie an die Redaktion. Die Überschrift hieß »Der weiße Terror«, denn die zwölfhundert, die hingerichtet wurden, waren, was man in jenen Tagen unter Roten verstand. Es waren Berliner Arbeiter und Arbeiterinnen und ihre Söhne.

Die Geschichte wurde von Präsident Ebert, dem Präsidenten der derzeitigen Republik, dementiert, und ich wurde wegen Übermittlung falscher Nachrichten aus Deutschland ausgewiesen. Stattdessen ging ich nach Weimar, wo die Nationalversammlung tagte. Hier bestätigte Hugo Haase, der Vorsitzende der USPD, meine Geschichte während einer Rede, in der er die Namen der zwölfhundert abgeschlachteten Deutschen der Regierung entgegenschleuderte. (Herr Haase wurde später, als er die Treppe zum Reichstag hinaufstieg, um in jenem ehrwürdigen Forum seinen Platz einzunehmen, ermordet.)

Als ich Willy von Russwurm-Schleichen wiedertraf, war er nüchtern, aber er zitterte. Er stand immer noch unter einem Fluch. Oft zogen wir gemeinsam durch die Nachtclubs. Willy saß dann brütend da und pflegte einen Vers seines Lieblingsdichters Stefan George zu rezitieren und den Pfirsich in seinem Champagnerglas düster anzustarren.

»Von dem, was ich getan habe, werde ich mich nie erholen«, sagte er immer wieder zu mir. »Es ist die Hölle, sich an das Mondlicht im Moabiter Gefängnishof zu erinnern.«

Dann spielte Musik auf, und Willy preßte die Hand seines Mädchens gegen seine Wange, und seine Augen füllten sich mit Tränen.

In Willys Stimme, wie sie gestern abend über die Kurzwellen kam, war keine Spur mehr von dem jungen Leutnant von 1 Uhr morgens 1919 zu entdecken. Und während ich ihr lauschte, wußte ich, wo ein Nazi-Idealist geboren worden war – in dem mondbeschienenen Hof des Moabiter Gefängnisses, während er zwölfhundert seiner Brüder und Schwestern tötete.

Ein toter Ire spricht

Bei allen Geschichten, die ein wenig älter als gestern sind, habe ich versprochen, mich auf eine Datumsgrenze festzulegen. Ergo, das Datum ist März 1919, und der Ort ist Berlin – eine Stadt voller nicht fortgeschaufelten Schnees, gedünstetem Fisch zum Abendessen, unglaublicher Monokel und Hohenzollerntrümmer.

Vor wenigen Tagen wurde ich durch einen irischen Gentleman auf einer Abendgesellschaft plötzlich an dieses Datum erinnert. Dieser Gentleman hatte eine feine Art und eine schwermütige Stimme und weilte in der Mission unter uns, das irisch-amerikanische Ressentiment gegen die Engländer

am Leben zu erhalten und dafür zu sorgen, daß keine irisch-amerikanischen Hilfsdollar nach Britannien fließen.
Einen wie großen Teil irischen Denkens dieser schwermütige Bursche wirklich vertritt, weiß ich nicht. Die irisch-englische Frage ist zu alt und zu verzwickt, als daß jemand anderer als ein Ire darüber diskutieren könnte. Am Dinnertisch kam mir kein Argument in den Sinn, und auch jetzt nicht. Nur das obige Datum – und ein Brief, der mich im Hotel Adlon in Berlin erreichte und den ich aufbewahrte. Ich war derzeit Auslandskorrespondent der *Chicago Daily News* und berichtete über das Nachkriegsdeutschland – Revolutionen an jeder Straßenecke, Attentate, Hunger, Armut, Wahnsinn – kurz, die Geburtswehen jenes Deutschlands, das aus der Nachkriegsasche entstehen und das Robotergespenst des Nazi hervorbringen sollte. Der Brief lautete:

»Der Unterzeichner bittet einen Vertreter der Entente-Presse, ihn am Seiteneingang des Palast Cafés, Ecke Potsdamer Platz, Freitag abend fünf Uhr zu treffen. Die Angelegenheit ist für beide Seiten von äußerster Wichtigkeit.

Einer von der irischen Brigade

Der Schreiber wird gegenüber dem Eingang des Palast Cafés stehen und den Refrain von ›It's a Long Way to Tipperary‹ pfeifen.«
Die Welt war damals voller Geschichten über die irische Brigade – geflüsterten Geschichten von Tausenden um Tausenden von Iren, die 1915 aus der englischen Armee desertierten und auf Seite der Deutschen kämpften. Es war fünf Uhr, als Harry Greenwall vom *London Express*, den ich zu dem Stelldichein mitgenommen hatte, mich am Ärmel zupfte und den Finger ausstreckte. Inmitten des deutschen Nachkriegsdurcheinanders und Menschengewühls auf dem Bürgersteig stand ein großer, glattrasierter Mann. Er trug eine deutsche Mili-

täruniform mit einem langen grau-grünen Militärmantel und einer Unteroffiziersmütze. Auf dem Ärmelaufschlag seines Mantels war jedoch ein Kleeblatt aufgenäht, und mit unbeweglichem Gesicht pfiff er ›It's a Long Way to Tipperary‹ – er pfiff es leise und mit lächelnden, in die Ferne gerichteten Augen.

Dies war Quinn Lusk, Leutnant in des Kaisers Diensten und Verräter Englands, der gekommen war, mir Dokumente betreffend seiner übriggebliebenen Freunde zu verkaufen – aber nicht für Geld. Die Geschichte – Fotos, Briefe, und eine Mappe voll hochkarätigen Beweismaterials – gehöre mir, sagte er, wenn ich meinen Einfluß geltend machte, ihn zurück nach Dublin zu bringen, denn dort wünsche er zu sterben. Und dort starb er auch – ein paar Monate später, wo ihn einer der Sinn Feiners erstach, die er um die Gunst, noch einmal mit ihnen in einem Dubliner Pub sitzen zu dürfen, verraten hatte.

Ich erinnere mich an Quinns Geschichte, die meine Zeitung aus Respekt gegenüber ihren irischen Lesern damals nicht druckte. Für mich war es jedoch immer eine Geschichte, auf die die Iren stolz sein konnten.

»Sie müssen die Geschichte so anfangen«, sagte Quinn Lusk, »daß diese dreckigen Hunnen mit all ihrem schmutzigen Geld, mit all den Frauen und dem Champagner, mit dem sie einen kirre machten, mit all ihren Baroninnen und Listen und ihren Honigworten doch nur dreiundzwanzig Lumpen unter den Tausenden irischen Kriegsgefangenen fanden. Denken Sie sich – nur dreiundzwanzig schmutzige, erbärmliche Iren, die überliefen und sich für die schweinische deutsche Flagge anwerben ließen, und ich war einer von ihnen. Gott liebe mich! Eins mußt du mir versprechen, mein Junge: Sag, daß es nie eine irische Brigade gegeben hat. Nur eine Handvoll lumpiger Kerle wie mich. Aber ehe es so weit kam, daß wir mit Irlands armer Fahne überm Kopf ihre deutschen Straßen auf-

und abmarschierten, da tat es ihnen schon verdammt leid, daß sie überhaupt so viel wie dreiundzwanzig von uns herumgekriegt hatten. Denn wir töteten sie bei Fußballspielen, erstachen sie in Wirtshäusern und machten ihnen die Hölle heiß, wo wir nur konnten. Sie wagten nie, uns in die Schützengräben zu schicken, denn in unseren Herzen schwelte der Haß gegen sie und auf uns selbst.
Uns töten, das hätten sie nie gewagt, denn wir waren ja ihr Lieblingspropagandastück. So töteten wir uns gegenseitig. Nur noch sieben von uns dreiundzwanzig sind übrig. Sorg dafür, daß ich zurück nach Dublin kann, und ich begehe meinen letzten Verrat und werde diese letzten Arbeiter für Irlands Freiheit, so nennen sie sich, ausverkaufen, die mich ein Jahr und länger durchgefüttert und gekleidet haben. Und versprich mir auch, daß du ein gutes Wort über Sir Roger Casement schreibst, obwohl er gehängt wurde. Denn er war ein guter Mann, der einzige.«
Es war die Erinnerung an diese Geschichte, die mich verstummen ließ vor dem irischen Missionar mit der feinen Art und schwermütigen Stimme, während er beim Abendessen die ergreifende Geschichte englischen Imperialismus' und Verrats und von den Tausenden um Tausenden von Iren erzählte, die sich deshalb gegen England stellten.
An meiner Stelle soll ihm Quinn Lusk aus einem irischen Grabe antworten, in das Harry Greenwall und ich ihn schickten:
»Sagen Sie für mich, daß es in ganz Irland nur dreiundzwanzig Lumpen gab – und Gott sei gedankt dafür, nicht mehr als dreiundzwanzig –, die bereit waren, sich das Kleeblatt an einen deutschen Militärmantel zu nähen.«

Greenwich Village Grabstein

Treten Sie ehrfürchtig auf hier. Einst ritt die Jugend auf dem Einhorn durch diese gewundenen Straßen, und es war einmal, des Menschen Gedenken reicht noch so weit, daß die Lichter Arkadiens hinter diesen staubigen Fenstern blinkten – ein mageres und hungriges Arkadien war es, schmutzig und schwatzhaft.

Auch Humpty Dumpty hielt hier Hof, und einst sangen hier die Galane der Boheme in der Gosse.

Ich lebte weit entfernt zu der Zeit – in der unmanierlichen Metropolis Chicago – dem Schweineschlachthaus der Welt, so staubig wie die Innenseite des Mondes. Aber ich kam oft zu

Besuch in diese Straßen. Ich saß in einem Restaurant namens Fortunio's. Meine Freunde waren Margaret Anderson und Jane Heap; ein beeindruckender Gentleman in Overalls, geheißen Bob Chanler; eine Dame mit faszinierenden Ohrringen, die auf den Namen Djuna Barnes hörte. Umtänzelt wurden sie jeden Abend von einem bunten Schwadron in fadenscheinigen Hosen und himmlischen Hüten.

Der Wein floß, und die Nächte waren erfüllt von Lust und Unordnung. Die Sieben Künste bezogen an jeder Straßenecke Prügel, und die tausend Kleider des Schönen wurden unter nie versiegenden Strömen von Argumenten und Alkohol umgeändert. Hier war das Füllhorn, dem die Segnungen und Freiheiten der Welt von Morgen entflattern sollten.

Aber ach, der Modernismus, für den diese Bohème kämpfte und sich gegenseitig unter den Tisch trank, wird Ihnen heute nur noch als Schaufensterdekoration der großen Kaufhäuser unserer Stadt begegnen, und die neue Syntax, für die sie ihrer Jugend Blut vergoß, beflügelt heute nur noch die Stifte der Werbetexter.

Aber das ist nicht der ganze Bericht ihrer Errungenschaften. Ein wenig von ihrem Lärm, ihrer Vision und Unbotmäßigkeit sickerte ein in die Seele der Stadt. Und einige der Kerben, die die bohèmistischen Äxte in die Wände der Platitüde schlugen, sind immer noch da.

Die gewundenen Straßen gibt es noch. Und in ein paar modrigen Ecken kauert sie noch – die einstige Bohème, aber sie lärmt nicht mehr, sie seufzt nur noch. Heute ist der schrille und schillernde Jahrmarkt von damals vor allem das Zuhause von Versicherungsvertretern, Börsenmaklern, Werbezauberern, Büroangestellten und ihren respektablen Ehefrauen.

Die alten Häuser, in denen der Geist von Twain, Janvier, Erikson, Draper, Patti, Luks und Norris lebendig war, und die von den Gelagen der letzten Verseschreiber, Kubisten, Vortizisten, Nietzscheaner und Salomes widerhallten, wurden mit frischer Tünche und modernen Installationen aufgemöbelt, umgebaut und desinfiziert. Die Mieten gingen in die Höhe. Der Kommunismus hat die Seele der Jugend auf Höheres gerichtet, und bei den Saturnalien der Mac Dougal Alley führen der Boss und sein Stenograph Regie.

Über diesen Bürgersteigen schwebt ein fast so großer und trauriger Geist wie über den *Meadows of Flushing*. Einst war hier eine heitere Welt.

Wenn man die gewundenen Straßen lang genug durchstreift, stößt man irgendwann auf den Wärter des Greenwich Village Geistes. Dies ist Major Graf von Brandenburg; er ist stämmig und vierundsechzig und strengt sich mächtig an, dem Schatten der Bohème noch ein letztes Flötensolo abzuringen.

Der Major ist der Leiter von Greenwich Villages Kunstgalerie und Museum. Großartig und einsam wie der aussterbende Jak präsidiert er in einem ehemaligen Stall in der 150 West 4. Straße. Und wenn Sie zu ihm kommen, dann wird er für Sie noch einmal all die Schlachtrufe der Vergangenheit ausstoßen.

212 Künstler zählt seine Vereinigung, wird er Ihnen erzählen. Und angesichts dieser Zahl müssen Sie zugeben, daß Arkadien noch lebt. Das Village ist wiederauferstanden. Eine Gruppe hartnäckiger Überlebender gründete eine Organisation zu seiner Wiederbelebung.

Jeden Montag abend trifft sich der »Gierige Dichterzirkel« in des Majors Quartier. Geleitet und finanziert wird er von Francis Lamberton MacCrudden, einem pensionierten Geschäftsführer der Telefongesellschaft und Autor des weltberühmten Werks *The Harps of the Minettas*. Die Barden strömen von überall herbei, um ihre Kompositionen vorzutragen, aus den Bronx, aus Hoboken und Ozone Park. Unter diesen einmal-die-Woche-Troubadouren befindet sich auch Jack Sellers, ehemaliger Box-Champion im Mittelgewicht bei der Marine.

Noch viel mehr geschieht: Es vollzieht sich auch eine große indianische Renaissance. Unzählige Cherokees, die Intellektuellsten unter den Rothäuten, haben ihre Wigwams im Village aufgeschlagen. Der Herausragendste unter ihnen ist Jan Vluska, unumstrittene Autorität auf dem Gebiet mystischer indianischer Symbole. Nicht zu vergessen auch Schneller Adler, der größte aller indianischen Tänzer und als Malermodell höchst gefragt.

All diese glorreichen neuen Errungenschaften des Village wird der beherzte Major Ihnen aufzählen. Stolz wird er Ihnen die Adressen der sechs neuen Galerien geben, an deren Wänden die Werke der heutigen Parnaßbewohner hängen. Jedoch zehn Fuß weiter von dem Platz, wo der Major sitzt und den Geist hütet, stirbt die Boheme. Man sieht junge Männer zum Lunch in Kellerstuben eilen. Aber den Tumulten der Vergangenheit sind sie entwachsen. Sie sind, die meisten von ihnen jedenfalls, vom Fieber des Neuen Denkens angesteckt. Sie streichen sich keine Träume aufs Brot, sondern das russische Allheilmittel.

Gelegentlich verschlägt es Besucher in die stillen kleinen Straßen. Ausgerüstet mit einer *Wegweiser für Fremde* betitelten Broschüre, die ihnen der unverbesserliche Major in die Hand gedrückt hat, gehen sie los. Sie wandern eine Stunde herum, sehen nichts, vernehmen kein Echo, stoßen auf kein Bacchanal und kehren dann höflich zum Hauptquartier des Majors zurück. Sie stellen eine traurige Frage:

»Wo sind die Schneeflocken von einst?«

Neun kleine Unkräuter

Hier ist eine Liste von ihnen – von Unkräutern, die in unserem Garten wachsen. Es ist Frühling, und die Kriegswinde wehen. Und dies sind Winde, die aus jedem Mutterboden eine reiche Ausbeute von Unkräutern hervorlocken.

Die Bars, die Dinnertische und die Mittagsstunden sind von geschwätzigen Kriechpflanzen und dem schnatternden Löwenzahn überwuchert. Derartige Pflänzchen sind nicht besonders schädlich, und man braucht keinen Traktor, um sie niederzumähen. Anders als ihre hartnäckigeren Artgenossen, die »ismus«-Kräuter, werden sie höchstwahrscheinlich von allein verwelken und vergehen, ehe der Frühling zu Ende ist. Aber hier ist eine Liste von ihnen – den kleinen Unkräutern der Demokratie.

Da ist der Collegeboy auf der Suche nach einem Ego. Er ist ein helles Kerlchen und weist es weit von sich, sein Denken nach der Herde zu richten. Alle Welt soll ihn zur Kenntnis nehmen; wie ein Leuchtturm will er aus jeder Masse herausragen. Und wenn er sagt: »Demokratie ist ein Haufen Quatsch«, endet er diesen Satz mit einem kurzen Auflachen. Allein damit hat er sich für seine Begriffe als Denker qualifiziert. Sein Geist hat die Eigenschaften eines Leuchtkäfers: Er spendet weder Licht noch Wärme, aber er ist weithin sichtbar. Und das ist das einzige, was unseren Collegeboy heiß macht, daß sein Geist weithin sichtbar ist.

Da ist der Pazifist. Er ist ein höflicher und einsichtiger Bursche mit einem sehr entspannten Nervensystem. Am Vorabend des Krieges laufen die meisten Menschen zitternd und bibbernd herum. Nicht so dieser Gentleman. Er hat sich ein weißes Nachthemd übergestreift und schreitet selig wie ein Nachtwandler über die Dachgiebel. Es gab Zeiten, zu denen die Menschen sehr zornig auf ihn waren. Aber jetzt täuscht sich niemand mehr in ihm. Selbst die aufrichtigen Mitglieder der fünften Kolonne lassen die Finger von ihm. Er wurde schon zu oft und ausführlich in Büchern beschrieben. In psychiatrischen und in Geschichtsbüchern. In Wahrheit ist dieser Bürger mit seinem Mund voll Friedenstauben jedoch von etwas ganz anderem erfüllt, dem, was die Ärzte Aggressionstrieb nennen. Und dieser Trieb ist so mächtig in ihm, daß er sich zu Tode davor fürchtet – am Anfang. Er wird Pazifist, um seine Seele davor zu bewahren, sich ihm zu überlassen. Ein vorübergehendes Ventil schafft er diesem gewaltsamen Trieb, indem er sich ins Kampfgetümmel stürzt, lange ehe die Hörner zur Schlacht rufen. Und als erste bekämpft er dann die Hornbläser. Sergeant York, der aktivste Krieger in unserem letzten Spektakel, begann als Pazifist.

Da ist der Mann, dem sein Leben lang nur Tritte versetzt werden. Samstag nacht ist er impotent, und am drauffolgenden Morgen verbeult ihm ein Sonntagsfahrer das Auto. Er fühlt sich ausgetrickst, geängstigt und zum Narren gehalten, aber an irgend jemandem wird er sich rächen. Er ist ein wenig wie der Collegeboy auf der Suche nach einem Ego, aber wonach er Ausschau hält, ist ein Paar Schlagringe. Ein bißchen Hilfe dieser beiden Freunde – und er gewinnt seine Männlichkeit zurück. Intoleranz ist der ihm vorgezeichnete Weg. Normalerweise wagt er sich sehr tapfer gegen die Juden hervor. Er fühlt sich groß und stark, wenn er jemanden beschimpfen kann, und sein ärmliches kleines Herz schwillt mit stolzem Mannestum.

Da ist der Mann, dem es nichts ausmacht, daß die Dinge schlecht laufen für ihn, unter der Voraussetzung, all die Leute, die er haßt, landen auch in der Suppe. Es ist ihm ein Trost, sich an dem Leid ihm Überlegener zu ergötzen – genug Trost, seinem eigenen Leiden den Stachel zu nehmen. Wenn die Nazitriumphe gewisse Leute, die zu viel Geld, zu viel Erfolg und zu viel Ansehen haben, mit Schmerz erfüllen, dann stellt ihn das schon zufrieden. Er ist ein Bursche, dessen Elend sich nur in bester Gesellschaft wohl fühlt.

Da ist der heimliche Schwule, der vor Vaterliebe strotzt. Er ist bereit, seine irgendwie unnatürliche Zuneigung auf jedes beliebige dominante männliche Wesen zu übertragen. Man gebe ihm einen Hitler, den er von ferne anbeten kann, und seine Seele windet sich nach Art der Katzenminze.

Da ist der Mann mit Sinn für Gerechtigkeit. Er kann nicht Partei ergreifen, weil er immer die Argumente der Gegenseite sieht. Indem er über die ernstzunehmenden Argumente seiner Gegner faselt, bildet er sich ein, seine eigene Unernsthaftigkeit gegenüber der Sache zu verbergen, die er mit Leib und Seele zu vertreten vorgibt. Diesen Philosophen trifft man zumeist auf einem Zaune sitzend an – hoch oben über dem Kampffeld. Sein Hauptproblem ist, daß er nicht den Mut hat, sich der Seite anzuschließen, auf der er insgeheim steht – der des Feindes.

Da ist der Mann, der stets das Schlimmste prophezeit. Er erzählt Ihnen, daß Hitler die britische Flotte und die britischen Inseln einnehmen wird und für die Eroberung Brasiliens nicht länger als zwei Wochen braucht. Wohlgemerkt, er steht nicht auf Hitlers Seite. Die Wahrheit über diesen Schreckensbeschwörer ist, daß er sich – schon im voraus – an alles anpaßt, wovor er sich fürchtet. Deshalb liegt ihm so viel daran, den Eintritt der Katastrophe zu beschleunigen. Indem er den Untergang vorwegnimmt, hat dieser, wenn er eintritt, für ihn den Schrecken verloren. Das einzige, was er aus der Katastrophe zu retten trachtet, ist die egoistische Genugtuung, daß er alles hat kommen sehen. Eine weitere Genugtuung bereitet ihm natürlich sein eigener Schaden. Sein Wahlspruch zeugt davon, wie tief ihm das Ganze geht. Er lautet ungefähr so: »Gib auf und bring es hinter dich. Beweist mir, daß ich recht hatte, sorgt dafür, daß es mir schlecht geht.«

Da ist der Mann, der schlicht und einfach Angst hat. Er verstrickt sich in alle möglichen Philosophien. Er geht auf alle Protestversammlungen, gleich ob sie von den Kommunisten, deutschen Spionen oder den Holy Rollers veranstaltet werden. Lautstark und vehement tritt er für alles und jedes ein, das ihn, seinen Bruder oder seinen Sohn, vor wirklicher Gefahr bewahrt.

Da ist der Besserwisser. Dieser Bursche besitzt alle wichtigen internen Informationen. Er wird Ihnen erzählen, das Ganze sei ein abgekartetes Spiel; schon vor Monaten hätten die Nazis England einnehmen können, wenn sie nur gewollt hätten. Aber sie halten sich zurück, um noch größere Beute zu machen. Und lassen Sie sich nichts von Churchill oder Roosevelt vormachen und auch nicht von Hitler. Eine Intrige ist im Gange, und jeder mit ein bißchen Verstand wird sich nicht hinters Licht führen lassen. Der Krieg ist vorüber, Hitler hat gewonnen, legt es aber darauf an, uns noch in den Krieg hineinzuziehen, ehe er sich zum Sieger erklärt. Dahinter steckt, daß er sich auch noch einen Großteil unserer Besitztümer einheimsen will. Und so weiter.

All diese Unkräuter haben ihre Damen zur Seite, die sich neben ihnen im Winde wiegen. Sie sind klein und zumeist harmlos. Aber sie machen die Hauptmasse des Wildwuchses aus, der »Jeder-für-sich-allein-und-wie-er-will«-Philosophie. Sie füllen die Zeitungsspalten, die Versammlungshallen, die Saloons und Dinnertische mit ihrem Geschwätz. Aber wenn der Wind ein wenig stärker weht, verschwinden sie – zumindest die meisten von ihnen. Wie Pusteblumenflöckchen zerstreuen sie sich in alle Winde, ehe der Frühling zu Ende ist, aber im Augenblick verunstalten sie den Garten.

Lord Jim aus den Bronx

Der alte Joe Hummel ist eine so komplette Null, wie man sie nur in den Bronx aufspüren kann, der Welt glänzendster Ansammlung von Nullen. Er ist siebzig, arbeitet in einer Schneiderwerkstatt, ist schweigsam wie ein Grab, Kettenraucher, wird von einem Husten geplagt, der seiner Familie seit dreißig Jahren Kummer bereitet und hat einhundert Verwandte, alle so unbedeutend wie er.

Einen berühmten Verwandten hat er aber doch. Joe Hummel ist Vetter ersten Grades von Lord Jim, dem gequälten Helden aus Joseph Conrads größtem Roman.

Wenn Ihnen Lord Jim kein Begriff ist, so spielt das weiter keine Rolle. Ein Satz wird Ihnen auf die Sprünge helfen. Lord Jim war ein Seemann, der sich eine feige Tat zuschulden kom-

men ließ und den Rest seines Lebens in einer Art homerischer Sühne verbrachte. Genau das tut auch der alte Joe seit dreißig Jahren, der nur von Wertmutstropfen und Pein lebt.
Ein Neffe des alten Joe erzählt mir seine Geschichte. »Mein Onkel«, sagt er, »war der schwatzhafteste Bursche, der je in einer Schneiderwerkstatt für Wirbel sorgte. Als er jung war, wechselte er von einer Arbeitsstelle zur andern. Immer brachte er den Boß gegen sich auf. Irgendein perverser Impuls trieb ihn, allem und jedem zu widersprechen. Es spielte keine Rolle, um welches Thema es ging – Sport, Politik, Religion oder die Ehe. Joe mußte zu allem seinen Senf dazugeben. Sein einziges Ziel dabei schien zu sein, sein Gegenüber als dummen August hinzustellen und sich selbst als einen Quell von Weisheit.
Um 1900 wurde er Sozialist und Atheist. Das gab ihm die Möglichkeit, praktisch allen Menschen, die er kannte, zu widersprechen. Seinen Atheismus nahm er jedoch nicht allzu ernst, benutzte ihn nur, um seine nächsten Angehörigen, eingeschlossen seine Frau, in Grund und Boden zu reden. Seine wahre Passion war der Sozialismus. Er kannte alle einschlägigen Werke und zitierte ständig John Spargo, Phelps Stokes, Charles Edward Russell und Eugene V. Debs. Damals war ich noch klein, und für mich war mein Onkel Joe der klügste Mann der Welt.
Die restliche Familie wußte jedoch nicht recht, wie sie sich zu dieser Allwissenheit meines Onkels stellen sollte. Sie meinte, jemand, der so klug daherrede wie Onkel Joe, sollte eigentlich auch in der Lage sein, es bei einer Arbeit auszuhalten und nicht seine Zeit damit zubringen, Mahlzeiten zu schnorren und Geld zu borgen. Aber Onkel Joe hatte seine Antwort parat: Das System war schuld.
In jenen Tagen war es nicht leicht, meinen Onkel aus dem Konzept zu bringen. Ich glaube nicht, daß je einer es schaffte. Ich habe nie einen Menschen gekannt, der sich so überlegen

gab. Seine Taschen waren immer voll mit ökonomischen und soziologischen Pamphleten, und seine ganze Freizeit verbrachte er auf den Treffen der Sozialisten. Als Kind begleitete ich ihn oft, denn es freute ihn, jemanden dabei zu haben, der zu Hause erzählen konnte, wie großartig er gewesen war.
Auf diesen Versammlungen tat sich mein Onkel als der große Fragensteller hervor. Wenn der Hauptredner geendet hatte, stellte mein Onkel seine Fragen. Und einmal wartete er mit so vielen Fragen auf, daß die Genossen ihn aufs Podium schickten und darauf bestanden, daß er selbst eine Rede hielt. Und das tat er auch; er hielt eine der feurigsten sozialistischen Reden, die ich je gehört habe. Bouck White, in jenen Tagen ein großer Radikaler, schüttelte meinem Onkel nachher die Hand und gratulierte ihm zu seiner tiefen Kenntnis der Weltaffairen. In jenem Moment schwebte mein Onkel Joe in den Wolken. Jetzt hörte er auf überhaupt keine Einwände mehr, so eingebildet und stolz war er. Die Familie fragte sich allmählich, ob sie meinen Onkel Joe womöglich verkannte. Vielleicht war er ja ein großer Mann, zum Volksführer bestimmt, ein Mann, dessen Name in die Zeitung gehörte.
Die ganze Herrlichkeit endete jedoch vor dreißig Jahren. In der Bekleidungsindustrie wurde ein Generalstreik ausgerufen, und alle Schneider legten die Arbeit nieder. Ich weiß nicht, welcher Teufel meinen radikalen Onkel ritt. Vielleicht seine Perversion. Vielleicht auch einfach Habsucht. Jedenfalls, als die Bosse jedem, der bereit war, als Schneider zu arbeiten, 20 Dollar pro Tag anboten, bahnte sich mein Onkel Joe seinen Weg durch die Streikposten und nahm die Arbeit auf. Solange der Arbeitskampf währte, arbeitete er als Streikbrecher.
Die streikenden Arbeiter verloren ihren Kampf, aber mein Onkel Joe behielt seinen Job – einen gutbezahlten. Der Boß war stolz auf ihn. Aus meinem Onkel wurde ein treusorgender Familienvater. Er brauchte sich nicht mehr durchzubor-

gen und zu -schnorren. Neue Möbel schmückten sein Heim. Seine Frau war glücklich und die ganze Verwandtschaft erleichtert. Vielleicht waren sie auch ein wenig enttäuscht, vor allem jedoch erleichtert. Denn mit Onkel Joes ewiger Argumentiererei und Debattiererei war es vorbei.

Und das war die volle Wahrheit. Es war in der Tat das Ende von meinem Onkel Joe als Volksführer und Kämpfer für eine bessere Welt. Seit seiner Zeit als Streikbrecher schien er mit Stummheit geschlagen. Er zitierte keinen Spargo und Stokes mehr und auch keinen seiner anderen Helden. Nie wieder ging er zu irgendeiner Straßenversammlung, und nie mehr stellte er eine Frage. Er verstummte – bis heute.

Als ich heranwuchs, tat er mir leid, und oft fragte ich ihn: ›Interessieren dich denn die alten Genossen und das Schicksal der Menschheit überhaupt nicht mehr?‹

Dann sah er mich traurig an und murmelte vor sich hin, das Ganze sei eine wunderbare Theorie, aber für die Wirklichkeit nicht tauglich.

Der Grund, warum ich Ihnen die Geschichte erzähle, ist der: Vor einer Woche erfuhr ich, daß mein Onkel Joe dreißig Jahre gelitten hat, sozusagen mit einem Wolf im Gedärm lebte. Meine alte Tante verriet mir sein Geheimnis.

Dreißig Jahre lang schickte er 5 Dollar pro Woche an die Kriegskasse der Sozialistischen Partei. Jede Woche! Und wenn er die fünf Dollar nicht hatte, borgte er sie sich.

Die Art, wie meine Tante dahinterkam, war ziemlich traurig. Irgendwann meinte mein Onkel Joe offenbar, man habe ihn und sein großes Verbrechen vergessen. Eines Abends machte er sich also auf zur Halle in der Tompkins Avenue, wo die Williamsburger Ortsgruppe der Sozialisten sich jeden Freitag trifft. Aber wie der Teufel es will, erkennt ihn einer der alten Tolpatsche wieder und stellt ihn vor aller Öffentlichkeit bloß. Onkel Joe wurde aus der Halle gewiesen – nach dreißig Jahren, stellen Sie sich vor! Als er nach Hause kam, weinte er und beichtete meiner Tante, daß er die alten Genossen immer noch liebe und hoffte, wenigstens wenn er tot sei, würde die Partei ihm verzeihen.«

Mein Assistent lädt ein

Mein Assistent, der Charles Samuels heißt und der halb Adler und halb Tausendfüßler ist, sagte am Telefon:
»Die beiden Gentlemen, die ich in den Saloon bestellen sollte, damit Sie sie interviewen können, sind seit acht beziehungsweise elf Jahren tot. Ich fürchte, Sie leben zu sehr in der Vergangenheit. Aber ich habe einen anderen Herrn ausfindig gemacht, der zwar vielleicht nicht der stärkste Mann der Welt ist, aber den Vorteil hat, daß er noch lebt.«
»Wie stark ist er?« fragte ich.
»Er kann eine vollbesetzte Straßenbahn an seinen Haaren hinter sich herziehen«, sagte Mr. Samuels. »Er ist erst neun-

zehn, wiegt nur 111 Pfund und ist nur ein Meter vierundsechzig und einen halben Zentimeter groß. Er heißt Johnny Korman und war schon mit acht ein starker Mann. Ich habe ihn mit zu mir nach Hause genommen. Wo soll ich ihn hinbringen, damit Sie mit ihm sprechen können?«
»Ich komme bei Ihnen vorbei«, sagte ich, »so gegen sechs.«
Ich mußte lange Zeit auf Mr. Samuels Türklingel in der 715 West, Ecke 172. Straße drücken, ehe jemand öffnete. Schließlich erschien ein farbiges Hausmädchen. Sie war in Hut und Mantel.
»Ist Mr. Samuels zu Hause«, fagte ich.
»Das weiß ich nicht«, antwortete sie. »Ich arbeite nicht mehr hier.« Und sie eilte davon.
Unangemeldet betrat ich das Samuelssche Wohnzimmer. Ziemlich viele Menschen drängten sich darin. Ich bemerkte einen Polizisten unter den Gästen. Mr. Samuels kam auf mich zu. Seine Mähne schwarzen Haars war zerwühlt, sein Gesicht gerötet. Ein Ohr war unter einem Heftpflaster versteckt.
»Keine Sorge«, sagte er, »der Polizeibeamte dort ist ein Freund von mir. Vor langer Zeit erwies ich ihm eine Gefälligkeit.«
»Und was ist mit dem Burschen dort drüben?« sagte ich und wies auf einen Mann mit bandagiertem Kopf.
»Dem geht's gut«, sagte Mr. Samuels. »Er ist ein Nachbar. Der Doktor sagt, es ist nichts Ernstes.«
»Sie verlieren ja gleich Ihre Hosen«, sagte ich.
»Jaja«, erwiderte Mr. Samuels ärgerlich. »Ich hatte noch nicht die Zeit, mir einen neuen Gürtel zu holen. Entschuldigen Sie bitte.«
Ich bemerkte, daß das Klavier in der Mitte des Raums stand und der Fußboden mit den Ruinen eines kleinen Tisches und zahlreicher Glasgegenstände übersät war. Ein stämmiger Herr in Pullover kämpfte sich gerade vom Boden hoch.
»Ich kann jetzt meine Beine wieder gebrauchen«, sagte er.

»Und deshalb gehe ich jetzt. Ich möchte meinen Namen aus der Sache raushalten. Vielen Dank auch für die Einladung.«
»Und wer ist nun Johnny Korman?« Ich senkte meine Stimme.
»Der ist schon gegangen«, sagte Mr. Samuels barsch. Das Schluchzen eines Kindes drang durch die Wohnung. Gereizt rief Mr. Samuels seiner Frau zu:
»Sag Joan, daß sie alles ersetzt bekommt.«
Der Samuels-Erbe, Bobby, neun, betrat den Raum. Er sah ein wenig erhitzt aus.
»Alles in Ordnung«, sagte sein Vater mit fester Stimme. »Keiner wird dich verhaften. Du kannst jetzt rausgehen und mit deinem Fahrrad fahren.«
»Moment, Moment«, rief der Polizeibeamte. »Den Hammer läßt er aber lieber hier.«
Fünfzehn Minuten später waren wir allein, und Mr. Samuels erklärte mir die Situation: »Als Sie nicht rechtzeitig auftauchten«, sagte er, »dachte ich mir, ich könnte ja schon mal anfangen, die unsäglichen Kräfte dieses Johnny Korman zu testen. Ich bat ein paar Freunde her – sozusagen als Augenzeugen. Auf zwei Küchenstühlen stützte sich Johnny nur mit Kinn und Zehen ab, und wir sprangen auf seinem Rücken herum. Mike, der Lastwagenfahrer von vorhin, verlor die Balance und fiel vornüber auf den Tisch, der dabei zu Bruch ging. Dann brüllte er wie ein Stier herum, sein Bein sei gebrochen. Aber mit ein paar harten Drinks konnte ich ihn ruhigstellen. Dann zog Johnny das Piano herum und führte noch weitere Kunststücke vor. Er krümmte Eisennägel mit den Fingern und sagte, er könne Dimes mit den Zähnen verbiegen. Hingerissen von so viel Genie, holte ich die Sparbüchse meiner kleinen Joan und schüttelte alle zwanzig Dimes heraus, die darin waren. Als Johnny dann jeden einzelnen mit seinen Zähnen krumm und schief gebogen hatte, wurde Joan hysterisch. Jetzt glaubt sie, sie sei für den Rest ihres Lebens rui-

niert. Von nichts auf der Welt will sie sich davon abbringen lassen.

Danach«, fuhr Mr. Samuels fort, »steckten wir Nadeln in Johnny. Er fühlte keinen Schmerz, blutete nicht einmal. Schließlich sagte er, wir könnten ihm mit einem Hammer auf den Kopf hauen, ohne daß er es überhaupt merken würde.

Also holte ich einen Hammer, und in dem Moment kam mein Sohn herein. Er sagte, er wolle zuschlagen. Ich gab Bobby den Hammer, aber vor lauter Aufregung und im Eifer des Gefechts ging Bobby auf einen der anderen Gäste los und zog ihm den Hammer über den Schädel. Der Bursche, Emil, fiel um und schlug mit dem Kopf zuerst auf. Wir alle dachten, er wäre tot, und Mike, der immer noch bei seinen Drinks saß, öffnete das Fenster und schrie ›Mord! Mord!‹ hinaus. Aus dem Grund kam der Polyp auf die Party.

Und was meine rutschenden Hosen betrifft«, sagte Mr. Samuels, »das geht auf Spesenrechnung. Johnny stand auf einem Stuhl und hielt mich zwischen den Zähnen an meinem Gürtel hoch, nur, der Gürtel riß, und ich knallte auf mein Ohr.«

Mr. Samuels wies auf das Heftpflaster. »So, und jetzt wäre ich Ihnen zu Dank verpflichtet, wenn Sie mir erklären könnten«, sagte er kalt, »weshalb Sie unbedingt einen starken Mann interviewen wollten.«

»Vergessen Sie das Ganze«, sagte ich. »Ziehen Sie sich Hosenträger an, und dann gehen wir los und setzen uns irgendwohin, wo es ruhig ist.«

»Hosenträger«, schniefte Mr. Samuels. »Wofür halten Sie mich eigentlich – einen Bankier?«

Ein Paganini der Gosse

Er steht an der Straßenecke und fiedelt. Seine Wange ist zärtlich gegen das Geigenholz gepreßt, aber ein Auge streift ruhelos und wachsam umher. Ein Polyp bedeutet 1 Dollar Strafe wegen Verstoßes gegen das vom Bürgermeister erlassene Gesetz gegen unnötigen Straßenlärm.

Für all die Armen und Bedrückten hat unser Bürgermeister ein Herz so groß wie eine Wassermelone, nur für die Straßenbettler, die Musik machen, nicht. Ich vermute, daß der Klang ihrer schmachtenden kleinen Melodien an einem Frühlingsmorgen einfach zu viel ist für unseren sentimentalen Kalifen. Und weil er nicht gern erwischt werden will, wie er schluchzend an allen möglichen Straßenecken steht, erließ er lieber ein Gesetz, um diese Musikanten von der Bildfläche zu vertreiben.

Unser Fiedler in seinem zerlumpten Mantel spielt Tschaikowskijs *Fünfte Sinfonie*. Er spielt sie sehr gut, Glissandi, Doppelgriffe und alles. Gelegentlich verpfuscht er die Höhepunkte der Kadenz. Aber das würde auch Heifetz passieren, wenn er mit seinen Gedanken halb bei Tschaikowskij und halb beim Polizeirevier spielte.

Ein Kunde kommt aus der Brewerschen Buchhandlung in der 180 MacDougal Street und leistet einem Kapitalverbrechen Vorschub. Er wirft eine Münze in den Hut des Bettlers. Und einen Augenblick lang erzittert Tschaikowskij ein wenig süßer. Unser Verbrecher hat nicht nur eine erstaunliche Technik, er erzielt auch einen exzellenten Klang. Sogar diese Bettlerfiedel bringt er unter seinem gekonnten Bogenstrich zum Jubilieren.

Talent, das seine letzte Vorstellung in der Gosse gibt, ist eine alte Geschichte. Man vermische ein wenig Bourbon, Liebe und eine Neurose oder zwei, und das Ergebnis ist oft Kunst mit der Blechbüchse in der Hand.

Der Name unseres Gossengenies ist Walter Friedenfeld. Nach sechs Jahren Konzertarbeit auf der Straße sind seine Finger ein wenig steif geworden. Aber immer noch hämmern sie mit der Schnelligkeit und Kraft von Pferden, die die Zielgerade entlangpreschen, auf den Geigenhals ein. Hoffnung und Mut sind dem Herzen unseres Virtuosen entwichen, doch sein Talent begleitet ihn immer noch, wie ein blinder Passagier.

Wenn man einen Geiger so gut spielen hört wie diesen, weiß man, daß er als Kind begann, daß er Jahr um Jahr den halben Tag vor einem Notenständer stand und daß sein Pa und seine Ma und alle Onkel und Tanten mit angehaltenem Atem auf den Tag warteten, wo er zum Vorspielen in die Carnegie Hall bestellt würde.

Die Ereignisse, die unseren Helden in die MacDougal Street und in eine Bettler-Serenade verschlugen, begannen, als er zwanzig war. Er heiratete ein Mädchen namens Hortense, die ihn und Tschaikowskij gleichermaßen bewunderte. Hortense ist ein Name, den unser Bettler noch immer mit feuchtem Auge erwähnt. Sie liebte ihn, ermutigte ihn, und er liebte nur sie. Bis zum heutigen Tage hat er auf der ganzen Welt nur Hortense geliebt.

Jeden Tag saß sie den ganzen Tag in der ersten Reihe des Capitols und lauschte seinem Spiel. Er musizierte bei den ersten Violinen. Das war zu der Zeit, als das Capitol unter der Leitung Eugene Ormandys stand – heute Dirigent des Philadelphia Sinfonie Orchesters – und sich der besten ersten Violinen im Lande rühmen konnte.

Später gründete unser Bettler ein eigenes Orchester. Es spielte, und das sehr hübsch, im Greystone Hotel im West 90-Bezirk. Das war das Ende von Ruhm und Glück unseres Helden. 1930 brachen die Kalamitäten über ihn herein. Das Orchester ging auseinander, und eine erste Violine durchstreifte die Stätten, an denen Musik gemacht wurde, auf der Suche nach einem Job.

Zu der Zeit gab es ungefähr 15 000 andere erste Violinen auf der gleichen Suche. Denn durch den Tonfilm und das Radio war der Bedarf nach musizierenden Künstlern um die Hälfte gesunken, und die Depression gab noch ihre Kirsche zum Schmerzenscocktail unseres Fiedlers dazu. Aber etwas war finsterer als all diese finsteren Ereignisse: Die seelenvolle Hortense begann zu weinen und den Verstand zu verlieren. Sie konnte den Niedergang ihres großen Konzertmeisters einfach nicht ertragen. Eines Nachts versuchte sie, ihn zu ermorden. Die Ärzte stellten die Diagnose, Hortense sei verrückt, ließen sie abholen und ins Rockland State Hospital bringen.

Und wenn er jetzt an den Straßenecken der Stadt Tschaikowskij-Sinfonien und Wiener Walzer spielt, denkt unser Bettler an Hortense, die ihn liebte und hinter den Mauern eines Irrenhauses lebt. Und wenn er heim in sein 25-Cent-Zimmer in der Bowery schlurft, unterwegs einkehrt, um einen Bourbon oder zwei zu heben, verfolgt Hortense ihn immer noch.

»Ich kann niemand anderen lieben«, sagt er. »Es ist meine Schuld, daß sie verrückt wurde. Sie hielt mich für ein Genie, und als sie mich dann auf der Straße spielen sah, konnte sie es nicht ertragen. Deshalb wollte sie mich umbringen. Wenn ich an sie denke, tut mir das Herz weh, und ich muß ein Glas oder zwei trinken und versuchen alles zu vergessen. Ja – alles. Hier wohne ich«, – die Erste Violine bleibt vor dem Clover Hotel in der Bowery stehen. »Ich schäme mich hineinzugehen. Aber wenn ich ein paar Gläser intus habe, macht es mir nicht mehr so viel aus. Manchmal spiele ich nachts in meinem Zimmer, um das Geschrei und Gefluche um mich herum zu übertönen.«

Die erste Violine seufzt. Hätte er Geld genug, für Hortense zu sorgen, erklärt er verlegen, würden die Behörden sie zu ihm zurückkehren lassen. Und das ist der Grund, warum er lange Stunden an den Straßenecken spielt. Die Polypen schreiten ein, und jede Woche zahlt er ein oder zwei Dollar Strafe. Aber wenn das Wetter gut ist und das Bettlerglück ihm günstig gesinnt, kann er Hortense vielleicht eines Tages aus dem Irrenhaus herausfiedeln.

Das Galdston Tabu

Eines der deprimierendsten Dinge an Ärzten, guten oder schlechten, bedeutenden oder unbedeutenden, ist, daß ihre Worte nicht für die Öffentlichkeit bestimmt sind.
Wenn man auf eine Geschichte mit einem medizinischen Aspekt stößt, endlich den Mediko lokalisiert, um den es geht, dann wird er einem mit einer Haltung begegnen, die zu gleichen Teilen aus Beunruhigung und Widerwillen zusammengesetzt ist. Übt man Druck auf ihn aus, wird er einen von drei Wegen beschreiten. (Wohlgemerkt, ich spreche von Ärzten, die sich in keiner Weise etwas zuschulden kommen ließen. Im Gegenteil, ihr Anteil an der Geschichte, der man auf der Spur ist, grenzt normalerweise geradezu an Edelmut.)

Stellt man einem solchen medizinischen Helden also Fragen, wird er entweder zusammenzucken wie ein Einbrecher, der auf der Feuerleiter erwischt wird, und in ein Schweigen verfallen, das einen zur Verzweiflung bringt. Oder er wird die Tatsachen, die man aufspüren will, erst offenbaren, nachdem man beim Kopf der eigenen Mutter geschworen hat, weder seinen Namen zu nennen noch irgendwelche anderen Hinweise auf seine Identität zu geben. Oder, drittens, er wird einen an Dr. Iago Galdston von der New York Academy of Medicine verweisen.

Allein Dr. Galdston vermag ihm die Lippen zu öffnen. Wenn diese Kapazität ihm die Erlaubnis gibt zu reden und seinen vollen Namen zu nennen, dann wird sich unser medizinischer Gewährsmann vorsichtig aus seinem Zieselloch herauswagen, den Horizont abspähen wie ein Fenimore Cooper Indianer und einem mit irgendeiner Zeichensprache zu Diensten sein.

Einige meiner besten Freunde sind Ärzte, und sie haben mir erklärt, solche Verschwiegenheit sei nur zum Besten des Berufsstands. Wenn ich recht verstehe, ist ihre Theorie die folgende: Nähme Dr. Galdston seinen medizinischen Schützlingen den Maulkorb ab, würden viele von ihnen anfangen loszuschnattern wie die Gänse und die Zeitungen mit unziemlichen und dubiosen Informationen füllen. Wieder andere könnten diese Redefreiheit ausnutzen, um sich durch Darstellungen ihres Könnens und ihrer Triumphe ins Licht der Öffentlichkeit zu drängen. Und dies fiele unter die doppelte Kardinalsünde von Eigenwerbung und Publicitysucht.

Der wahre Wissenschaftler, der im allgemeinen ein schüchterner Bursche ist, würde dann durch alle möglichen, viel Lärm um sich machenden, geringeren medizinischen Größen aus dem Rampenlicht gedrängt. Und statt etwas so Entsetzliches geschehen zu lassen, unterwerfen sich die Ärzte lieber freiwillig einer Zensur, die sie alle gleichermaßen ins Dunkel drängt. Nur untereinander dürfen sie sprechen oder durch die offiziell geadelten Kanäle medizinischer Information.

Diese ganze mit hochtrabender Ethik begründete Verschwiegenheit basiert also auf dem gegenseitigen Mißtrauen, das offenbar in der ganzen Profession herrscht, ein Mißtrauen, das begründet sein mag oder nicht. Möglich ist natürlich auch ein tieferliegendes Motiv: Je weniger der verdutzte Laie weiß, desto mysteriöser und rätselhafter erscheint ihm das Ganze. Diese popanzartige Verschwiegenheit war schon immer das Betriebskapital der Medizinmänner, gleich welcher Heilmethoden sie sich bedienen – ob sie beim vollen Licht des Monds abgeschnittene Fingernägel begraben oder irgendwelche Sulfonamiddosen verordnen.

Unsere werten Ärzte heutzutage mögen ein wenig unter der Wäscheklammer leiden, die ihnen am Mund steckt, aber sie werden doppelt entschädigt. Kein anderer ihrer werten Kollegen kann sich Patienten angeln, indem er sich an die Öffentlichkeit drängt. Und da sich alle Ärzte gezwungenermaßen in solch erlauchtes Schweigen hüllen, muß die Öffentlichkeit ja glauben, daß es bei dieser Profession um eine geheimnisvolle Zauberkunst geht.

Andererseits ist es nur natürlich, daß ein Reporter auf der Suche gesicherter Daten all das weihevolle Gehabe nur als großes Ärgernis empfindet. Meine Zusammenstöße mit Dr. Galdston waren zahlreich. Das letzte Mal wurde ich von einem der angesehensten Internisten der Stadt an ihn verwiesen.

Wir waren zum Dinner bei Dr. Morris Fishbein geladen, dem kahlköpfigen Herkules der AMA. Der hochgeschätzte und hochgelehrte Internist, von dem die Rede ist, hatte die Tischrunde mit einer Geschichte über moderne Hexerei in Erstaunen versetzt. Er war am Krankenbett eines Mannes zugegen gewesen, der in einem Anfall von Hysterie gestorben war, nachdem er herausgeschrieen hatte, seine Schwägerin habe einen Fluch auf ihn und seine ganze Familie herabbeschworen.

Mein hochgelehrter Freund hatte daraufhin Nachforschungen angestellt und herausgefunden, daß der Sohn des Mannes überfahren wurde, seine Tochter an Scharlach starb und seine Frau im Sterben lag. All dies war innerhalb von zwei Wochen geschehen. Die Familie, arme Leute, die einen kleinen Süßwarenladen in den Bronx betrieben, war tatsächlich von einer wohlhabenden Schwester verflucht worden. Die Schwester hatte einen von ihnen in Verdacht, ihre Diamantringe gestohlen zu haben. Voller Rage war sie in den Süßwarenladen gestürmt und hatte geschrieen, sie alle würden von schrecklichen Krankheiten heimgesucht und tot umfallen, wenn sie ihre Ringe nicht zurückbekäme. Innerhalb der folgenden zwei Wochen hatte ihre Hexenkraft die vier Leute aus dem Süßwarenladen praktisch ausgelöscht.

In Anbetracht der Tatsache, daß eine so ungeheuerlich anmutende Geschichte wie diese kaum zur Veröffentlichung taugt, solange sie nicht von dem angesehenen und landesweit bekannten medizinischen Namen meines Freundes gedeckt ist, wandte ich mich an Dr. Galdston mit der Bitte um Erlaubnis, den Namen dieses Herren nennen zu dürfen. Er verweigerte mir die Erlaubnis. Ich könne, so schlug er mir vor, die Geschichte ebensogut schreiben, ohne irgendwelche Namen zu nennen. Außerdem wies er mich darauf hin, daß in der medizinischen Zeitschrift *Lancet* kürzlich ein ähnlicher Fall von, wie er es ausdrückte, »Totemismus« geschildert worden sei. Dieser Artikel sei voller Namen und Daten, und den dürfe ich gern nachdrucken, sagte Dr. Galdston. Er halte diese Geschichte ohnehin für die weitaus bessere.

Also beugte ich mich der medizinischen Ethik. Ich weiß nicht, was mit meinem Freund, dem hochgeschätzten Internisten, geschehen wäre, hätte ich seinen Namen genannt. Möglich, daß die New York Academy of Medicine über eine Folterkammer verfügt, wo den werten Ärzten, die dem Wärter trotzen, auf der Streckbank die Glieder langgezogen werden. Für wahrscheinlicher halte ich es jedoch, daß diese Folterkammer in den Köpfen der armen Ärzte selbst existiert. Wie dem auch sei, meines Freundes Geschichte über Hexerei ist nicht abwegiger als die groteske und nach Stammesritus schmeckende Ethik, die mich an ihrer korrekten Wiedergabe gehindert hat.

Eine mißlungene Kreuzigung

Es gibt ein launisches Monster, das allen Schriftstellern und Schauspielern bekannt ist, ein Fabelwesen, das Glück und Katastrophe austeilt, Ruhm und Vergessenheit, und das so rätselhaft ist wie jener harmlosere Zauberer der Vaudevilles, der alle denkbaren Getränkesorten aus einem gewöhnlichen Hut produziert. Gemeint ist die Menge.

Die Kritiker, denen wir ständig ausgesetzt sind, verlieren manchmal ihren Job oder werden ihr Magengeschwür los. Zuweilen huldigen sie mit ihrem armseligen Wichtigtuer-Ego sogar einem Talent. Aber die Menge verliert nie ihren Job, und sie geht auch nicht in Pension. Ob sie nun einen Mississippi-Neger lyncht oder einen Broadway-Stückeschreiber,

immer geht sie mit einem unerschütterlichen und rätselhaften Gleichklang vor, der für beide Opfer gleich niederschmetternd ist.
Es ist eine verstörende Angelegenheit, dieser Menge zu mißfallen, besonders, wenn man viel Zeit und Energie darauf verwandt hat, ihr ein Lachen oder eine einträgliche Träne zu entlocken. Ich habe Reihen um Reihen streitbarer Künstler gesehen, angefangen von Hollywoodschauspielern bis hin zu olympischen Schriftstellern, die unser launisches Monster dazu brachte, sich in Tälern von Verzweiflung zu winden.
Aber einmal, in der St. Nicholas Boxhalle, sah ich dieses stolze und unverwundbare Monster besiegt. Zum ersten und zum letzten Mal.
Der Anlaß war ein Sechs-Runden-Vorkampf zwischen einem Neunzehnjährigen, der später Champion wurde, und einem vierunddreißigjährigen Berufsboxer, der weder bei jener Gelegenheit, noch vorher, noch später irgend etwas wurde. Er hieß Al Simms und kämpfte als Mittelgewicht.
Simms war ein gedrungener Typ mit einem verquollenen Gesicht. Tausend Hiebe hatten die Simms-Physiognomie zu einer unhübschen und kartoffelähnlichen Maske geknetet. Ihre Augen schielten, ihre Nase war ein knochenloser Huppel, ihre Ohren sahen wie ein Paar altmodischer Nadelkissen aus, und ihr Mund zeigte das langsame, mechanische Grinsen eines Groschenspielzeugs.
Das Grinsen stieg in den Ring, setzte sich in seine Ecke und schneuzte sich mit der behandschuhten Faust den einen noch funktionsfähigen Nasenflügel. Der Ansager gab der Menge die kurze Statistik des bevorstehenden Ereignisses.
Als der Name Al Simms durch den Lautsprecher kam, echote die Menge mit einem liebenswürdigen Pfuigeschrei. Sie kannte Al. Bei dem Gebrüll wurde Al Simms Grinsen noch breiter. Er erhob sich, verbeugte sich und nickte verbindlich nach rechts und nach links.

Vom ersten Gong an ärgerte sich die Menge über den Kampf. Die Schläge und rechten Haken, die der zukünftige Champion Simms' Lungen und Leber versetzte, hatten ein verzweifelt lächerliches Resultat: Unter jedem Hagelsturm des tödlichen Leders schüttelte Al nur seinen schwitzenden Kopf und strahlte benommen, aber triumphierend in die Menge.

Es war dieses Strahlen, das das Buhgeschrei erst richtig in Gang setzte. In Al Simms Gesicht lag etwas so Selbstgefälliges und Dümmliches, ein so unangebracht glückliches Glühen lag in diesem Brei von einem Gesicht, daß die Menge sich sozusagen in den Kampf einschaltete. Sie forderte, Al Simms solle ihr aus den Augen gehen. Sie schrie dem zukünftigen Champion zu, Al den Kopf abzureißen und ihn mit Roßhaar zu stopfen. Sie hatten gezahlt, einen Kämpfer zu sehen und keinen Clown.

Der Champion-in-spe entschied den Kampf bald für sich. Der Ansager hob die Hand, gebot Ruhe und kündigte an, Al Simms wolle eine kurze Ansprache halten. Bei diesen Worten trottete das Kartoffelgesicht mit dem mechanischen Grinsen glückselig zum Mikrophon, stand eine Weile da und überblickte die verblüffte Menge. Seine schielenden Augen waren feucht, und die im Lande nie zuvor vernommene Simms-Stimme drang mit schnaufendem Diskant durch die St. Nicholas-Halle.

»Er hat mich nicht geschlagen«, sagte Al Simms. »Er hat gut gekämpft, aber mich schlagen, das hat er nicht geschafft. Jedenfalls, Leute, bin ich froh, daß euch mein Kampf heut' abend gefallen hat, weil nämlich, das war mein letzter Kampf. Ich zieh' mich aus dem Berufe zurück heut' abend, das war also mein letzter Auftritt. Deshalb möcht' ich die Gelegenheit ergreifen, euch Leuten gegenüber zu danken dafür, wie gut ihr mir meine ganze Boxerkarriere lang gewesen seid. Und ich versprech' euch, Leute, ich werd' euch nie vergessen und auch nicht, wie ihr 'nem Burschen wie mir immer

’ne Chance gegeben habt und meine Bemühungen gewürdigt. Und jetzt verabschied’ ich mich – und – und ich danke euch.«
Die Menge war stumm. Und während der benommene, dämliche Al Simms sich von seinem Kreuz von Verachtung und Spott herabbeugte und auf das letzte Beifallsgetöse seiner Karriere wartete, schlug er die Menge in Bann. Kein Getöse kam, nur Schweigen. Aber das Breigesicht hörte nicht auf zu grinsen und zu warten.
Und dann, von irgendwo aus den hinteren Reihen, rief eine heisere Arbeiterstimme: »Prima, mein Junge! Du bist unser Mann, Al!« Andere Stimmen fielen ein, ein wenig unsicher. Dann klatschten Hände, ein wenig vorsichtig. Und immer noch grinste und wartete das Breigesicht.
Ich erinnere mich, wie Al Simms Grinsen und das so lächerlich unangebrachte Strahlen in seinen schielenden Augen die Tausende um den Ring plötzlich härter trafen als die Fäuste, mit denen der Champion-in-spe Al zugesetzt hatte. Es war ein klarer Knockout. Und das launische Monster nahm das Auszählen mit lauterem Applaus und Beifallsgetöse auf, als es je Jack Dempsey zu Ohren drang.

Fest der Sterbenden

Welch hübsche Melodie die Hotelkapelle spielt. Die stammt doch aus dem *Chocolate Soldier*, nicht wahr? Wer war es nur wieder, der in dem Musical auftrat?

Unsere Gruppe, die in das Restaurant hineinschlendert, ist mittleren Alters und älter – wir sind die gutgekleideten, sorgfältig rasierten und frisierten Überlebenden eines alten Songs, der hieß: »Come, Come, I Love You Only.« Uns alle könnte man auf ein Floß mit dem Schild *Gestern und der Tag davor* setzen.

In unserer Mitte befinden sich einige junge Damen – die Art junge Damen, die mit ihren Vätern und Vaterkomplexen herumlaufen und die man immer antrifft, wie sie sich um das

Gestern scharen. Junge Männer sind nicht unter uns. Vichyssoisse Suppe zu 75 Cent pro Portion schlagen die Jünglinge in die Flucht – Vichyssoisse und die Musterungskommission. Und vielleicht noch die Kapelle mit ihren »Auld Lang Syne«-Geigern. Sie müßten ein wenig schneller spielen, um den Teil der Stadt, den noch der Hafer sticht, anzulocken.

Aber uns gefällt die Musik. Unter unserer leicht aufgeblähten Taille und unseren aufgedunsenen Gesichtern dreht sich die Erinnerungsgavotte. Wer war es nur wieder, der bei dem Musical mitspielte? Ja – und wo wurde es nur gegeben?

Auch das Tischleinen ist nach unserem Geschmack. Schondecken unter den Tischtüchern, Gläser aus besonders dünnem Glas und zu viele Silberbestecke. Die Beleuchtung ist besänftigend, der Oberkellner vornehm und doch freut er sich wie ein Schneider, daß wir sein elegantes Etablissement beehren. Selbst die Kellner, wenn auch in geringerem Ausmaß, sind entzückt, solch feine Herrschaften wie uns zu Gast zu haben.

Kein Restaurant in der Stadt kann sich einer besseren Kellnertruppe rühmen. Tatsächlich kennen wir diese Kellner schon seit zwanzig oder dreißig Jahren, vielleicht gar vierzig. Zumindest sehen sie genauso aus wie die, die wir kannten. Ihr Gehabe und ihre Gesichter haben sich so wenig verändert wie die Schur des Pudels.

Mit einem Ohr auf den *Chocolate Soldier* lauschend, wenden wir uns dem anstehenden Problem zu. Zeit, etwas zu essen zu bestellen. Man bringt uns Verständnis entgegen. Niemand hetzt uns. Langeweile und Unentschlossenheit ereilen uns zusammen mit der Speisekarte. Man läßt uns Zeit, miteinander zu murmeln und in die Karte zu starren. Wir haben sie schon fuhrenweise gegessen, all diese exotischen Gerichte. Das zu bewältigende Problem ist nicht sehr aufregend – Perlhuhn oder Wildbretsteak? Aber der Kellner, gesegnet sei seine Seele, versteht uns. Er weiß, wie gut wir seit jeher essen und

wie schwer unsere Magensäfte noch in freudigen Aufruhr zu versetzen sind.
Die Musik spielt lieblich. Die Lüster funkeln auf Silber und Glas. Aber so gänzlich sind wir alle doch noch nicht dem Tode geweiht, trotz unserer Freude an diesen Dingen und der Gavotte aus der Vergangenheit in unseren Köpfen.
Wir wissen zum Beispiel, daß diese Speisekarte, in die wir gelangweilt starren, nicht mehr ganz in die Welt paßt. Das Menü ist von gestern, seit Belsazar hat es sich nicht verändert. Viel Hunger, nicht unserer, und viel Schweiß, auch nicht unserer, haben dieses kleine Füllhorn hervorgebracht, das uns der Kellner mit geschliffenen Manieren reicht.
Wir haben uns auch nicht zu tief in unsere weichen Sessel sinken lassen, um nicht zu bemerken, daß unser Kellner ein Grieche ist. Ach, wo sind die Evzonen nur geblieben? Auch die reglose Gestalt vor der Wand entgeht uns nicht – ein englisches Gesicht, hager und ältlich. Wir sehen uns um und bemerken noch mehr. Kellner sind gewöhnlich Ausländer. Auch die Kellnerlehrlinge. Wir fragen uns, welche Briefe wohl in ihren Taschen stecken. Sehr traurige, kein Zweifel. Sehr wahrscheinlich sind es die kleinen anonymen Schreie einer zugrunde gehenden Welt, die in ihren Taschen verborgen sind.
Der Kellnerlehrling, der beflissen unsere Wasserkaraffe nachfüllt, sieht wie ein Pole aus. Ein anderer hat das dunkel schimmernde Aussehen Osteuropas – wahrscheinlich ein Junge vom Balkan. Sie bewegen sich lautlos und zurückhaltend um uns. Sie lächeln sogar. Selbst sie scheinen auf das Lied »Come, Come, I Love You Only« zu lauschen.
Einer unseresgleichen sitzt allein an einem Tisch vor der Wand. Er hat eine Zeitung mitgebracht. Es ist die einzige Zeitung im Raum. Für unser Empfinden ist dieser Gast ein wenig taktlos. Hier ist nicht der Ort, Zeitung zu lesen. Wir kennen ihre Schlagzeilen. Die Welt geht in Stücke, und um jede Stra-

ßenlaterne sind die Eingeweide der Menschheit geschlungen. Derartige Dinge vertragen sich nicht mit unserem Menü. Sie beeinträchtigen unseren ohnehin nicht allzu gesunden Appetit – selbst wenn sie jemand stellvertretend für uns liest.
Mit Befriedigung stellen wir fest, daß der einsame Gast die Blutopfer auf den ersten Seiten hinter sich gebracht hat und seine Knollennase nun in die neuesten Wirtschaftsnachrichten vergräbt.
Draußen geschehen Dinge, die man nicht ignorieren kann. Aber hier, in diesem exklusiven Etablissement, brauchen wir sie nicht zur Kenntnis zu nehmen. Mit Befriedigung stellen wir weiterhin fest, daß die Griechen, Tschechen, Polen und Engländer um uns herum ihre guten Manieren nicht verloren haben. Welche Briefe auch in ihren Taschen verborgen sein mögen und welche Bombensplitter ihnen das Herz beschweren, sie bedienen uns, als gereichten wir immer noch der besten aller Welten zur Zierde.
Nicht einen Moment lang lassen sie sich von ihren Sorgen die Uniformen verknittern. Niemand würde vermuten, daß diese höflichen, geschmeidigen Diener zu dem verzweifelten Völkchen gehören, das die muffigen Arbeitsvermittlungen in der Sixth Avenue heimsucht – denn wir befinden uns in einem gewerkschaftsfeindlichen Hotel. (Seine Betreiber hängen noch zu sehr an der Vergangenheit). Niemand würde wohl auch vermuten, daß unser Kellnerlehrling und unser Kellner weniger als 9 Dollar in der Woche verdienen und daß sie, wenn sie des Nachts nach Hause kommen, mit begierigen Fingern die Trinkgeldpfennige zählen.
Keinem von ihnen würde man dergleichen ansehen – und während wir in unsere Austern starren, ist es uns nur lieb, daß wir uns mit solchen Dingen im Augenblick nicht beschäftigen müssen. Wir werden noch ein wenig länger an diesen Tischtüchern mit den Schondecken darunter sitzen, den weichen Kokon, den dieses Restaurant bietet, noch einen Abend lang ge-

nießen. Die Schreie der Welt dringen nur abgedämpft hierher – fast so dumpf wie Schreie aus einem Grab.
Die Kapelle spielt eine andere Melodie. Wieder ist es eine alte. Aus der *Dollar Princess* nicht wahr? Wer war es nur wieder, der in diesem Musical auftrat? Ja – und wo wurde es nur gegeben?

Geburt einer Legende

Immer wieder einmal ist die Stadt von einem unglaublichen Geschehen erfüllt. Die flinke Gerüchtezunge trägt es von Tisch zu Tisch und von Büro zu Büro. Manchmal ist das unglaubliche Geschehen ein Wunder, und es ist schon vorgekommen, daß ein solches Wunder sich nicht damit begnügt, Stoff für Dinner- und Büroklatsch abzugeben, sondern in die Weltgeschichte einging. Religionen, Kriege und Massaker hatten als Auslöser oft solche nicht zu fassenden, nicht aufspürbaren und doch so einschlagenden Tatsachen.

Zeitungsleute kennen diese aus dem Nichts geborenen Phantasien besser als die meisten anderen Menschen. Seit ewigen Zeiten laufen sie den Geschichten von Rätseln und Wundern hinterher, die in immer wiederkehrenden Abständen durch die Stadt rumoren.

Da gibt es die Geschichte von dem toten Mann, der in der Untergrundbahn sitzt, seine Augen unbewegt auf einen weiblichen Fahrgast gerichtet. Beleidigt von diesem unverschämten Gestarre, versetzt die Dame dem toten Mann schließlich eine Ohrfeige, woraufhin die Leiche vom Sitz fällt und große Hysterie ausbricht.

Der Name dieser zimperlichen und irregeleiteten Dame wurde nie festgestellt, auch der Name des hingeschiedenen Lüstlings nicht und auch nicht der des U-Bahnschaffners, der Zeuge des Ganzen war. Dem guten Reporter stellte sich jedoch ein Kreis von Hunderten über Hunderten von Bürgern zur Verfügung, die die Geschichte von einem Nachbarn gehört hatten, dessen Tante oder Onkel in der Bahn saßen, wo alles geschah.

Außerdem gibt es das immer wiederkehrende Wunder der Teufelsgeburt – normalerweise handelt es sich um ein in den Slums geborenes Kind, dem nachgesagt wird, mit zwei Hörnern auf dem Kopf, einem Schwanz am Hinterteil, einem vollständigen Gebiß und vollkommener Sprache zur Welt gekommen zu sein. Noch ein drittes Wunder gibt es, von dem die Zeitungen ungefähr alle fünf Jahre berichten. Das ist die Geschichte von dem Sohn, der goldbeladen in die elterliche Hütte irgendwo in Polen zurückkehrt. Der Sohn gibt sich seinen Eltern nicht zu erkennen, schläft aber unter ihrem Dach und träumt davon, wie er sie am Morgen mit seinem Schatz erfreuen wird. In der Nacht ermorden die Eltern, die zwar im Grunde nicht böse sind, aber verzweifelt und hungrig, den unbekannten Gast, um sich seines Goldes zu bemächtigen. In dieser Geschichte, wie der von der Teufelsgeburt, trifft man auf eine Überfülle von Zeugen, aber keine handelnden Personen.

Eine andere solche Legende, weniger schaurig, aber makaber genug für die Zwecke der Gerüchteküche, flattert im Augenblick durch die Stadt. Zuerst hörte ich sie von einem Schriftsteller namens Charles Boswell, der in der 260 West 11. Straße wohnt. Mr. Boswell glaubte die Geschichte und gab sie wie folgt wieder:

Eine Frau aus Brooklyn gab ihre Katze in eine Tierklinik. Die Katze starb, und die Frau bat um ihre sterblichen Überreste. Sie wollte ihr Haustier selbst begraben. Man packte ihr die tote Katze in eine hübsche Kiste, und die Dame begab sich auf den Heimweg. Unterwegs ging sie in das Sternsche Kaufhaus. Während sie dort ihre Einkäufe tätigte, bemerkte sie plötzlich, daß die Kiste, die sie neben sich auf die Ladentheke gestellt hatte, verschwunden war. Die Kaufhausdetektive starteten eine Suchaktion nach der abhanden gekommenen toten Katze. Zehn Minuten später fanden sie eine Frau zusammengesackt am Boden einer Telefonzelle liegen. Neben ihr stand die Kiste, sie war geöffnet, und die Katzenleiche starrte heraus. Die Frau war tot. Sie wurde sofort als eine notorische Ladendiebin identifiziert, nach der dieses und andere Kaufhäuser während der letzten sechs Monate gefahndet hatten. Offensichtlich hatte sie die Kiste gestohlen, sie in die Telefonzelle mitgenommen, um sie zu öffnen, war der toten Katze ansichtig geworden, hatte einen Herzanfall bekommen und war leblos zu Boden gesunken – das Opfer einer makabren Gerechtigkeit.

Mr. Boswell sagte, die Geschichte sei ihm von zwei Schauspielern, die in der Wohnung über ihm wohnten, erzählt worden. Von Oscar Stirling und seiner Frau Edna Peckham, kürzlich in *Kind Lady* zu sehen. Mr. Boswell sagte, diese beiden stünden für die Wahrheit der Geschichte ein.

Ein Interview mit den Stirlings offenbarte, daß sie die Geschichte von ihrem Christian-Science-Pfarrer hatten, einem Mr. Charles Simmons, der in der 450 West 24. Straße wohnt. Mr. Simmons, ein über jeden Zweifel erhabener Mann, habe die Geschichte in seiner Predigt erzählt.

Mr. Simmons wiederholte die Predigt. Er sagte, er habe sie von einer Frau gehört, die mit der Besitzerin der toten Katze befreundet sei. Diese Frau war Mrs. Katherine Luebbers aus Nr. 28 Mile Square Road in Yonkers. Mrs. Luebbers könne mir die Namen aller beteiligten Personen nennen.

Diese Mrs. Luebbers nun war ganz erfüllt von dem Tote-Katzen-Wunder. Den Namen der Tierbesitzerin kannte sie nicht, aber die Geschichte war ihr von ihrem Schwiegersohn, Ronald Schaeffer, erzählt worden, der alles darüber wisse. Dieser Mr. Schaeffer nun wußte wirklich alles. Er hatte die Geschichte aus erster Hand von dem Fahrgast eines Pendlerzugs, dessen Tante die Dame kannte, der die tote Katze gehörte.

Im Sternschen Kaufhaus wurde die Geschichte entschieden und ein wenig indigniert von W.F. McCue, dem ersten Kaufhausdetektiv, dementiert. Auch dem Polizeirevier in der 54. Straße waren keinerlei Katzen- oder Ladendiebinnenleichen gemeldet worden.

In der Zwischenzeit haben Sie vielleicht von einer anderen Wundergeschichte gehört. Wahrscheinlich sind die unzähligen Wunderliebhaber schon dabei, sie von Tisch zu Tisch und von Büro zu Büro zu verbreiten. Und falls Sie nichts Wichtiges zu tun haben, so wie ich, nehmen Sie sich ein paar Tage frei und spielen sie den Ringelrein Was-ist-dran-am-tote-Katzen-Gerücht.

Sie werden auf keine tote Katze oder vom Schlag getroffene Ladendiebin stoßen, aber Sie werden einen aufschlußreichen Blick in diese Art Gerüchtequelle werfen können, die sich den Anschein gibt, tiefer zu sein und mit mehr Tatsachen angefüllt als jene andere Quelle, aus der noch nie Kriege, Massaker oder Religionen geboren wurden.

Um den Springbrunnen

Möglich, daß Sie die Zeitungsnotiz über Natascha Iwonowa am Sonntag nicht gelesen haben. In lebensgroßen Buchstaben stand ihr Name dort gedruckt. Aber schließlich gab es über andere Dinge zu lesen – Bedrängnisse und Kalamitäten, die für ein Dutzend Nervenzusammenbrüche ausreichten und die Sie höchstwahrscheinlich von Mlle. Iwonowa abgelenkt haben. Wenn dem so war, so macht das gar nichts. Denn die Pressenotiz über Natascha Iwonowa wird Ihnen weit mehr Vergnügen bereiten, wenn Sie dieses Vorwort gelesen haben.

Das Vorwort reicht weit zurück – achtunddreißig Jahre. 1903 wurde Natascha zu Natascha. Zuvor war sie Emaline Gulding gewesen. Nataschas Eltern hatten Ruhm für ihre Tochter im Sinn. Und um Ruhm zu erlangen, braucht man einen seelenvollen Namen und muß früh anfangen, etwas dafür zu tun.

Im Alter von sechs Jahren begann Natascha ihr Streben. Sie wurde in einer Ballettschule in Chicago angemeldet. Während andere kleine Mädchen spielten, von größeren Puppen träumten und auf Kinderfeste gingen, erlernte Natascha die Kunst, Pirouetten und Sprünge zu vollführen und auf Zehenspitzen zu tanzen.

Mit fünfzehn war sie Tänzerin. Mit siebzehn war sie eine noch bessere Tänzerin. Denn wenn ein junges Mädchen elf Jahre lang hart arbeitet, zwei Ballettstunden pro Tag nimmt und sich mit beinahe krankhafter Besessenheit dem Unterfangen widmet, jeden Muskel zu dehnen und die eigene Wirbelsäule in ein Gummiband zu verwandeln, dann ist sie Tänzerin. Sie verfügt über die Fertigkeit, wie eine Feder zu schweben, wie eine Möwe zu segeln und sich wie eine Blume im Wind zu wiegen.

Mit achtzehn wurde die geschmeidige und vogel-gesichtige Mlle. Iwonowa in das Ballettkorps der Metropolitan Opera aufgenommen. Ihre Eltern waren selig. Denn das Ballettkorps ist der Außenbezirk des Ruhms. Es ist der erste Schritt auf dem Weg zu Triumphen, Leuchtbuchstaben, Aufruhr in der Kritik und den Jubelrufen der Welt.

Anders als bei so vielen anderen vom Ballettkorps ließ Nataschas Ehrgeiz, nachdem sie diesen kleinen Hintere-Ränge-Erfolg erreicht hatte, nicht nach. Sie war von dem Ziel beseelt, ein Star zu werden, sich abzuheben von den Ballettmädchenformationen, die man als die »Um-den-Springbrunnen«-Tänzerinnen kennt, jene Wesen, die im Hintergrund der Bühne umherschweben und huschen (meistens um einen Springbrunnen herum), um für die Höhenflüge der berühmten Primaballerinen eine hübsche Untermalung abzugeben.

Die von Ruhm träumende Natascha arbeitete weiter an ihrer

Ausbildung, nicht bei einem Maestro – ein ganzes Heer von Studios wurde von ihr frequentiert. Die Liste der Lehrer Naschas ist eindrucksvoll. Sie umfaßt Westov-Serova, Chalif, Pavley und Ukrainsky, Chechetti, Mordkin, Michail und Vitale Fokin, Maria Jurjewa, Swoboda, Vilzak, Ludmilla Schollar, Pierre Vladimirov, Muriel Stuart, Fedorova, Celli und viele andere. All diese hervorragenden Instrukteure der großen Kunst impften Natascha jeden Schritt und jede Bewegung eines jeden Balletts ein, das je auf einem Programm stand. Sie beherrschte alle Rollen aus *Scheherazade, Schwanensee, Petruschka, Auroras Hochzeit, Karneval* und außerdem unzählige moderne und veraltete Pantomimen. Jeder Takt, jede Drehung und jedes Stück Schauspielkunst aus dem glamourösen Ballettrepertoire wurde Natascha zur zweiten Natur.

Trotzdem, mit zwanzig war sie noch immer im Corps de ballet. Immer noch tanzte sie »um den Springbrunnen«. Sie schloß sich einem anderen Ballettkorps an, dem der San Carlo Oper, wenig später ging sie zum Mordkin Ensemble in Philadelphia, dann zum Gavrilov Ballett und wechselte danach in immer kürzeren Abständen ein halbdutzendmal von einer kurzlebigen Truppe zur anderen. Aber der Ruhm, von dem sie geträumt hatte, mied sie. Und mit fünfundzwanzig wußte Natascha, daß sie endgültig zu jenen hochversierten und vollkommenen Tänzerinnen gehörte, die nie »auffallen«.

Es gibt viele von ihnen – Tausende vielleicht. Über ihren Brauen prangen nie Sterne, kein Rampenlicht verleiht ihren Träumen je einen Heiligenschein. Nicht einmal die erfahrensten Kommentatoren dieser Kunst können erklären, woran das liegt. Tatsache ist jedoch, daß ein großer Bereich des Balletts im allgemeinen völlig ignoriert wird – eben jenes ungeheure Talentreservoir, das ungenutzt hinter dem Glanz der wenigen Primaballerinen schlummert.

Achtunddreißig Jahre lang tanzte Natascha – im Corps de ballet. Nirgendwo erschien ihr Name. Kein Kritiker bemerkte je ihr Können. Es wurde in Hunderten von Probehallen begraben. Gelegentlich glänzte ihr Talent bei Wohltätigkeitsveranstaltungen, erntete Applaus, aber nie eine Erwähnung im Programm. Und hin und wieder, wenn sich die Ballerina auf einer Tournee den Knöchel verstauchte, mußte Natascha einspringen, um den *Blauer-Vogel-Pas-de-deux* oder eine andere große Rolle zu übernehmen. Diese Notvorstellungen waren der Kritik nie eine Zeile wert.
Achtunddreißig Jahre lang war Natascha viel zu beschäftigt, ihre Kunst und ihr Talent zu vervollkommnen, um ans Heiraten zu denken. Ihre einzigen Freunde waren die ewig wechselnden Figuren der verschiedenen Corps de ballets. Die meiste Zeit dieser achtunddreißig Jahre wohnte sie in winzigen Pensionszimmern und bemühte sich fanatisch um die Meisterschaft in einer Kunst, die sie nie vorführen sollte. Mit vierundvierzig huschte die in jeder Drehung und Wendung hunderter Tänze bewanderte Natascha immer noch im Hintergrund über die Bühne, lieferte noch immer die hübsche Untermalung zu den Höhenflügen der Primaballerina.
Soweit das Vorwort zu dem kleinen gedruckten Erguß, der Natascha am vergangenen Sonntag schließlich doch noch gewidmet wurde. Es war ihre erste Pressenotiz in achtunddreißig Jahren. Der Herr, der für die Öffentlichkeitsarbeit der Oper zuständig ist, hatte sie herausgegeben. Diese einzige Presseerwähnung ihres Lebens klebte Natascha auf ihr Lieblingsbuch *Life of Pavlova*. Sie lautete:
»Natascha Iwonowa, seit vielen Jahren mit den führenden Balletts Europas und Amerikas verbunden, verkündete heute ihren Rücktritt von der Bühne. Mlle. Iwonowas Hingabe an die große Tanzkunst stand den Primaballerinen ihrer Zeit in nichts nach. Mit ihrem Rücktritt verliert die Ballettbühne eine ihrer bewundernswürdigsten Figuren. Mlle. Iwonowa

hat die Absicht geäußert, eine Ballettschule für Tanzeleven zu eröffnen. In ihrem neuen Studio im Roseland-Gebäude hofft Mlle. Iwonowa, eine neue Generation von Sylphiden und Nymphen auszubilden, die Großes im Ballett erreichen wollen.«

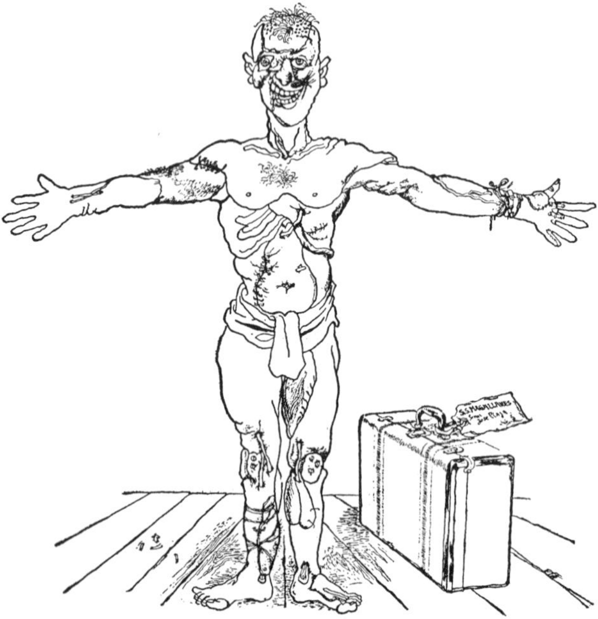

Ein Mann mit einem Gesicht

Am 11. Juli 1940 stand ein Gentleman namens José Plaja auf dem Deck des Dampfschiffes *Magallanes*, das vom New Yorker Hafen in Richtung Spanien auslief. Wenn die künftigen Historiker sich daranmachen werden, das Puzzle unserer Gegenwart zusammenzusetzen, wird Herr José Plaja ihnen wahrscheinlich einiges Kopfzerbrechen bereiten – vorausgesetzt natürlich, ihnen fällt irgendein Bericht über ihn in die Hände. Das ist jedoch kaum anzunehmen, denn welcher Historiker, frage ich Sie, der sich auf die Suche nach etwas Erfreulichem und Erbaulichem in unserer Zeit begibt, würde schon darauf verfallen, in den alten *PM*-Archiven zu stöbern.

Auf der Suche nach einem Silberstreifen von Menschlichkeit, der den Himmel von 1940 aufhellen könnte, werden sich die Historiker wahrscheinlich mit dem Aschenputtel aus Virginia begnügen, das kürzlich im Weißen Haus gefeiert wurde. Ich finde das bedauerlich, denn diese Geschichte ist keineswegs erfreulich. Ich brauchte drei Tage, um mich von den Fotos zu erholen, auf denen sich die großen Filmstars und Politiker um unser Aschenputtel scharen. Ein Stück Menschlichkeit, so viel wert wie ein Pfennig und dazu von den Presseagenturen lanciert, verdiente eigentlich nicht, ganze Titelseiten zu füllen, und ich war überrascht, daß die Regierungszeitungen die Angelegenheit nicht einfach links liegen ließen. Nun – der Zukunft wird sie ja vielleicht gefallen.
Was meinen Mr. Plaja betrifft, so ist er vielleicht wirklich ein zu großer Silberstreifen, um sich in das Puzzle unserer Gegenwart einfügen zu lassen. Möglich, daß er das ganze vorgezeichnete Bild auseinandersprengt. Stellen Sie sich vor, wie lächerlich es unseren Enkeln vorkäme, würden sie hören, daß 1940 ein Jahr war, in dem sich die Wissenschaft der Aufgabe widmete, ein menschliches Wesen zusammenzusetzen statt es in Stücke zu reißen.
Genau das aber geschieht in der Geschichte von José Plaja. Drei Jahre lang, während überall auf der Welt Millionen Menschen von tausend Errungenschaften der Wissenschaft – dem Radio eingeschlossen – zerfetzt, zerschlagen, in die Luft gesprengt, zerbombt aufgeschlitzt und verbrannt wurden – während dieser drei Jahre lag José im presbyterianischen Krankenhaus und wurde wie ein Stabilbaukastenspielzeug zusammengesetzt.
Am 24. Juni 1935 kamen vierzehn Personen, darunter Ernesto Samper, »der Lindbergh Südamerikas« (was damals ein schmeichelhafter Titel war) in Medellín, Kolumbien, beim Zusammenstoß zweier Flugzeuge ums Leben. José war ein Überlebender dieses Unglücks.

Bar seiner Augen, Ohren, Nase, Hände, Haut, Haare, Lippen und allen menschlichen Ausdrucks blieb der Señor zwei Jahre lang in Südamerika. Wie einer Orange hatte das Feuer ihm die Pelle abgezogen. 1937 ließ sich José nach New York bringen, und die Masse rohen Fleischs, die seinen Namen trug, wurde in ein Krankenhausbett gelegt. Während der folgenden drei Jahre mühte sich Dr. Jerome Webster an dem gesichtslosen Señor ab, versah ihn mit Handprothesen inklusive Daumen, pflanzte ihm wieder eine Nase ins Gesicht, nähte ihm ein Paar Ohren an, stattete ihn mit einem mit Lippen und Zähnen versehenen Mund aus, schnitt die Wülste fort, die seine Augen waren, gab ihm sein Augenlicht wieder, nähte ihm mit Federstich neue Wimpern, Brauen und Lider an und stattete ihn insgesamt von Kopf bis Fuß mit einem Jakobs-Mantel neuer Haut aus. Sogar in die Wangen des Señors wurden Haare eingepflanzt, so daß er die Freude hatte, sich wieder rasieren zu können.

Alles in allem wurden wohl dreißig, vierzig oder fünfzig Operationen durchgeführt. Die Angaben sind deshalb ein wenig vage, weil Dr. Webster nicht über den Señor und das an ihm verrichtete Werk reden will, was natürlich der unfaßbaren Bescheidenheit zuzuschreiben ist, die die medizinischen Zauberer ganz allgemein verstummen läßt.

Im Büro des spanischen Generalkonsuls waren jedoch Auskünfte zu haben. Es waren merkwürdige Auskünfte, voller Widersprüche. Sie bezeichneten das an José vollzogene Werk als reinste Zauberei. In seinem Falle habe sich die Wissenschaft selbst übertroffen und tatsächlich ein menschliches Wesen neu erschaffen. Weiterhin hieß es jedoch, daß dieses menschliche Wesen so erschreckend sei, so unheimlich und harlekinhaft anzusehen, daß einem bei seinem Anblick der Atem stocke und Schauer über den Rücken liefen.

Das kurz vor seiner Ausreise nach Spanien aufgenommene Paßfoto zeigt einen großen, stolzen zusammengestückelten

Gentleman mit Augen, die starren wie die einer Puppe, und einem höchst verwirrenden Lächeln auf seinem höchst verwirrenden Gesicht. Und doch war José, als er für dieses Foto saß, ein glücklicher Mann. Seinen Freunden zufolge war er keine Spur befangen und ging so aufrecht durch die Welt, als sei er der normalst-aussehende Mensch. Er war sogar stolz auf seine künstlichen Daumen.

Wenn die zukünftigen Historiker sich daran machen, unsere gegenwärtigen Werte zusammenzusetzen und die dunklen Bedeutungen aus unserer Zeit herauszupuzzeln, wird Señor Plaja, sollten sie je auf einen Bericht über ihn stoßen, sie höchstwahrscheinlich sehr verwirren. Denn sein Flickwerklächeln erzählt die Geschichte, wie sich nicht alle Weisheit des Menschen darauf richtete, sich selbst zu zerstören, daß die Welt es immer noch der Mühe wert hielt, einen einzigen Menschen so weit zu restaurieren, daß er wieder einem menschlichen Wesen ähnelte. Und dies wird jenen fernen Gelehrten, die sich mit unseren Grausamkeiten und Opferlisten befassen, zweifellos merkwürdig vorkommen.

Eines kommt mir allerdings heute schon merkwürdig vor, die Tatsache nämlich, daß José nach allem, was er auf sich nahm, sich ein neues Gesicht verpassen zu lassen, ausgerechnet ein Schiff in Richtung Europa bestieg.

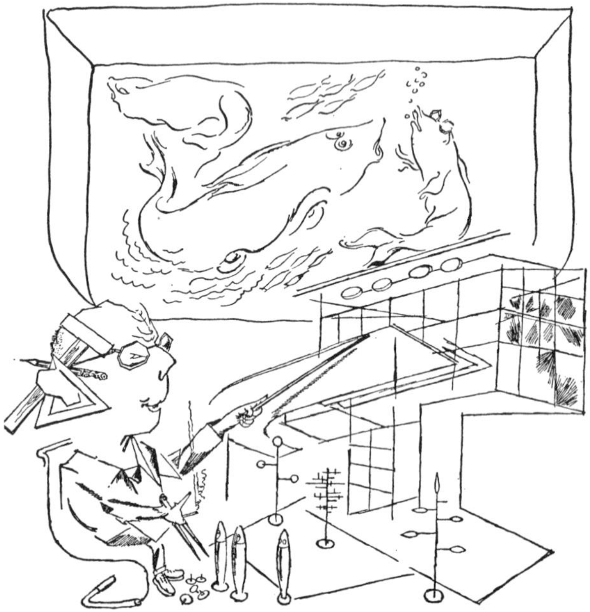

Unser letzter Geist

Unser Beauftragter für die städtischen Parks und Freizeiteinrichtungen, Mr. Moses, ist von dem Drang überkommen, sich das älteste Aquarium der Stadt in der Battery unter den Arm zu klemmen und es an irgendeinem dunklen Ort fallen zu lassen, vorzugsweise in den Bronx. Damit nicht genug, sein zappeliger Geist visiert auch große Neuerungen an.
Wenn Mr. Moses seinen Zauberstab zu Ende geschwungen hat und seine Dampflöffelbagger ihr Werk verrichtet haben, wird sich unser trauter kleiner Hafen für Haifische, Igelfische und ihre Anverwandten in etwas sehr Modernes und Imposantes verwandelt haben – in einen gewaltigen Fischglobus mit glatten kalten Wänden und bedrohlich aufragenden Stre-

bepfeilern, kurz ein Stück modernistischer Architektur zum Gegenwert von 2000000 Dollar. Bisher habe ich noch kein Bild unseres zukünftigen Aquariums gesehen, aber ich weiß, wie es aussehen wird: Eine schmucklose, stilreine Struktur wird es sein, die einen stark an eine hochelegante Herrentoilette erinnert.

Wie Sie sich erinnern werden, wurde dieser Ton lautstark während unserer kürzlichen Weltausstellung angeschlagen. Es dauerte ein Jahr und bedurfte einer internationalen Werbekampagne, bis die Bürger aufhörten, bei den asketischen Gipsfanfaren in den Flushing Meadows sofort an irgendwelche überkandidelte Mülltonnen zu denken.

Unser Beauftragter für die städtischen Parks und Freizeiteinrichtungen ist ein rühriger Bursche, und seine Psyche quillt über mit Ideen für Spielplätze und Aquädukte. Er beherrscht die Ästhetik der Moderne bis zur Meisterschaft, und seine Projekte sind nackt bis auf die Knochen, nur noch reine Funktion. All unsere städtischen Monumente des Fortschritts bieten diesen kalten, glatten Anblick von Macht und Zweck, der der Stempel der Zukunft ist.

Es wäre töricht, sich solchem Fortschritt in den Weg stellen zu wollen. Proteste wie dieser hier sind wie in den Wind gehaltene Kinderschießgewehre. Seit die Kunst ihre Unschuld verlor – *vide* Cézanne und Craig – und die Künstler, wie die Vorhut einer Panzerdivision, anfingen, Greife, Cherube, jedes Valleri und Vallera und alles, was kindlich und übermütig in der Welt war, auszumerzen, trat die Totenmasken-Ästhetik von Morgen ihren unaufhaltsamen Siegeszug unter uns an.

Es gibt keinen Weg, dies zu verhindern. Die Kunst ist noch unerbittlicher als die Wissenschaft. Je unpersönlicher unser Leben wird, desto nackter zeigen sich unsere Monumente. Die Kunst, das wahrste Sprachrohr eines jeden Zeitalters, wurde in unserem kahl und unverbindlich. Und sie wird noch kahler und unverbindlicher werden. Daß wir zu guter Letzt wie die emaillierten Ameisen in Gebilden leben werden, die an das *Wahrzeichen der kürzlichen Weltausstellung* erinnern, ist unabwendbar. Unsere Theater werden wie Segmente des Holland-Tunnels aussehen. Unsere Kathedralen, falls es noch welche gibt, werden als glatte Glassilos in die Luft ragen. Und in unseren Aquarien, da dürfen Sie sicher sein, wird das Nichtssagende seinen Triumph feiern.

Obwohl Mr. Moses' Plan, unsere flossigen Brüder auszusiedeln, bislang nur ein kriegslüsterner Tagtraum ist – ich versichere Ihnen, das alte Aquarium ist schon im Begriff, ins Nirgendwo abzurutschen. Alte Herren mit Knollennasen und alte Damen mit Potthütchen, die wie verrückt vor sich hinseufzen und ihre Wehmut vor dem Fortschritt aufpflanzen, werden nichts ausrichten. An die Zeitungen gerichtete Briefe, von den Dächern gerufene Gedichte und Fackelumzüge, die Mr. Moses anflehen, dieses letzte Stück altes New York nicht mit seinem modernen Zauberstab anzurühren, werden die Woge nicht aufhalten. Kunst, der Holzfäller, verschont keinen Baum.

Nur eins bleibt zu tun. Eilen Sie zum Aquarium, packen Sie sich Ihr Mittagessen ein und verbringen Sie den Tag dort. Streifen Sie durch seine Gänge, belächeln Sie seinen unschuldigen und archaischen Pomp, liebkosen Sie seine kindlichen Wände und nehmen Sie zärtlich von ihm Abschied. Der Zahn der Zeit hat sich bereits in es gegraben. Mr. Moses' Pressestelle ist täglich rührig, ihm das Sterbelager zu bereiten. Architekten träumen schon von wundersam Symmetrischem und Technischem.

Zum letzten Mal können Sie den Geisterfisch des Amazonas betrachten, der eine weißgestreifte von den Geistern toter Indianer heimgesuchte Kreatur ist. In seinem gegenwärtigen Behälter kann man diese Geister entdecken, wenn man genau hinsieht. Unter der neuen Beleuchtung des zukünftigen Aqua-

riums werden sie nicht mehr aufzuspüren sein. Auch den Lungenfisch können sie beobachten, jenen Apostel des Anti-Fortschritts, der sich mit Vorliebe im Schlamm suhlt. Hier haben Sie ein Wesen vor sich, das sich seit zwei Millionen Jahren treu blieb, das seit den Tagen des Urschlamms dickköpfig all seine Gewohnheiten und Konturen beibehielt. Sehen Sie sich diesen Vertreter genau an, denn es ist möglich, daß Mr. Moses ihn nicht mag, seinen schlechten Einfluß fürchtet und ihm die Aufnahme ins neue Aquarium verwehrt.
Der Schützenfisch, der seine Feinde mit der Zunge durchbohrt; der Sterngucker, der sich im Sand eingräbt und alles, was er geringschätzt, mit seinen Basiliskenaugen elektrisiert; die aufrecht schwimmenden Seepferde, die Aale, die durch die Elektrizität in ihren Schwänzen Licht anschalten – noch können Sie all diese und hundert andere Wunder der Tiefe in ihren viktorianischen Heimen antreffen. Sie können ihnen die Köpfe kraulen und zusehen, wie sie auf ihren Namen hören, wenn die Wärter sie rufen. Es ist alles sehr traut und unmodern in diesem alten Aquarium, und die Fische dort gemahnen sie daran, welche andere weit exzentrischere Spielzeuge die Natur hervorgebracht hat.
Es hat keinen Sinn, mit Mr. Moses zu argumentieren, aber die Fische sind sehr glücklich im alten Aquarium. Sie sind freundlich zu jedermann. Selbst die Haie blinzeln einem zu. Vielleicht sollte noch erwähnt werden, daß Fische keine besonders modernen Lebensformen sind, im Gegenteil, sie sind die altmodischsten Typen organischer Materie, die man sich denken kann. Und modernistische Aquarien werden zu ihrer Lebensfreude kein bißchen beitragen.
Aber niemand interessiert sich dafür, was Fische denken oder fühlen. Und was die Leute angeht, die gerne Fische betrachten, so haben sie wenig zu sagen am Hof des Fortschritts. Sowohl sie als auch die Fische sind reif für Mr. Moses' Neuerungen.

Letztes Gebot also, wie die Versteigerer sagen. Noch streift der letzte Geist des alten New York in der Battery herum. Aber wenn Sie Ihren Ausflug verschieben, bis das Wetter wärmer ist, wird er verschwunden sein.

Johnny, Get Your Gun

In der Originalversion liest sich unseres Ex-Botschafters John Cudahys Interview mit Hitler viel besser. In dieser Originalversion schlenderte John sein Körbchen am Arme schwingend dahin, als ihm Adolf über den Weg lief. Adolf sah so süß aus und sprach so freundlich wie immer. Aber nachdem Adolf eine Weile drauflosgeplappert hatte, sah John ihn sich ein wenig genauer an und sagte:
»Mein Gott, was du für große Augen hast, Adolf.«
Worauf Adolf mit sanfter Stimme antwortete:
»Um dich besser sehen zu können, John!«
Dann schwatzte Adolf weiter, sprach wieder davon, daß er nicht die Absicht habe, auch nur einem einzigen Amerikaner ein Haar zu krümmen und daß er nicht im Traum daran denke, der amerikanischen Wirtschaft in irgendeiner Weise

zu schaden – er doch nicht. Er sei schließlich das Allheilmittel für die Welt, genau das, was der Doktor verordnet habe. Nichts weiter als ein auf die Welt losgelassener unverbesserlicher Optimist sei er, fügte Adolf noch hinzu. In der Originalversion wurde John an diesem Punkt plötzlich ein wenig nervös und sagte: »Was für große pelzige Ohren du hast, Adolf.« Darauf lächelte Adolf, wenn Sie sich erinnern, und antwortete sanft.

»Um dich damit besser hören zu können, mein kleiner Liebling.«

Woraufhin Adolf fortfuhr, John zu umgurren. Um nichts auf der Welt könne er verstehen, sagte er, was in das amerikanische Volk gefahren sei. Wie könne es sich bloß Sorgen darüber machen, daß U-Boote und Bomber über den Ozean kämen, um es in Bedrängnis zu bringen. Das sei so lächerlich, frohlockte Adolf, daß jedermann, den er kenne, sich bei dieser Vorstellung den Bauch halte vor Lachen. Bei diesen Worten faßte John, der schon Glotzaugen bekommen hatte, all seinen Mut zusammen und sagte:

»Oje, oje, was für große Zähne du hast, Adolf.«

Nun, in der Originalversion hatte Adolf jetzt das Spielchen satt, riß sich das Kopftuch herunter, stieß einen schrecklichen Nazi-Knurrer aus und antwortete:

»Um dich besser damit auffressen zu können, du Nichtsnutz! Dich und alle Amerikaner, die wie die Juden sind, nur daß sie mit Pferden, Pfeil und Bogen daherkommen.«

Bei diesen Worten machte Adolf einen Satz nach vorn, wobei seine Reißzähne funkelten und man Stücke von Belgien, Holland, Norwegen, Dänemark, Griechenland, der Tschechoslowakei und Frankreich zwischen seinen Zähnen hängen sehen konnte – ein sehr häßlicher Anblick. Er hätte sich John auf der Stelle geschnappt, wäre dieser nicht schlau genug gewesen, auf dem Absatz kehrtzumachen und zu rennen, als wäre er noch sechzig.

Diese Version gefällt mir besser als Mr. Cudahys; erstens ist sie viel dramatischer und zweitens bedeutend klarer.
Jeder, der je die Originalversion las, erkannte die Geschichte als das, was sie war. Hier hatte niemand das Gefühl, Adolf sei ein hochherziger – nur mißverstandener Bursche, John dagegen ein Dummkopf, weil er sich plötzlich vor Adolfs großen Augen und großen Zähnen fürchtete. Von dem Moment an, wo Adolf in seinem rauhen Falsett zu gurren begann, wußte man in der Originalversion, woran man war, wohingegen die in *Life* abgedruckte Version bei vielen Lesern das Gefühl hinterläßt, unter Adolfs Kopftuch verberge sich nur Edelmut und Fürsorglichkeit. Vielleicht halten die Leser dieser Version ja sogar die Stücke von Norwegen, Dänemark, Polen, Griechenland, Frankreich und der Tschechoslowakei, die Adolf zwischen den Zähnen hängen, irrtümlicherweise für nichts anderes als Zahnseidenreste oder gar neue Goldfüllungen.
Man sollte denken, so etwas wäre unmöglich. Man würde meinen, daß, statt daß sich Adolf und seine kleinen Waldfreunde den Bauch halten vor Lachen über die Albernheit unserer amerikanischen Ängste vor seinen großen Augen und großen Zähnen, wir Amerikaner es wären, die sich auf die Schenkel klopfen und vor Heiterkeit brüllen, wenn Adolf sein rauhes Gegurre losläßt.
Eins werden Sie mir bestimmt zugeben: Wenn Adolf wie ein großer eifriger Pfadfinder behauptet, all sein Mühen gelte nur Frieden, Wohlergehen und Glück all der Völker, die er überfallen und deren Seelen er niedergeschmettert hat, so gebührt ihm der Pulitzer Preis für Absonderlichkeit.
Das ist wirklich ein guter Witz – so wie auch sein anderer saftiger Spruch, er und seine Freunde hätten nur noch einen schönen Plan auf Lager: Sie wollten die Beziehungen zu ihren Nachbarn auf folgende Weise regeln: Wenn ihr Nazi-Wüten zu Ende sei, könnten alle Menschen in Frieden und

Glück leben bis in alle Ewigkeit. Nicht die vielen Toten, wohlgemerkt, sondern die wenigen Überlebenden.
Und was die Vorwürfe betreffe, er versklave die Welt, zwinge den Völkern seinen Willen auf und unterminiere die amerikanische Wirtschaft, indem er billige, von Gefangenen hergestellte Produkte auf den Weltmarkt zu bringen – das, sagt Adolf, sei so lächerlich, daß er kein Wort darüber verlieren wolle. Und er tupft sich verdrießlich mit dem Taschentuch den Geifer vom Mund.
Nun, man sollte meinen, daß unsere Stadt, die doch so empfänglich für Komödiantisches ist, sich vor Lachen schütteln würde über diesen blöden Witz – kein fröhliches Lachen, gewiß nicht, sondern das gute alte amerikanische Gewieher über heuchlerisches Gewäsch. Vielleicht wird es ja zu hören sein, aber ich bezweifle es.
Denn diese neue Version des alten Interviews zwischen Johnny mit seinem Korb voll Köstlichkeiten und Adolf in seinem falschen blutbesudelten Kopftuch wird zum großen Teil von einem neuen Lesertyp gelesen – Lesern, deren Unterscheidungsvermögen zwischen Gut und Böse auf der Strecke geblieben ist. Sie machen Stimmung für die falschen Charaktere, hüpfen auf Rednertribünen und bejubeln den bösen Wolf und die böse Hexe als hehre Geschöpfe mit ehrenhaften Absichten.
Nun, eines an Adolfs Gegurre gegenüber John ist nicht zum Lachen – gleich von welchem Blickwinkel aus man es betrachtet: es war genau die Art Gegurre, das Adolf gegenüber den kleinen Rotkäppchen Norwegen, Dänemark, Holland, der Tschechoslowakei und all den anderen vernichteten und geplünderten Flecken auf der Erde losließ, just ehe er sich sein Großmutterkopftuch herunterriß und über sie herfiel. Sie entkamen nicht.
Adolf, der seine riesigen großen Optimistenaugen rollt und in seinem mit Honig geschmierten Falsett daherplärrt, ist gefährlicher als all seine Panzerbanden in den Wäldern.

Vielleicht haben sich die Märchen verändert. Vielleicht werden sie alle ein neues Ende bekommen, in denen die Wölfe und Hexen glücklich leben bis an ihr Ende.
Lauf, Johnny, lauf.

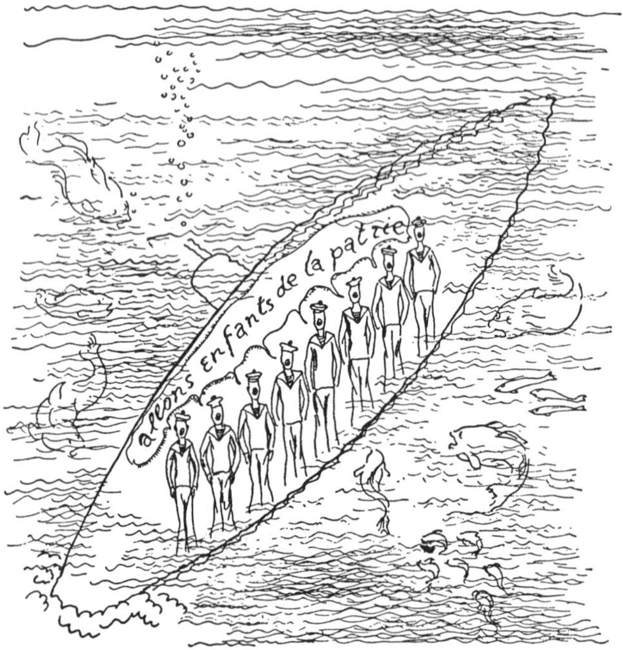

Evolution eines Helden

Mein Freund Robert Thoeren erzählt mir eine Geschichte, dabei wäre das Leben von M. Thoeren selbst eine viel bessere Story. Er ist ein Überbleibsel aus der Ära, die in die Brüche ging. Seine Mißgeschicke lesen sich wie Historie, denn sie fanden in Berlin, Prag, Wien und Paris statt und an Daten, die noch lange in den Büchern zu finden sein werden.
In jenen Tagen war M. Thoeren ein überaus gutaussehender Schauspieler. Das Publikum bewunderte ihn aber nicht nur wegen seiner dunklen tschechischen Schönheit, sondern auch wegen seines Zynismus. Welchen Charakter der Stückeschreiber vorgesehen hatte, spielte kaum eine Rolle. Sobald

mein Freund Thoeren ihn darstellte, wurde er stets zu einer fürchterlich zynischen Figur. Immer schaffte es Robert, zwischen den Zeilen als überdrüssiger Bösewicht zu posieren und in sich hineinzulachen wie der größte Finsterling aller Zeiten.

Mehrere Jahre lang spielten die Nazis Fangen mit diesem Matinee-Idol. Sie erhaschten ihn mehrere Male, und sollten Sie je das gefederte Hin und Her beim Badminton-Spiel beobachtet haben, wissen Sie ungefähr, wie sich meines Freundes Reisen durch Europa während dieser bedrängten Zeiten gestalteten.

Schließlich landete M. Thoeren mit dem Kopf zuerst in Paris. Nachdem er einige Monate an Selbstmord gedacht hatte, verzichtete er zynischerweise auf diese Idee zugunsten des Entschlusses, Schriftsteller zu werden. In Zusammenarbeit mit einem polnischen Literaten namens Stanislaus Kussofsky schrieb mein Freund eine Reihe französischer Filme. Gerade kürzlich beendete er übrigens einen Streifen für MGM mit dem Titel *Billy the Kid*.

Eines darf ich Ihnen versichern: Ehe jemandem gestattet wird, ein Opus mit dem Titel *Billy the Kid* für MGM zu schreiben, muß er ein Mann mit großer literarischer Erfahrung sein. Die sammelte M. Thoeren in Paris. Eine seiner Schöpfungen in dieser Zufluchtsstätte hieß *Nitschewo oder die Tragödie eines U-Boots*. Die Hauptrolle spielte der große Harry Baur. Die Arbeit am Drehbuch für diesen Film enthält die Geschichte, die mein Freund mir jetzt erzählt, nachdem er die neuesten Nachrichten aus Frankreich gehört hat.

Während er mir die Begebenheit schildert, pafft er an seiner Zigarette wie der überdrüssigste aller Bösewichte; seine Lider sind halb geschlossen, so als sei das Leben ein Schabernack, der nicht seine volle Aufmerksamkeit verdiene. Denn ohne die Stückeschreiber, die seinem Charakter nur Fesseln anlegten, aber mit der Hilfe Hollywoods, das diesen nun voll zur

Entfaltung bringt, ist M. Thoeren ein noch größerer Zyniker, als er es je auf den Brettern von Berlin, Prag oder Wien war. »Ich versichere dir«, sagt er mit einem schiefen Lächeln, »das war eine glückliche Zeit in Paris. Alle glaubten noch an die Maginot-Linie. Kussofsky, der Warschau – Gott weiß wie – lebend entronnen war, pflegte sogar die Bäume von Paris als seine Retter zu umarmen und zu küssen. Ganz so weit ging ich nicht, aber es gab genug andere Dinge zu umarmen, genauso törichte – die Hoffnung zum Beispiel.
Aber wechseln wir das Thema«, sagt mein Freund. »Kommen wir auf Admiral François Darlan. Denn von ihm handelt meine Geschichte. Er war der damalige Vizeadmiral Frankreichs, und zu seinen vielen Ämtern gehörte auch das des Zensors für alle Angelegenheiten, die die französische Marine betrafen.
Unser Film *Die Tragödie eines U-Boots* – du hast ihn doch gesehen? Gut, nicht wahr? – fiel natürlich in seine Zuständigkeit, zumal es eine gewisse Szene in ihm gab, die die Traditionen Frankreichs berührte. Wie alle U-Boote oder Flugzeuge in Filmen mußte auch unser U-Boot in Bedrängnis kommen. Es lag zerstört auf dem Meeresgrund, so wie es sich für ein U-Boot gehört, wenn es in einem erfolgreichen Film vorkommen will. Kapitän Harry Baur hatte eine Szene in diesem zum Verderben verurteilten Schiff, in der er seine Mannschaft zusammenruft, um ihr zu sagen, sie alle hätten nicht die geringste Chance, mit dem Leben davonzukommen – wobei er sich ein wenig irrte. In dieser Szene hielt er eine Ansprache, die wir Vizeadmiral Darlan zur Genehmigung vorlegen mußten. Die Rede ging folgendermaßen. Baur richtet sich an seine Mannschaft.
›Seemänner Frankreichs, wir sind auf verlorenem Posten und werden bald sterben. In Büchern und Theaterstücken ist es in solchen Momenten Brauch, daß alle sich erheben und die »Marseillaise« singen. Das wollen wir, mangels Luft, lieber

bleibenlassen. Es ist ein herrliches Lied, aber wir werden ein Weilchen länger überleben, wenn wir unseren Luftvorrat nicht mit Singen verbrauchen.‹

So genau lautete die Rede. Ich las sie Vizeadmiral Darlan selbst in seinem Büro vor. Ich hatte sie mit Hilfe Kussofskis und zweier Wörterbücher geschrieben – einem deutschen und einem polnischen. Mir gefiel die Szene sehr gut. Darlan überhaupt nicht. Ich werde ihn wörtlich zitieren:

›Diese Szene geht so nicht durch‹, sagte er. ›An jenem Punkt in ihrem Film muß die ›Marseillaise‹ gesungen werden. Und wenn die Matrosen ihren Tod beschleunigen, wenn sie sie singen – um so besser für Frankreich und seine Sache!‹

Als Autor stritt ich mich natürlich mit ihm herum. Aber Darlan blieb hart. Er erhob sich hinter seinem Schreibtisch. Seine Augen blitzten.

›Es tut mir leid, meine Herren‹, sagte er, ›aber ich kann Ihnen die Szene so nicht durchgehen lassen. Die Traditionen unserer Marine müssen hochgehalten werden – überall. Die Matrosen müssen das Lied singen, und zwar alle Strophen. Sie sind Tscheche und Sie sind Pole. Vielleicht haben Sie vergessen, daß Sie jetzt über Frankreich schreiben.‹«

Mein Freund Thoeren lächelte verschlagen und paffte an seiner Zigarette.

»Wir gaben uns geschlagen«, sagte er und lachte in sich hinein. »Mein Mitarbeiter brach in Tränen aus und knetete die Hand des Admirals. Auch ich war sehr bewegt.

Wir schrieben die Szene um. Erinnerst du dich an sie? Obwohl es ihren schnelleren Tod bedeutet, singen die Matrosen in dem zum Verderben verurteilen U-Boot die ›Marseillaise‹ – alle Strophen ... Der Tag des Triumphs ist gekommen. Nieder mit allen Tyrannen, laßt unsere blutbefleckte Fahne wehen.

Auch als unser Film zum dritten und vierten Mal in den Verleih ging, sangen die Matrosen noch – auf Befehl des unerschrockenen Vizeadmirals Frankreichs. Tapferer Mann. Er hat sich ein wenig verändert. Aber wer wollte ihm das zum Vorwurf machen? Geschichte zu schreiben ist ein wenig schwieriger als Filme zu schreiben. Und die Franzosen machten die besten Filme – in jenen Tagen. Und gleich wie du sonst von ihnen denkst, das mußt du zugeben«, sagt mein Freund und lacht in sich hinein.

Der Dodo zwitschert noch

Man hört viel davon reden, es gäbe keine romantischen Liebesgeschichten mehr – schuld daran sei das Kino oder zu viel Sex oder, wie die praktisch sprachlose jüngere Generation sagt, eben irgend etwas.
Die Movies sind natürlich ziemlich schädlich für romantische Liebesgeschichten. Denn fraglos finden Tausende gefühlvoller junger Leute, die eigentlich auf Sofas sitzen und einander küssen sollten, darin ein Ventil für ihre zärtlichen Gefühle, daß sie Fanbriefe an banjoäugige und schmachtende weibliche Filmstars oder an Möchtegern-d'Artagnans und gelockte Lanzelots schicken.
Auch die Art, wie Sex für die jungen Leute eher ein Freizeitvergnügen als ein Jasons-Unterfangen ist, fördert keine Ro-

manzen. Die düsteren Diagnosen unserer Philosophen treffen wahrscheinlich zu. Wenn ein Geschlecht sich dadurch auszeichnet, daß es insolvent ist, und das andere durch Einfalt brilliert, kann man kaum erwarten, König Artus' Tafelrunde in der U-Bahn fahren zu sehen.

Eine Ahnung dieser untergegangenen Romantik bekommt man noch in den Hotellifts, wo die Männer plötzlich eine Liebenswürdigkeit und Galanterie an den Tag legen, die ihnen in all ihren anderen Domänen abhanden gekommen ist. Aber die jedes Fassungsvermögen übersteigende Liebe, das sich gegen Wogen stemmende Herz, die gegen die Anfechtungen des Teufels gefeite Seele – all dies sind zum großen Teil Dinge, die in unserem kinolosen, radiolosen und kriegslosen Gestern begraben sind.

In der letzten Woche brachte die Stadt jedoch eine Romanze hervor, die eher zu einem Dinosaurier oder einem Tandemfahrrad gepaßt hätte. Seiner Ehren Ferdinand Pecora saß ungläubig Gericht über diese Romanze und wähnte in ihr die Abirrungen eines verstörten Geists. Er schickte sie zur Beobachtung ins Bellevue. Die Bellevueärzte untersuchten sie eine Weile und kamen zu derselben Ansicht wie der Jurist.

Als Folge davon wurde eine Dame, die auf den Namen Ella hörte, in die Klapsmühle geschickt.

Diese Ella ist achtundsiebzig, all ihrer Zähne verlustig gegangen, hat eine Figur wie ein schlecht gestopfter Weihnachtsstrumpf und hört nur, wenn ihr direkt ins rechte Ohr geschrien wird. Aber ihre Augen sind blau, wenn auch ein wenig blutunterlaufen, und sie ist nicht verrückter als *die Lady von Shalott*, die mit dem Kahn nach Camelot fuhr.

Das konnten Gericht und Ärzte natürlich zu dem Zeitpunkt nicht wissen. Die Geschichte, die Ella ihnen erzählte, hätte einst in die Lieder Pierre Vidals gepaßt – heute schien nur noch in den Akten der Psychiatrie Platz für sie. Schließlich gab es ja auch die belastende Tatsache, daß die Polizei, als sie zur Wohnung in der West 49. Straße gerufen wurde, Ella vorfand, wie sie Fensterscheiben einschlug und beängstigend in die Nacht schrie.

Nachdem es den Polypen gelungen war, sie zu beruhigen, hatte die alte Ella ihr Herz ausgeschüttet. Sie sei zornig auf ihren Freund. Zum ersten Mal in achtunddreißig Jahren habe er sie nicht angerufen. Und dieses Versäumnis sei schuld an ihrem Wutausbruch. Auf weitere Fragen hin gestand Ella, daß ihr Freund, Phillip, ihr seit achtunddreißig Jahren den Hof mache und sie jeden Abend anflehe, ihm die Hand zum Ehebund zu reichen. Sie habe ihm ihr Jawort jedoch bisher verweigert, weil sie sich ihrer Liebe zu ihm nicht sicher sei und nicht in eine Entscheidung gedrängt werden wolle, die sie später möglicherweise bereue.

Während all der Jahre dieser beharrlichen Werbung hatte Ella, wie sie den Polypen mitteilte, als Zimmermädchen in zahlreichen Hotels in der Innenstadt gearbeitet. Ihr Freier, sagte Ella, sei am Theater angestellt. Alt-Ellas zahnlose Saga von Hingabe und Unentschlossenheit wurde als die Spintisiererei einer Verrückten zu Protokoll genommen, und das Fensterscheiben einschlagende Zimmermädchen kam in Sicherheitsgewahrsam.

Am dritten Tag von Ellas Gefangenschaft mußten die Behörden ihren Irrtum einsehen. Es meldete sich ein Gentleman von ungefähr achtzig Jahren mit einem ausgeprägten Tremor in der rechten Hand und einem Foto von Ella in der linken.

Wie sich zeigte, war Ellas Geschichte so wahr wie alle Lieder, die je gesungen wurden. Phillip entschuldigte sich dafür, am Abend der zerschmetterten Fensterscheiben nicht erschienen zu sein. Schmerzen in seinen Beinen hatten ihn am Kommen gehindert. Mit drei verblüfften Polizisten als Zeugen, flehte er Ella an, ihn zu heiraten, um eine Wiederholung ihrer gegenwärtigen mißlichen Lage zu vermeiden.

Ella antwortete darauf mit einem festen Nein. Bei einer so

wichtigen Angelegenheit wie dem Heiraten wolle sie sich nicht drängen lassen – das habe sie ihm schon tausendmal gesagt.

Die Behörden ließen Ella frei. Sie hängte sich bei ihrem Verehrer ein, der dem Oberarzt zublinzelte und flüsterte:

»Seit der Zeit als McKinley Präsident war, will sie nicht zugeben, daß sie mich liebt. Aber Sie sehen ja, was geschieht, wenn ich nur einen Abend nicht zu ihr komme. Fängt an, Fensterscheiben zu zerschlagen! Na, jetzt hält sie mich nicht mehr zum Narren. Jetzt weiß ich, was sie für mich fühlt.«

Ella ist wieder Zimmermädchen in einem Hotel in der 47. Straße. Phillip hat wieder seinen Posten im Schatten eines Bühneneingangs in der 42. Straße bezogen. Ich fragte ihn, ob er irgendwelche Fortschritte gemacht habe in der Woche seit Ellas Freilassung. Er hatte keine gemacht.

Ich habe das Gefühl, daß die jüngere Generation, wenn sie diese rührende Geschichte wahrer Liebe liest, antworten wird – d.h. falls sie genug Worte zusammenbekommt: Wenn das romantische Liebe sein soll – vielen Dank. Ich will mein Kino, mein Radio und jeden Tag Sex.

Joe Schenck von Hollywood

Viele ironische Dinge geschehen in Hollywood. Über Nacht werden Idioten zu Genies und Genies zu Idioten. Kellnerinnen verwandeln sich in Herzoginnen, und worein Herzoginnen sich verwandeln, wollen wir lieber verschweigen. Sich durchschnorrende Dilettanten erblühen in Hollywood zu Coquelins und Lorenzos, und umgekehrt. Auf den Boulevards drängen sich königliche Kutschen, die sich vor unseren Augen in Kürbisse verwandeln.
Es ist eine Aladins-Lampe von einer Stadt, und gleich wie man sie reibt, immer entspringen ihr Kobolde, die den Gesetzen der Schwerkraft und des Verstandes spotten.

Alle in Hollywood sind an Ironie gewöhnt, wundern sich über keine Fata Morgana und Posse des Schicksals – nicht einmal über die Ironie, daß man in Hollywood härter arbeitet als die Kesselmacher und das Überleben in diesem glücklichen Geisterland schwieriger ist als am Yukon. Noch unergründlicher ist die Ironie, daß aus dieser Ehe zwischen Flaschengeistern und den Musen namens Hollywood eine erstaunliche Anzahl lobenswerter Unternehmungen hervorging, die voller Schönheit, Geist und hohen Zielen sind.

Das ironischste aller Ereignisse jedoch, das Hollywood je sehen sollte, geschieht im Augenblick in seinem östlichen Vorort, der Stadt New York. Es ist das Gerichtsverfahren gegen Joe Schenck.

Unsere Regierung kam zu dem Schluß, daß Joe ein Verbrecher ist und ins Gefängnis gehört. Vor versammeltem Publikum putzen föderierte Staatsanwälte Joe herunter, werfen ihm Hintergehung des Finanzamts und Steuerhinterziehung vor. Und die Presse des Landes läßt mit Begeisterung ihren Witz und Hohn an diesem letzten und rassigsten aller Hollywood-Sündenböcke aus.

Und darin, kann ich Ihnen versichern, liegt genug Ironie, einem Henker Bauchschmerzen zu verursachen. Denn von all den Krösussen und Despoten, Kaliphen und Bonzen, die in Hollywood Filme machen, ist Joe Schenck der letzte, der auf die Anklagebank gehört. Ihn dort zu sehen, ist ein so ironisches Beispiel von Fehlbesetzung, das sich nicht einmal Joes eigene Gesellschaft, die Twentieth Century Company, erlauben würde, was, falls Sie Tyrone Power in *Mark of Zorro* gesehen haben, eine beachtliche Aussage ist.

Ich habe nie für Joe oder eine seiner Gesellschaften gearbeitet, und keins seiner Silberstücke hat je meine Handflächen berührt. Ich bin auch kein Intimus Joes. Ich bin lediglich einer von Tausenden, die Hollywood ein wenig zu gut kennen und die mit staunenden Augen vor der Ironie stehen, daß der

menschlichste und ritterlichste Mann der Stadt an den Pranger gestellt wird.
Joes Persönlichkeit wird bei der Beweisaufnahme jedoch keine Rolle spielen, gleich wie schlau seine Anwälte auch sind. Er wird unerschütterlich dasitzen und die Schläge für alle Übeltaten, die man ihm zuschreibt, hinnehmen. Wie der Spieler von Klasse, der er immer war, wird er sich prügeln lassen, ohne Freund oder Feind zu kompromittieren.
Und noch etwas anderes wird nicht in die Beweisaufnahme eingehen, die Tatsache nämlich, daß er viele der Hunderttausende von Dollar, die er laut Staatsanwälten betrügerisch in seiner Einkommensteuererklärung verschwiegen hat, für heimliche Wohltätigkeiten verwendete. Jede Woche und jedes Jahr verteilte Joe einen beträchtlichen Teil seines Vermögens an Hunderte gescheiterter Schauspieler und Glamourmädchen, an Hunderte der einst Famosen, die jämmerlich in die Tiefe stürzten. Joe war und ist der Nikolaus des Hollywood- und Broadway-Abfalls. Er hat mehr verloschene Sterne unterstützt, mehr bettelarmen Alkoholikern, Prostituierten, Mimen und Schreiberlingen zu einem ordentlichen Begräbnis verholfen als irgendein anderer Mann seiner Zeit. Aber Joe denkt nicht daran, zu seiner Entlastung die Namen derer, die seine Großzügigkeit kennenlernten, preiszugeben, denn das verstieße gegen seinen Ehrenkodex.
Und wie zum Teufel will Joe einer Jury verständlich machen, daß seine Geldverschwendung für Bewirtungszwecke – Parties die zwischen zwei- und viertausend Dollar pro Stück kosten – sein ehrenhafter Weg war, seiner Gesellschaft und seinen Aktionären einen Dienst zu erweisen?
Auf diesen Parties erschuf Joe Joe Schenck, und, einmal erschaffen, wurde Joe Schenck zur bedeutenden Figur in einer riesigen, wenn auch aberwitzigen Industrie. Auf diesen Parties erwarb Joe Weisheit, schloß Freundschaften, verbreitete Fröhlichkeit, verhalf Talenten zu Verträgen, spionierte

Ideen aus, tanzte Rumba mit Starlets und förderte die Sache des Filmemachens wie kein anderer einzelner Mann der Branche. Daß die Sache eine kindsköpfige ist und daß sie, um zu gedeihen, Swimming-Pools und Kasinos und gemischte Quartette an Pazifikstränden im Morgengrauen braucht, dafür kann Joe nichts. Dreißig Jahre lang förderte er die Sache des Films, ohne sich auch nur einen Feind zu machen, je einen Schnorrer abzuweisen oder sich taube Ohren und einen Betonbusen zuzulegen.

Die Presse, allzeit bereit, ihre Pfauenfedern an jeden Sündenbock mit großem Namen zu stecken, will Joes Leben als schwindelerregende nicht enden wollende Hollywoodorgie sehen. Wein floß, und Frauen lachten und räkelten sich auf Divans, Pokerchips klackten und Fräcke tauchten in Swimming-Pools unter. Aber es war keine Orgie. Es war Joes Liebe zum Leben, sein Enthusiasmus, aus dem nicht nur er selbst als menschlicher, ritterlicher Mann hervorging, sondern auch eine Industrie, die Millionen Freude schenkte und Tausenden große Vermögen.

Mit ruhiger Stimme sagt Joe, daß er sich nichts habe zuschulden kommen lassen. Aber er ist bescheiden in seinem Protest. Denn neben seinen vielen anderen Talenten hat Joe auch das zum Philosophen.

»Folgendes erzählte mir mein Vater einst«, sagt er. »Wenn du völlig trocken und nüchtern bist, dir seit Wochen keinen Schluck mehr genehmigt hast und fünf verständige und intelligente Leute dich angucken und dir sagen, du seist stockbesoffen, dann ist das beste, was du tun kannst, nicht mit ihnen herumzustreiten, sondern dich eine Stunde hinzulegen und ein Nickerchen zu machen.«

Im Augenblick macht Joe sein kleines Nickerchen. Und, wie Hemingway über einen anderen Gentleman in Schwierigkeiten schrieb, gibt Joe, wie er so am Tisch seines Anwalts vor sich hin döst, »gar kein schlechtes Bild ab.«

Geschichte eines Zwergs

Das Leben von Raymond Schultz würde einen guten Plot für einen Film abgeben. Ich habe keine Einwände, wenn Sie seine Geschichte in Drehbuchform bringen und an die Hollywoodstudios schicken, wo, wie ich höre, große Nachfrage für Sagen genau dieser Art besteht.

Ray ist ein Zwerg. Er ist vierundvierzig Jahre alt und lebt in Woodside, Queens. Seine Geschichte beginnt an seinem fünften Geburtstag. Bei diesem Anlaß begannen Rays Eltern sich über die Tatsache zu besorgen, daß er nicht wuchs. Im Gegenteil, ihnen schien es, als würde er von Jahr zu Jahr kleiner.

Sein Vater, derzeit Rangiermeister bei der New York Central, zog einen Masseur zu Rate. Und mehrere Jahre lang wurde der kleine Ray zweimal wöchentlich von diesem erfahrenen Burschen massiert und gestreckt – jedoch ohne Erfolg. Ray blieb klein, und seine Eltern mußten einsehen, daß sie einen Zwerg in die Welt gesetzt hatten. Sie waren aber standhafte Leute und beschlossen, trotz seiner Winzigkeit solle ihr Sohn die beste Erziehung und Förderung genießen, die sie sich leisten konnten. Ray besuchte die High School in North Tonawanda und erhielt obendrein Violinenunterricht.

Als Miniatur-Violinist nun trat Ray auch seinen Weg hinaus in die Welt ihn überragender Bürger an. Er schloß sich einem unter dem Namen Harry Weber's Entertainers bekannten Ensemble an. Mehrere Jahre lang reiste er kreuz und quer durchs Land und fiedelte in der Weber-Unterhaltungstruppe. Aber Ray war ein ehrgeiziger Zwerg. Er verdiente sich nicht nur seinen Lebensunterhalt, sondern begann, in seiner Freizeit zu studieren. Ray hatte den Ehrgeiz, Arzt zu werden. Von seinem Verdienst kaufte er sich medizinische Bücher, und nach den Auftritten mit den Webers schloß er sich im Hotelzimmer ein, um die Geheimnisse der Krankheiten zu erforschen.

Der Anblick, wie unser Zwerg über Anatomiekarten brütete und von der Kunst des Hippokrates träumte, brachte seine Freunde oft zum Lachen. Aber an solch wenig schmeichelhafte Haltungen war Ray gewohnt. Er ließ sich nicht beirren und verbrannte weiter das Mitternachtsöl.

Sein Vorhaben, Arzt zu werden, scheiterte jedoch, denn, ehe es hätte in Erfüllung gehen können, verliebte sich Ray und heiratete. Seine Braut war die Bonbonverkäuferin Elsie Reineking – eine der kleinwüchsigen Leute aus dem Miniaturdorf am alten Hippodrome Theater. Sie war schon zweimal verheiratet, einmal mit einem Zwerg namens Joe Short und einmal mit einem Mann normaler Größe. Von beiden hatte sie sich wegen Grausamkeit scheiden lassen.

Als verheirateter Mann konnte sich Ray das Universitätsstudium, von dem er so lange geträumt hatte, nicht mehr leisten. Stattdessen schloß er sich der Wagner Brother's Kuriositäten-Show an, die aus einem Riesen, einem Albino, einem fetten Mädchen und einem Kopfjäger bestand. Ray legte seine Medizinbücher einstweilen beiseite und lernte Saxophon spielen. Seine Braut Elsie sang, und sie traten zusammen auf.

Zwei Kinder wurden den Schultz-Zwergen geboren. Beide waren normale Siebenpfundbabies und kamen mit Kaiserschnitt auf die Welt. Die Mutter überstand die Geburten ohne Schaden und trat weiter bei der Show auf.

Im Alter von acht und zehn Jahren überragten beide Kinder ihre Eltern. Um diese Zeit kaufte Ray von seinen Ersparnissen ein Haus. Er verliebte sich in dieses riesige und so normal aussehende Haus. Er strich es selbst neu an. Die Nachbarn amüsierten sich, wenn sie Miniatur-Ray, den Farbtopf in der Hand, im Gerüst herumklettern sahen.

Ray wurde auch ein erstklassiger Zimmermann. Er führte nicht nur alle notwendigen Reparaturen an seinem Haus aus, sondern allein mit seiner Hände Kraft fügte er ihm auch einen Anbau hinzu. Während dieser Jahre nahm er sein Medizinstudium wieder auf. Wenn er und seine Frau mit der Kuriositäten-Show auf Tournee waren, vertiefte er sich von neuem in seine Bücher.

Man erzählt sich von einem drolligen Dilemma, in das Ray einst in seiner Vaterrolle kam. Als die Schultzens wieder einmal unterwegs waren, sollte sich eine Kinderschwester um die beiden Töchter kümmern. Die Schwester war von einem Freund engagiert worden und hatte ihre zwergwüchsigen Arbeitgeber nie gesehen. Nach einer Woche kehrte Ray in sein Haus zurück, um die für seine Töchter verantwortliche Dame in Augenschein zu nehmen. Es war spät abends. Die Dame öffnete die Tür.

»Ich bin Ray Schultz«, sagte der Zwerg.

»Oh«, rief die Schwester und starrte auf ihn hinab. »Ich

wußte gar nicht, daß die Schultzens auch noch einen kleinen Jungen haben. Es ist schon sehr spät. Komm herein, ich werde dich gleich ausziehen und ins Bett bringen.«

Während der Weltausstellung bekam Ray einen Job, der es ihm ermöglichte, die Showbretter zu verlassen. Er arbeitete für Eddie Luntz und versammelte am Sunshine-Plätzchen-Stand acht kleine Leute um sich, die als winzige Bäcker auftraten. Ray war ihr Oberherr.

In der Zwischenzeit hatte Elsie einen Job beim Film gefunden. Er war kurzlebig. Sie hatte eine kleine Rolle im *Wizard of Oz*.

Jetzt sind die Schultzens wieder zusammen, und Ray ist zu Hause und zieht seine Töchter groß. Er hat ihnen viele Dinge beigebracht, darunter Saxophonspielen.

»Ein Zwerg zu sein hat einen großen Vorteil«, sagt Ray. »Es ist viel leichter, Kinder großzuziehen, wenn man nicht größer als sie ist.«

Jetzt, mit vierundvierzig, ist Ray Meister auf vielen Gebieten. Er hat großes medizinisches Wissen, ist ein fähiger Handwerker und ein guter Musiker. Außerdem ist er ein wohlhabender Bürger mit Eigenheim. Und falls Sie seine Geschichte als Filmdrehbuch einreichen wollen, einen guten Schluß bietet Ihnen Rays Vorhaben für die kommende Saison. Dieser kleine Mann, der von Musik und Medizin träumt, wird seine Familie durch eine sehr sonderbare Tätigkeit ernähren: Er wird als Bauchrednerpuppe in Frank Gabys Show auftreten. Er wird auf Mr. Gabys Knie sitzen und so tun, als sei er aus Holz.

A la Troisième Avenue

Stellen Sie sich vor M. Le Moal's Café, und was sehen Sie? Einen Third Avenue Saloon ohne jede Spur von Glanz. Treten Sie durch die staubige Tür, blicken Sie sich um, und noch immer entdecken Sie nichts Bemerkenswertes. Sie sehen eine Bar, dahinter Tische, und im Hintergrund spielt ein Grammophon.

An der Bar geht es ein wenig gedrängt zu, an den Tischen weniger. Nichts springt in die Augen, nur daß alles ein wenig unansehnlich und schäbig ist und die Standards, die ansonsten in der Third Avenue gelten, nicht ganz erreicht sind. Das liegt daran, daß geistige Dinge nicht fürs Auge gemacht sind. M. Le Moal's kleine Ansammlung von Tischen und Stühlen und Bestecken ist kein Café. Es ist Paris, das noch an der Ecke unserer 50. Straße atmet.

Wenn Sie sich die Männer an der Bar ein wenig genauer ansehen, wird Ihnen auffallen, daß es zumeist Seeleute sind. Sie sind auf Landgang von der *Normandie* und anderen französischen Schiffen, die auf unserem Fluß festliegen. Sie haben kein Geld und warten darauf, daß ein guter Samariter kommt und ihnen einen Drink oder eine Mahlzeit spendiert. Als Gegenleistung werden sie von der Glorie der französischen Marine sprechen und ihrer unverminderten Bedrohung für die Nazis.

In der Zwischenzeit stehen sie herum und sagen so gut wie gar nichts. Feierlich und sonderbar geduldig studieren sie die verblichenen Wandmalereien über M. Le Moal's Bar. Diese zeigen Szenen an der bretonischen Küste, nicht besonders gut gezeichnet, aber nichtsdestoweniger holen zerlumpte Fischer Austern vom bretonischen Meeresgrund herauf.

An den Tischen im Inneren sitzt keine Ansammlung von Essensgästen, sondern eine Arche Noah – eine Arche Noah, die heil von Paris herübergebracht wurde. Fernand Léger, der Maler, sitzt über seiner Hähnchenkasserolle. Ein fülliger und literarischer Industrieller, einst berühmt für seinen Ausstoß an Leinen, schlürft seinen *vin ordinaire*. Sie dürfen sicher sein, daß er in dieser Stunde den Verlust seiner Fabrik und die wachsende Dringlichkeit, einen Job zu finden, vergessen hat.

An einem anderen Tisch sitzt ein gewisser Henri Szamota – Sieger des Pariser Radfahrrennens von 1936 und heute Vertreter für eine New Yorker Sodawasser-Firma. Und Sie dürfen sicher sein, daß Henri in diesem Moment nicht an den Absatz von Sodawasser denkt.

Noch ein anderer Maler ist zugegen, Mané-Katz. Er ist pol-

nischer Jude, lebte lange in Paris und floh vor kurzem aus einem Konzentrationslager. In diesem Lager begegnete er Picasso.
»Was sollen wir bloß tun?« fragte Mané-Katz diesen verzweifelt.
»Mit etwas Glück können wir entkommen«, sagte Picasso, »und eine Ausstellung machen.«
Mané-Katz entkam, malte sich die Finger wund und stellte seine Bilder in der Sterner Galerie aus.
Und da in keinem Bistro Amerikaflüchtlinge fehlen dürfen, gibt es auch hier einen, der den heimatlichen Gefilden entflohen ist – trotz der Third Avenue draußen vor der Tür –, der sich inmitten der exotischen Gerüche von billigem Wein und Gedünstetem in dieser sicheren Enklave in der Fremde vergnügt. Dieser Amerikaner, der Paris in der Third Avenue aufgespürt hat, ist der Maler Waldo Peirce.
Und da in keinem Bistro ein Kreis von Erlauchten fehlen darf, verkehren hier Leute von Rang und Namen. Dies sind Prinz Chavchavadze und seine Gemahlin, einst eine Romanow, die sich »Nina von Rußland« nennt; neben ihnen gibt es noch einige Vertreter geringeren Adels. Sie schauen herein, um den Seeleuten etwas zu trinken zu spendieren. Vor Jahren, kurz nachdem man ihm sein Land und seine Schlösser unter der Nase weggeschnappt hatte, fand der königliche Chavchavadze Zuflucht und Wein in genau solch einem Bistro wie diesem. Und hier, in diesem Winkel der East Side, atmet Paris noch voller Willkommensgrüße und Erinnerungen für ihn.
Michael Strange, Schauspielerin, Dichterin, Reisende und die nicht am wenigsten exzentrische der Ehefrauen John Barrymores, fügt diesem Gestern glücklicher Tischtücher eine weitere erlauchte Note hinzu. Einige Gäste haben ihre Mahlzeit beendet und spielen *belote*. An dem Ernst, mit dem sie spielen, kann man erkennen, daß weder Politik, Tragödien noch Träume ihre Seele in dieser Stunde verdüstern. Nichts hat sich

verändert. Paris atmet noch in diesem Raum voller Gerüche.

Und da in keinem Bistro ein literarischer Zirkel fehlen darf, der gerade eine neue Zeitschrift gründet, gibt es auch hier eine solche Gruppe und eine solche Zeitschrift, die in diesem Moment an einem der hinteren Tische gegründet wird. Die treibende Kraft ist Nicolas Calas, bekannt als El Greco – nicht in der Third Avenue, aber im Quartier. Calas ist ein französisch-griechischer Schriftsteller und Schützling André Bretons, des Literaten. Die neue Zeitschrift soll den Titel *Gold* tragen und sich in den Dienst von Kunst und Freiheit stellen. Aus ihren Einkünften soll M. Breton aus dem Land der Hunnen gerettet werden.

Über all dem spielt das Grammophon. Französische Militärmärsche kommen kratzig heraus. Maurice Chevalier singt. Tino Rossi schluchzt, und Trénet, genannt der Singende Narr, tönt von einer Platte. Alles ist gleich geblieben, nichts hat sich verändert, nichts wurde hinzugefügt oder fortgelassen. Paris atmet noch, trotz der leichten geographischen Verschiebung.

Inmitten dieses geisterhaften Überrests eines untergegangenen Tages sitzend, frage ich mich, ob Tony Canzoneri und Irving Berlin und Damon Runyon und Oskar Levant und Jimmy Johnston und Billy Rose und all die anderen Lindy-Stammgäste auch eines Tages in irgendeiner weit entfernten Straße sitzen werden und versuchen, die Seele einer bestimmten Art zu essen, zu sprechen und die Nächte zu durchschwärmen noch einmal einzufangen, die von der Luftwaffe aus der Welt gestohlen wurde.

Die vernichtende Wahrheit

Journalistische Beobachter des Broadway Glitters haben immer eine zärtliche Spalte Tränen für die einstigen Größen übrig. Der seine vergilbten Kritiken die Carnival Street hinunterschleppende krächzende Oldtimer ist immer gut für ein Geigensolo oder einen Hutvoll Adjektive.
Ich verspreche Ihnen aber, daß ich Ihnen nicht das Herz brechen will mit der Sage von Hochwasser-Sam, der sechs Monate ins Kittchen gesteckt wurde. Zur Last legte man ihm Taschendiebstahl. Die staatliche Gerichtsbarkeit vertrat Seiner Ehren Richter Saul Streit. Niemand saß im Gerichtssaal,

der eine Träne vergossen hätte – nicht einmal Hochwasser-Sam selbst, der ein schlanker und leichenblasser Gauner ist und so wenig zu zarteren Gefühlen begabt wie eine tote Schildkröte.
Die Presse würdigte das Ereignis mit der kurzen Notiz, ein Bürger mit dem Ruf, der älteste Taschendieb der Stadt zu sein, sitze im Gefängnis. In einer Zeitungsnotiz stand jedoch etwas, das mich aufhorchen ließ. Hier wurde behauptet, dieser tattrige alte Portemonnaieklauer sei der seit langem als Hochwasser-Sam bekannte Schwindler.
Seit langem bekannt – in der Tat. Vor zwanzig Jahren, erinnere ich mich, verkündete Yellow Kid – der Prinz der Schnellreich-werde-Bande, sollte es je geschehen, daß er den Hut vor jemandem zöge, dann vor Hochwasser-Sam – dem blendendsten aller Trickspieler, der Glanzfigur des Milieus, dem Erfindungsgenie im Orden des Goldenen Vlies.
Der Name Hochwasser-Sam wurde ihm in der Blüte seiner Tage wegen einer kleinen Kleidermarotte verliehen. Obwohl ansonsten angetan wie ein Solomon der Boulevards, hatten Sams Hosen, vollführte er seine Stolziergänge, stets Hochwasser. Wann immer er an einem Spiegel vorüberkam, was oft geschah, war es ihm eine Freude, seine Hose ein gutes Stück bis über die Fußknöchel hochzuziehen. Der Spitzname war unausweichlich in jener hellsichtigen Welt, in der Sam glänzte und schwelgte.
In der Tat, an vergilbten Zeitungsmeldungen fehlt es hier nicht. Und nun – sechs Monate Kittchen für Beutelschneiderei! Ein hübsches, herzergreifendes Finale für diesen Blender, der im Telefonabhör-Spiel Beutel zu fünfzigtausend Dollar pro Stück ergatterte, ein Dutzend Vermögen in seine Hände brachte, die er tollkühnen Einfaltspinseln mit zu flinker Zunge entriß.
Ich suchte Sam auf und fand ihn ein wenig verdrossen vor. Aber nach einer Stunde taute der ehrwürdige Langfinger auf

und erfreute mich mit der Geschichte seines Abstiegs. Ich habe selten eine schönere gehört.
»Ja Sir«, sagte Hochwasser. »Ich war dick im Geschäft, da haben Sie recht. Lokalrunden am Abend und Diamantkolliers für die Damen. Die ganze Chose. Ja, damals da war der Broadway noch 'ne Straße. Aber dann – über Nacht fliege ich auf. Nein, nicht durch die Polypen. Der Polyp ist noch nicht geboren, der schlau genug war, mich zu schnappen, wenn ich zu Werke ging. Und die Damen waren auch nicht schuld. Von allen hatt' ich die Telefonnummer. Ich war es – Hochwasser-Sam – höchstpersönlich. Irgendwas zersprang hier drinnen« – er tippte sich gegen seine spatige Brust – »und mit meinem Mut und Schneid war es plötzlich vorbei. Weswegen ich mich sogar sechs Monate in ein Sanatorium verkroch – so hart hatte mich's getroffen. Und seit ich wieder draußen bin – na, Sie sehen ja, was für ein Schafskopf aus mir geworden ist.
Ich will Ihnen erzählen, was passierte. Ich hatt' mich auf ein neues Geschäft verlegt, das schlauste, was man sich denken kann. Ich machte in Miami einen erstklassigen Wahrsager-Laden auf. 'ne Braut von mir hatt' ich mit ins Geschäft genommen und ihr den Namen Madame Zubediah gegeben, sieht alles, weiß alles. Ich beteiligte sie natürlich am Gewinn.
Sie brachte den Laden zum Florieren. Das war zu der Zeit des Floridabooms, wo alle möglichen Trottel sich schneller das Genick brachen, als man sie dran zu fassen kriegen konnte. Madames Aufgabe war leicht. Sie brauchte nichts anderes zu tun, als dem erstbesten Trottel, der zur ihr kam, die Zukunft vorauszusagen. Kurz in die Kristallkugel schielen und ihm sagen, wenn er einen Burschen träfe, der einen schwarzen Derbyhut trägt und eine dicke Zigarre raucht, dann bedeute das großen Reichtum für ihn.
Na, und ein paar Tage später, wenn dieser Günstling der Götter sich am Strande räkelt und sich den Arsch braten läßt,

bittet ihn ein Bursche um Feuer. Der Bursche raucht eine dicke Zigarre. Der Bursche trägt auch einen schwarzen Derbyhut, was eine Neuheit am Strand ist. Und der Bursche bin ich. Es war kein aufregendes Ding, was ich drehte, sondern gute stetige Arbeit, mit der es steil nach oben ging. Keine Polypen, keine Mittelsmänner, keiner, der einen verpfeifen kann.

Na, und als meine Zigarre dann brennt, kommen wir ins Gespräch, und ich fang an zu jammern. Daß ich auf einem Riesenstück Land in Texas festsitze, sag ich ihm; und ich hock hier in Miami, wo Millionen zu machen sind, und kann nicht einsteigen ins Geschäft. Zum guten Schluß geht der Trottel dann mit in mein Hotel, denn er hat ja Madames Rosinen von dem Glück im Kopf, das aus einem Derbyhut auf ihn kommen wird. Wir trinken ein paar Gläser zusammen, und ich lade einen Berg beglaubigter Papiere vor ihm aus, die ihn, wenn er zugreift, zum rechtmäßigen Besitzer von vierzig schlechten Äckern in Texas machen. Der Trottel greift zu. Benimmt sich aber wie ein Gentleman und händigt mir einen Scheck über zehntausend Dollar aus. Die Sache ist narrensicher. Die Papiere sind echt. Die Äcker sind vorhanden, und nicht nur das, sie gehören wirklich mir. Charles O'Kirby hieß er, dieser gierige Trottel.

Na, und eine Woche später, ich eß gerade meine Eier im Glas am Swimmingpool und werf einen Blick in die Zeitung. Daß in Texas 'ne neue Ölquelle sprudelt, steht da, daß der Besitzer Charles O'Kirby heißt und eine Ölgesellschaft ihm schon zweihunderttausend Dollar geboten hat. Daß er aber nicht an Verkauf denkt. Er hat die vierzig Acker Land und will sie fünf Jahre lang anbohren. Und es ist nicht eine Ölquelle – sieben sind es, les' ich, bis ich es nicht mehr aushalten kann und ins Sanatorium gehe.

Als ich wieder rauskomme, bin ich fertig. Ich hab' Angst, die kleinste Lüge zu erzählen. Mir wird schwindling, wenn ich anfang zu mogeln. Ich hab' noch ein paar Schliche probiert, aber irgendwas in meinem Innern streikt, sowie ich mit 'nem unsaubren Spiel anfange. Ich hab' einfach Angst. Ich hab' immer noch Angst. Fünfzehn Jahre lang hab' ich kein einziges Mal gelogen – und was hat es mir eingebracht – sechs Monate, weil ich 'ne Brieftasche stibitzt hab' mit 5 Dollar drin.«

Hochwasser-Sam verabschiedete mich. Ehe ich ihn verließ, warf ich einen Blick auf seine Hosen. Die Aufschläge waren ausgefranst und schleiften über den Boden.

Club 118

Liebe Leute, die ihr auf Vergnügungen aus seid, ich habe einen Tip für euch. Nicht für euch alle, hauptsächlich für den kleinen Stamm notorischer Premierenbesucher, jene mit Zellophanhaut überzogene Dandies also, und die kleine Gruppe ihrer Stammesbrüder, die Vergnügungssüchtigen, die, von einer grandiosen Langeweile erfüllt, stets an den heißesten Plätzen der Stadt zu finden sind.

Oft habe ich beobachtet, wie Sänger und Tänzer, Schauspieler, Stückeschreiber und Akrobaten sich anstrengten, euch von euch selbst abzulenken. Ich weiß, wie schwierig das ist. Bei dem Versuch, euch zu bewegen, irgendeine andere Kunstform zu bewundern als euch selbst, gehen jedes Jahr Hun-

derte waghalsiger Veranstalter pleite. Ihr Trachten ist so vergeblich, als wollten sie einen Narziß dazu verleiten, sich für die Bilder in einem Familienalbum zu interessieren.
Da ich weiß, wie sehr ihr euch langweilt, euer unglückliches Joch kenne, das euch nur das eine Vergnügen läßt, in unbequemen Nachtclubsesseln zu sitzen und euch von anderen ebenso gelangweilten Leuten anstarren zu lassen – und da ich auch im Sinne habe, wie ihr trotz eurer eigenen körperlichen und geistigen Trägheit den Aktivitäten anderer hyperkritisch gegenübersteht, gebe ich euch diesen Tip in der Gewißheit, daß er, wenn ihr ihn befolgt, all eure Probleme lösen wird.
Ich habe einen Platz entdeckt, der Club 118 heißt. Das ist nicht sein offizieller Name – der lautet Station 118, aber eine solche Bezeichnung weckt meines Dafürhaltens zu eindeutige Assoziationen und macht wenig her für einen Nachtclub. Der Club 118 befindet sich im fünften Stock eines der größeren Gebäude auf dem Gelände des Rockland State Hospitals, und er bietet eine Kabarettvorstellung, die, das verspreche ich euch, selbst für die kritteligsten Amüsementjäger der Stadt einen Kitzel hat. Ich werde diesen Club sogar einigen meiner Freunde empfehlen, die einen ganzen Abend lang beim Klavierspiel Art Tatums ausharrten, ohne eine Note zu hören, ein Wort zu sagen oder den Boogie-woogie-Paderewski eines Blickes zu würdigen. Club 118 wird es ihnen antun.
Einen Nachteil hat der Club jedoch, den ich Ihnen genausogut gleich gestehen kann. Sie können sich nicht einfach hinsetzen und zuschauen. Sie müssen einen recht langen Korridor auf und ab gehen und durch fünfzig Türschlitze spähen, von denen jeder kaum einen Fuß breit ist.
Diese Schlitze gestatten Ihnen einen Blick in fünfzig Einzelzellen. In diesen Zellen sind fünfzig Frauen im Alter von sechzehn bis achtzig Jahren. Sie alle sind nackt. Und, wie von einem unsichtbaren Taktstock geleitet, verfolgen sie alle das gleiche Ziel – sich selbst umzubringen.

Die Zellen sind kahl, kein einziges Möbelstück ist zu sehen, nicht einmal eine Matratze. Die Kabarettvorstellung findet auf einem weißgekachelten Boden statt. Weder Gewänder sind der Truppe erlaubt noch Strümpfe noch Korsagen noch Schuhe – denn jedes dieser Ausstattungsstücke würde sofort dazu mißbraucht, sich zu strangulieren oder zu erhängen. In diesen Räumen, die öde sind wie ein frisch gezimmerter Sarg, liegen die fünfzig Nackten, manche zusammengerollt wie schlafende Kätzchen, andere in seltsamen Verrenkungen, so als hätte sie etwas mitten in einem Tanze niedergestreckt. Einige sitzen auf dem Boden, den Rücken gegen die Wand gelehnt, die Beine von sich gestreckt, und starren auf um sie verstreute Essensreste. Sie sind reglos wie Säulenheilige.
Da ist eine achtzigjährige Negerin, die auf Händen und Knien langsam von einer Seite des Sarginneren zur anderen kriecht und deren körperliche Kraft für die Schwestern ein Wunder ist. Eine andere Frau sieht wie da Vinci aus. Ihre Haartracht ist erstaunlich. Sie hat sich die Hälfte der Haare ausgerissen. Und während lichter Momente besteht sie manchmal darauf, daß man ihr die andere in Locken legt. Dann gibt es das griechische Mädchen mit dem klassisch geschnittenen Gesicht; reglos und lächelnd steht es da wie eine Statue neben einem Bassin. Dann die schwarzhaarige Jüdin mit dem schmalen ägyptischen Gesicht, das wie Mondlicht schimmert. In genau der Pose, die Pavlova im Finale ihres Schwanentanzes einnahm, sitzt sie auf dem Boden. Ihr Gesicht ist zur Seite gewandt, und hin und wieder verzerren sich dessen sanfte Züge zu einer Zornesgrimasse.
Ein anderes, weißhaariges Mitglied der Truppe sitzt mit überkreuzten Beinen da, Qual starrt aus ihren dunklen Augen wie bei einer Hexe am Tag des Jüngsten Gerichts. Gelegentlich kommt Aufruhr in die fünfzig Zellen. Es kann geschehen, daß eine von der Truppe sich erhebt und sich mit dem Kopf zuerst gegen die Wand wirft. Die aufmerksamen Krankenschwe-

stern treten ein, und die Überaktive wird in ein heißes Bad gesteckt.
Es mag sein, daß unsere Vergnügungssüchtigen, die stets an den heißesten Plätzen der Stadt zu finden sind, sich von dem Amüsement, das ich ihnen hier in Aussicht stelle, nicht angelockt fühlen. Ich kann mir sogar vorstellen, wie sie über den Unterhaltungswert des Club 118 Haarspalterei betreiben. Aber trotzdem, ich glaube, sie sollten den Versuch wagen – wenigstens einmal sollten sie den Club 118 aufsuchen, es würde ihr Ego sehr bereichern. Sie bekämen hier eine Extralektion in Langeweile und Lebensüberdruß erteilt, worin sie sich jetzt schon fälschlicherweise als Meister rühmen. Keine reiche Witwe, kein Moviestar, kein Playboy und keine Debütantin, die sich nicht eine Menge geringschätziger und blasierter Manieriertheiten von diesen unermüdlichen Akteurinnen abgucken könnten. Denn die Besetzung im Club 118 ist angewiderter vom Leben, unfähiger, dessen Bedeutung und Realitäten zu ertragen als all die Amateurdepressiven, die sich um die Tische in den Goldfischbehältern der Stadt scharen.
Nun, wenn der Club 118 auch sonst keinen Reiz für unsere *Sophisticates* haben mag, den einen vielleicht doch: Auf seiner kahlen Bühne können sie Tag und Nacht fünfzig getrübte Seelen sehen, die noch schlimmer dran sind als sie.

P.S.: Das Baby wurde gerettet

»Was fremder Leut's Kriege betrifft, da hab' ich mir jetzt meine Meinung gebildet«, sagte Paddy, der Barmann in Tim Costellos Saloon, der die Ecke der Third Avenue, 44. Straße ziert. »Ich brauch' kein *Journal*, keine *News* und auch kein *Telegram*, damit die mir erzählen, was Sache ist. Ich hab' jetzt zu meiner eig'nen innern Haltung gefunden, und an der ist nix zu rütteln. Egal, was kommt, ich halt' mich nur noch an Leute, die mich davor bewahr'n, daß ich auf irgend'nem ausländischen Schlachtfeld sterbe.

'ne Weile lang, da hab' ich sehr geschwankt«, sagte Paddy, »wußte nicht, wer nun recht hat – Ihre Zeitung, Sir, die *PM*, oder das Blatt von Oberst Patterson, die *Daily News*, was ja 'ne viel größere Zeitung ist und außerdem weniger kostet. Die eine wollt' einen dauernd auf Hitler loshetzen, und von der andren wurd' man als Schwachkopf beschimpft, an so was überhaupt zu denken. Zum Schluß, was sollt' ich andres tun, ließ ich beide Blätter links liegen, würdigte sie keines Blickes mehr. Und weil ich 'nen klar'n Kopf behalten wollt', hab' ich auch noch meine Abonnements für das *Journal*, die *Times* und die *Tribune* aufgekündigt. Nur den *Mirror* führ' ich mir noch zu Gemüte, denn das ist 'ne neutrale Zeitung, die auf allen Seiten gleichzeitig steht, auch wenn ich gehört hab', daß es gar kein Ire ist, der sie leitet.

Na, das ganze Hin und Her hat sich für mich jetzt ein für allemal erledigt«, sagte Paddy. »Aber glauben Se nun bloß nicht, die Zeitungen hätten das bewirkt, nein, zu verdanken hab' ich das meinem Freund Johnny Alminini, der ein erstklassiger Taxifahrer ist und einem 'ne bessre Lektion darin erteilt, was passiert, wenn man seine Nase dahin steckt, wo se nicht hingehört, als alle Zeitungen oder 's Radio.

Ja, mein Freund Johnny war's, der mich für die Politik von Hamilton Fish und dem Sozialistenführer Norman Thomas einnahm. Is' mir zwar bis heut noch'n Rätsel, was die beiden unter einer Decke zu mauscheln ham, wo jeder ja weiß, daß se sich gegenseitig Steine an die Köppe werfen, seit se kurze Hosen trug'n. Na, wo wir grad' beim Thema sind – genauso verblüfft bin ich drüber, wie all die radikalen Penner, die früher ständig herkamen, um 'nen Drink zu schnorren und über alle andern herzuziehen – also wie die jetzt Schulter an Schulter mit den schlimmsten Radikalengegnern und Plutokraten im Lande steh'n. Na, was'n Glück, daß ich's Zeitungslesen aufgesteckt hab'. Müßt' ich mir die Erklärungen anhör'n, die die einem dafür geben, würd' ich noch vollkommen wirr.

Aber jetzt will ich Ihnen erzählen, wie mein Freund Johnny mich lehrte, mich auf meine eig'ne Seite zu schlagen und fremder Leut's Kriege fremder Leut's Kriege sein zu lassen. Woll'n Se wissen, was dem armen Jungen passierte? Na, kürzlich bei dem Schneesturm, da fährt er sein Taxi die Straßen rauf und runter, friert sich zu Tode und nimmt keinen einz'gen Dime ein, als er plötzlich 'ne Dame schrei'n hört. Klar – sein erster Instinkt ist, Gaspedal durchtreten und nichts wie ab. Denn das weiß schließlich keiner besser als Johnny, daß Damen, die sich mitten in der Nacht und im schlimmsten Unwetter die Lunge aus'm Hals schrei'n, noch keinem Taxifahrer nix Gutes nicht eingebracht ham.

Aber Johnny is' nu mal die Sorte Bursche«, sagte Paddy, »der überall seine Nase reinstecken muß und sich Ärger einhandeln – genau wie die Politiker der USA. Er hält also an, und da steht 'ne Dame mit 'nem Baby im Arm, das ganz rot im Gesicht ist. Das Kind wär krank, schreit die Dame, und es würd' ihr unter den Augen wegsterben. ›Ich fleh' Sie an, helfen Sie mir‹, sagt die Dame. ›Fahren Sie uns ins Willard Parker Krankenhaus am Ende der East 15. Straße und retten Sie mein Kind. Es kommt auf jede Minute an. Der liebe Gott hat Sie mir geschickt‹, sagt sie und klingt wie Lord Halifax, wenn er mit dem Präsidenten spricht. Mein Johnny hilft ihr also ins Taxi und schießt los zum Krankenhaus, fährt bei Rot über die Ampeln und bringt sich um ein Haar ins Grab, um ein menschliches Leben zu retten.

Johnny guckt der Frau nach, wie sie ins Krankenhaus stürmt und wartet, daß 'se wieder rauskommt und ihm die Kriegsschulden zahlt, ich mein' die 1 Dollar 65 auf dem Zähler. Dann träumt er noch davon, daß er 'ne Belohnung kriegt oder wenigstens 'en dickes Trinkgeld. Als dann zwei Männer ans Auto kommen und ihn ins Krankenhaus herein bitten, ist er also nicht überrascht.

Und sowie er im Krankenhaus drin ist«, sagte Paddy, »wird Johnny von drei andern Burschen geschnappt, die ihm die Kleider vom Leibe reißen und ihn in einen stinkenden, damp-

fenden Raum stoßen. Zwei Stunden lang wird er mit allen möglichen Karbolsäure-Mixturen durchräuchert. Dann erzählen sie ihm, daß das Baby mit dem roten Gesicht 'ne ansteckende Krankheit hat. Na, zum Schluß kriegt er seine Kleider wieder, und die sind natürlich auch desinfiziert – genau wie sein Taxi. Als er seine Kleider wieder anhat, stinkt er nach Desinfektionsmittel und Mottenkugeln wie 'ne Bahnhofstoilette. Und sein Taxi, das stinkt noch schlimmer. Und als er zwei Stunden zu spät und ohne einen Dime Verdienst losfährt, um die Nachtschicht zu fahr'n und sein Taxi so zum Himmel stinkt, daß sich kein Fahrgast reinsetzen würd', wird sein Boß fuchsteufelswild und feuert ihn. Und als er losgeht und sein Mädchen besuchen will, ist er auch zwei Stunden zu spät und stinkt immer noch nach dem Desinfektionszeug. Da wird auch sein Mädchen sauer und haut ihm 'nen Teller auf'n Kopf.
Und das«, sagte Paddy, »zeigt Ihnen in Kürze und Knäppe, was man davon hat, wenn man seine Nase in fremder Leut's Kriege steckt. Am Schluß ist man pleite, stinkt und hat keinen mehr, der einen liebt.«

Paddy machte eine kleine Pause und füllte nachdenklich zwei Bourbongläser.

»Natürlich«, begann er wieder zu sprechen, »einen Punkt gibt's an der Geschichte, über den ich bis jetzt nicht nachgedacht hab'. Das rotgesichtige Baby, mit dem Johnny ins Krankenhaus raste. Johnny hat ihm's Leben gerettet, an der Tatsache führt kein Weg vorbei. Wär' er nicht gewesen, dann wär's in dem Unwetter gestorben und seine arme Mutter vielleicht gleich mit – beide unter den Schneeflocken begraben.«

Paddy seufzte.

»Ach«, seufzte er plötzlich. »Hätt' ich doch bloß nich' angefang'n, Ihnen die Geschichte zu erzählen. Jetzt geht wieder alles durcheinander in meinen Kopf. Da kann ich grad so gut anfangen wieder Zeitung zu lesen.«

Gib deine Lorbeeren zurück

Nichts ist vielleicht so ungerecht wie Zeitungsruhm.
Die Tatsache, daß *Peter Arno* zum bestgekleideten Mann der USA im Jahr 1940 gekrönt wurde, ist typisch für die fehlgeleiteten journalistischen Lorbeeren. Blind klatschten die Zeitungen Pete die Krone auf den Kopf, nur weil die Schneiderinnung sie so geheißen hatte.
In der Schneiderinnung tummeln sich hartnäckige und bedenkenlose Werbetrommler. Und man könnte auf die Idee kommen, Käuflichkeit sei der Grund, warum die Presse gegenüber dem Dideldum der Schneider so gehorsam ist. Aber das wäre ein kurzsichtiger und linksflügeliger Gedanke.
Die Presse dachte wohl einfach so: wenn schon jemand je-

mand anderen zum bestgekleideten U.S.-Bürger kürt, warum dann nicht die Schneiderinnung Peter Arno – weitere Fragen stellte sie nicht. Jeder kennt Arno, und keiner kennt Jack Marshall. Jack ist übrigens zufällig ein farbiger Gentleman, und wen zum Teufel interessiert es schon, worin ein farbiger Gentleman herumhopst – es sei denn, er trägt zufällig Boxershorts.

Bei der Zusammenstellung von Nachrichten waltet ein tiefverwurzeltes Kastensystem, das die Presse dazu bringt, sich mit Vorliebe auf Millionärsleichen, Vergewaltigungen bei den oberen Zehntausend, alkoholsüchtige Debütantinnen und die Ehebrüche großer Industrieller zu stürzen, um einen Perlenbesatz für ihre Kolumnen zu haben. Die Tatsache, daß Peter Arno in verknitterten Hosen herumläuft, ungeputzten Schuhen, und daß sein rechter Sockenhalter aus seinem Hosenbein heraushängt und hinter ihm herschleift – daß er bei sich zu Haus wie ein abgerissener blinder Passagier herumläuft und in Wirklichkeit kaum mehr Interesse an Kleiderfragen hat als ein Aal –, all dies kümmert die Schneiderinnung und die tausend Zeitschriften nicht, die einer leichtgläubigen Öffentlichkeit den neuen Kleiderchampion präsentierten.

Arno ist ein Name. Und ein guter Lokalredakteur hat es immer gern, wenn die Geschehnisse sich um Namen ranken. Eines guten Lokalredakteurs Tagtraum von einer gelungenen Titelseite sieht so aus: der Selbstmord dreier Millionäre, die den Akt als Anti-Roosevelt-Kampagne planten; der Mord an zwei reichen Witwen im Colony Restaurant, begangen von, na sagen wir, irgendeinem ausländischen Diplomaten, und eine Bombenexplosion am Obersten Gerichtshof der USA. Als kleine *human-interest*-Zugabe wird vielleicht noch eine Notiz über Wendel Willkie erscheinen, der ein Comeback ins Rampenlicht der Öffentlichkeit versucht, indem er den Rekord im Fahnenmast-Sitzen bricht.

Deshalb ist Zeitungsruhm so ungerecht. Fast immer ereilt er

die ohnehin Berühmten. Da ich zufällig weiß, daß Arno ein guter Kerl ist und ein feines Gefühl für die Ungerechtigkeiten des Lebens hat, rufe ich ihn also auf, seine Krone – öffentlich – an Jack Marshall zu übergeben und die Schneiderinnung zum Teufel zu schicken.

Jack ist keine Erfindung von mir. Er ist das Ergebnis einer dreitägigen Befragung der Schneider New Yorks, durchgeführt von einer Freiwilligengruppe talentierter (aber stellungsloser) Reporter. Von den 70 führenden Schneidern und Herrenausstattern, die interviewt wurden, zeigten 11 auf Marshall, siebenundzwanzig Jahre alt, wohnhaft in 2634 Eigth Avenue, Beruf Ringadjutant sowie Kartenabreißer und Türsteher in zwei verschiedenen Kinos.

1932 begann Jack seine Laufbahn als Boxer im Bantamgewicht. Ein Jahr später wurde er Amateurchampion von Queens County im Leichtgewicht. Vor ihm lag eine große Karriere. Aber Jack gab den Gedanken daran auf, wie auch den ans Heiraten und andere Dinge, die ihn vom zentralen Thema seines Lebens hätten ablenken können – der Kleidung.

»Ich habe in den Zeitungen von Mr. Arno gelesen«, sagte Marshall. »Und ich muß schon sagen, die Fotos von ihm haben mich sehr enttäuscht. Ich beurteile die Kleidung eines Mannes nicht danach, wieviel er für sie ausgegeben hat, sondern danach, wie sehr er sie liebt und wie gut sie ihm steht. Wer gut gekleidet sein will, muß alle Stoffe und Materialien kennen. Und er muß ständig seine Kleider wechseln. Niemand kann einen Anzug länger als fünf Stunden tragen und erwarten, daß er noch gut aussieht. Ich wechsle meine Anzüge dreimal täglich. Und lieber würde ich tot umfallen, als in der ungebügelten Montur herumzulaufen, in der Mr. Arno sich fotografieren ließ. Kaum eine Woche vergeht, in der nicht irgendein neuer Polizist in Harlem, der mich nicht kennt, mich anhält und mir mißtrauische Fragen stellt, wer

ich bin und wohin ich will – nur weil ich so gut gekleidet bin.
Ich will ja nicht behaupten, daß es nicht vielleicht irgendwo Männer gibt, die besser angezogen sind als ich, aber ich behaupte, Mr. Arno gehört nicht dazu. Ich bin gern bereit, die Entscheidung darüber jeder Jury zu überlassen, ob sie nun aus Schwarzen oder Weißen besteht, Frauen oder Künstlern oder Schneidern.«
Jedem, den es interessiert, darf ich versichern, daß Jack mit seiner Behauptung bescheiden ist und daß jeder ehrliche Schneider übers ganze Gesicht strahlen würde bei seinem Anblick. Jack ist kein Harlem-Blender, kein Geck mit lila Weste, sondern ein elegantes und makelloses Gedicht in beigem Fischgrät. Er verdient weniger als 60 Dollar die Woche, arbeitet regelmäßig in drei Jobs, und all sein Geld, außer den Pfennigen für seinen Kaffee und sein Bett, steckt er in seine Garderobe. Sechs Dollar pro Woche gehen an seinen Schneider dafür, daß er jene Arno-Knitter von seinen Hosen fernhält.
»Jetzt, wo ich darüber nachdenke«, sagte Jack, »weiß ich nicht, was es mir Gutes bringen soll, als der bestgekleidete Mann berühmt zu werden. Ich kann mir einfach nicht vorstellen, daß irgendein Schneider der Weißen einem Farbigen eine Krone aufsetzt. Viel eher wird etwas ganz anderes passieren, daß nämlich jemand die Geschichte liest, die Sie vorhaben zu schreiben, sich meine Adresse herausschreibt und herkommt und mir alle meine Kleider stiehlt.«

Auf dem Weg nach Hause

Viele Künstler und Schriftsteller leben an der South Mountain Road, die die Hügel um New City durchschneidet. Diese Straße liegt nur eine Stunde außerhalb der Stadt. Aber fährt man sie entlang, könnte man glauben, man hätte sich bis Hiawatha entfernt. Im Winter kommen Rehe und Füchse bis an den Straßenrand. Wilde Hunde heulen im Gestrüpp, und Klapperschlangen huschen über die Fahrbahn.

Im Winter fallen hundert Jahre von der South Mountain Road ab. Sie wird einsam und wild, und Nacht und Schnee verschlingen die um sie verstreuten Häuser. Hin und wieder werfen die Lieferwagen von Haverstraw ein Scheinwerferlicht in diese Versunkenheit, aber die Hügel löschen solches Eindringen schnell wieder aus.

Durch die Fenster sehen die Künstler und Schriftsteller und ihre alteingesessenen Nachbarn nur Wildnis, und manchmal hören sie den Wolf, wie er mit dem Monde spricht. In einer klaren Nacht kann man in der Ferne die Lichter des Empire State Buildings sehen. Aber an der Straße selbst liegt die Nacht so geisterhaft und vom Menschen unberührt über den Hügeln wie in den Tagen von Peter Stuyvesant.

Henry Varnum Poor wohnt an dieser Straße. Henry ist einer der besten amerikanischen Maler. Sein Ruhm reicht weit, und seine Gemälde und Keramiken sind über viele Museen verstreut.

Gelegentlich ist Henry in der Stadt zu sehen, wo er so fehl am Platz wirkt wie ein Braunbär, der mit einem Polizisten spricht. In seinem Steinhaus an der South Mountain Road, das er sich selbst vor Jahren baute, lugt jedoch New York aus den Winkeln heraus. An Winterabenden brennt hier ein Holzfeuer, und die Wildnis preßt ihre Nase an ein vertrautes Fenster.

An einem solchen Winterabend saß Henry am Feuer und lauschte, wie der Sturm den Schnee durch die Dunkelheit trieb, als er ein Geräusch an der Tür hörte. Es war spät, kalt, und die Straßen waren unpassierbar. Henry wunderte sich, wer zu solcher Stunde wohl zu Besuch käme.

Ein Junge von siebzehn Jahren stand vor der Tür. Er schlotterte in den Sturmböen. Henry lächelte ihn an und ließ ihn ein. Der Junge trug eine kurze Jacke über einem abgetragenen Hemd und dünnen Hosen und war halb erfroren. Er erwiderte Henrys Lächeln und blickte sehnsüchtig zu den brennenden Holzscheiten hin.

Henry nahm wieder seinen Platz vor dem Feuer ein und fragte sich, warum der Junge in dieser Sturmnacht umherirrte. Da mein Freund ein schweigsamer Mensch ist, stellte er keine Fragen, während sein Besucher sich vor dem Feuer die Glieder auftaute. Es geschieht oft, daß Fremde an Henry Poors

Tür klopfen, manchmal sehr sonderbare Fremde, denn die Kunst ist ein Magnet, der die wunderlichsten Dinge der Welt anzieht.

Des Jungen Augen wanderten im Raum umher, und beim Anblick eines jeden Gegenstands an den Wänden und auf den Regalen leuchteten sie auf. Sein Gastgeber fühlte sich an einen Hund erinnert, der einen warmen, fremden Ort beschnüffelt. Auch die Kaffeekanne, die auf dem Holztisch stand, lächelte der Junge an. Auf die Frage, ob er hungrig sei, nickte er eifrig.

Kaffee und Brot und Butter wurden von dem Maler aufgetischt, und während der nächsten zehn Minuten aß sein Besucher und schwieg. Als er sich aufgewärmt hatte und sein Hunger gestillt war, wanderte der Junge durch den Raum und strahlte so glücklich über alles, was er sah, daß mein Freund ihn nicht zu stören wagte. Ihm fiel auf, daß der Junge sich auf eine sonderbare Weise bewegte und daß er trotz seiner Verlorenheit in einem Wintersturm vollkommen glücklich wirkte. Und jedesmal, wenn der Junge dem auf ihm ruhenden Blick des Hausherrn begegnete, vertiefte sich sein Lächeln, und sein Gesicht glühte vor Aufregung.

Schließlich ging Henrys Besucher zu einer Bank neben dem Kamin. Dort streckte er sich aus, gähnte mehrmals und lachte dann vergnügt vor sich hin. Glück und Zufriedenheit lagen in dem Lachen. Henrys roter Hund kam heran und beschnüffelte den Jungen, ganz so, wie dieser zuvor den Raum beschnüffelt hatte. Der Besucher lachte laut auf, legte seinen Arm um den Hals des Hundes und preßte seine Wange gegen dessen Kopf. Dann sah er Henry an, und sein Lachen verstummte. Seine Augen füllten sich mit Tränen.

Aber er sagte immer noch nichts. Er legte seinen Kopf auf die Bank, und dann, nach einem dankbaren Lächeln zu Henry hin, schlummerte er ein. Alle paar Minuten jedoch öffnete er plötzlich die Augen und ließ sie begierig durch den vom Feuer erleuchteten Raum und über die heimeligen Dinge darin schweifen. Und jedesmal, nachdem er einen glücklichen Seufzer darüber ausgestoßen hatte, daß es sie, den Kamin, den roten Hund an seiner Seite und den schweigsamen Mann, der da saß und ihn anlächelte, gab, schlummerte er wieder ein.

Henry brauchte keine Fragen mehr zu stellen. Er wußte alles über den Jungen. An einer Kette um seinen Hals hing eine silberne Plakette. Die Vorderseite war nach innen gekehrt.

Diese Plakette wird von den Bewohnern von Letchworth Village in Thiells, New York, getragen. In diesem Dorf bringt der Staat seine Verrückten unter. Sie streifen über die Felder, spielen auf Wippen oder Schaukeln, sitzen vor sich hinstarrend oder mit Spielen beschäftigt auf den Wiesen und geben so gut wie keinen Laut von sich. Sie dürfen sich frei bewegen, aber immer sind Schwestern und Wärter da, die sie beaufsichtigen.

Henrys Besucher war ein aus Letchworth entflohener Schwachsinniger. Er war meilenweit durch Schneewehen und Windböen gestapft, um in die Freiheit zu fliehen. Aber er hatte vergessen, sich die Plakette vom Hals zu nehmen, die ihm seinen Platz in der Welt zuwies.

Die ganze Nacht schlief Henrys Besucher auf der Bank vor dem Kamin. Der rote Hund wich nicht von seiner Seite und beoachtete ihn. Am Morgen erschienen zwei Wärter. Henrys Besucher nickte ihnen traurig zu. Er folgte ihnen in den Schneemorgen. Als er schon zur Tür hinaus war, drehte er sich um und lächelte dem roten Hund und den heimeligen Dingen in Henrys Haus noch einmal zu.

Protokoll der Fortschen Gesellschaft

Diesen Monat richtet sich unser Meister, Charles Fort, in seinem Grabe auf, steckt seinen Kopf durch einen Geranientopf und beglückt seine Anhängerschar mit einem kräftigen Blinzeln. Anlaß hierfür ist das Erscheinen seiner gesammelten Schriften in einem dicken blauen Band mit der Inschrift *Die Werke von Charles Fort.* Unser Meister wird höchstwahrscheinlich einen Korb voll Frösche in die Luft werfen und seinen Grabstein über den Zaun schleudern. Aber ich wünschte, er käme ganz aus seinem Grab heraus. Er wird gebraucht.

Als er vor nicht allzu langer Zeit auf Erden weilte, stellte er unter erheblichem Mühen die drei großen Fortschen Grundgesetze auf, die da heißen – der Mensch ist ein Narr, seine Seele ein Morast im Derbyhut und sein Intellekt ein Fötus im Gehrock.

Mit der Bekanntgabe dieser drei großen Grundgesetze trat unser Meister notgedrungen einer Menge Leute in die Leisten. Fragen Sie einen beliebigen Astronomen, wer Charles Fort war, und Sie werden schon sehen. Sollten Sie keinen Astronomen finden, versuchen Sie es mit einem Physiker, einem Geologen oder Philosophen mit akademischem Titel vor dem Namen. Sie werden Ihnen große Belustigung vorspielen und Ihnen alle die gleiche Antwort geben: daß unser Meister, Charles Fort, ein Schwachkopf war.

Was sie sagen ist unwahr, aber daß sie es sagen, ist verständlich. Die Astronomen müssen es behaupten, denn sonst könnten sie ihre Astronomie an den Nagel hängen. Dasselbe gilt für die Physiker und Philosophen. Sie alle müßten in Ruhestand gehen, wenn auch nur ein Körnchen Wahrheit in den Visionen von Charles Fort läge. Als einer der Gründer der Fortschen Gesellschaft darf ich Ihnen versichern, all diese Herrschaften werden in den Ruhestand gehen – eines Tages.

Zu seinen Lebzeiten untersuchte unser Meister an die 100 000 Phänomene. Dazu gehörten Tigerkinder, Leopardenjunge, Poltergeistmädchen, Wolken, aus denen roter Regen kommt, Meteoren mit Inschriften und sich fortbewegende Berge. All die rätselhaften Erscheinungen der Erde und des Himmels und all die sperrigen Daten, die die Wissenschaft stets aus ihren Lehrbüchern fortläßt, weil sie sie nicht erklären kann, waren sein Feld.

Wo die Fußstapfen von Menschen und Dingen sich in Luft aufgelöst hatten, dort begann unser Meister. Wo Feuer unbekannten Ursprungs gewütet, aber nichts zerstört hatte, wo Bäume wandelten und Ströme bergauf flossen, dort war unser Meister, das Notizbuch gezückt, zur Stelle. In seinem Büro hatte er 20 Schubfächer voll mit Zeugnissen von Wundern. Diese hatte er sich aus Zeitungen und Zeitschriften aus aller Welt ausgeschnitten. Und die meisten dieser Wunder spürte er auf und bewies sie.

Ehe er starb, gelang es ihm noch nachzuweisen, daß der Mond, zumindest nach dem letzten Stand der Erkenntnisse, aus unreifem Käse besteht. Außerdem entlarvte er das Gesetz der Schwerkraft als Falschmeldung und stampfte die darwinistische Theorie in Grund und Boden. Wie eine einzige riesige Luftblase brachte er all unsere Dogmen zum Platzen.

Ich will das Genie von Charles Fort nicht übertreiben. Er war kein philosophischer Komet. Er war eher eine Berg-und-Talbahn, die jedermann zum Mitfahren einlud und verschaukelte. Nach Meinung von uns Forteanern haben sich die Wissenschaften nie ganz von dieser Posse erholt. Für unsere Forteaner werden die Lichtgebilde am Himmel, die Sonderbarkeiten, die das Meer ausspeit, die Dinge, die ohne eine Spur zu hinterlassen, von der Erde verschwanden, und das Vorkommen in allen möglichen Farben schillernder Staubregen überall auf der Erde immer Vorrang vor Euklid, Eddington und selbst Einstein haben. Geschichten von vom Blitz verfolgter Menschen, von den Fußabdrücken der Kobolde und von interplanetarischen Fandangos haben wir in der Schule nie gehört. Die Lehrbücher der Wissenschaft verschmähten, was sie nicht erklären konnten. Unser Meister zog das Unerklärliche der Wissenschaft vor.

Es ist möglich, daß unser Meister ein wenig verblendet war und dazu neigte, Chimären zu sehen, wo nur Verrücktheit war. Möglich auch, daß er etwas von einem Aufschneider an sich hatte, wenn er seine Visionen beschwor von Himmelsungetümen, von Wolkendämonen und astralen Werwölfen, die die Erde heimsuchen. Aber die verrückten Fransen, die von seinem Priestergewand herabhängen, sind von geringer Bedeutung.

Wesentlich ist, daß unser Prophet der Welt seine Gesetze kundtat, lange ehe unsere heutigen Schlagzeilen deren Wahrheit bestätigten. Die Torheit des Menschen, die uns die Wirklichkeit dieser Tage deutlicher als jedes Lehrstück vorführt, ist in den Schriften unseres Meisters seit je dokumentiert. Sie sollten sein Werk heute wieder zur Hand nehmen. Es wird Sie entspannen, denn es rückt den furchterregenden Wahnsinn unserer Gattung in eine besänftigende Perspektive. Sie werden erkennen, daß die politischen Idiotien unseres Heute nichts sind im Vergleich zu der aufgeblasenen und unbeirrbaren Verblendetheit, die seit je unter unseren Professoren mit breiten Schnurrbärten und unseren Gelehrten mit hohen Hüten verbreitet war. Sie werden außerdem erkennen, daß der Mensch der Wahrheit des Lebens nicht näher ist als die Meeresmuscheln. Er macht nur ein wenig mehr – und ein wenig unmelodischeren – Lärm.

Wir Forteaner sind recht stattlich an Zahl. Wir haben einen Briefkopf mit Monden und Planeten darauf, einen Präsidenten und eine Generalsekretärin – Tiffany Thayer. Unser Mitgliederverzeichnis weist bedeutende Namen auf – J. David Stern, Booth Tarkington, Aaron Sussman, Burton Rascoe, Alexander Woollcott, John Cowper Powys, Theodore Dreiser und zahlreiche andere verständige und bemerkenswerte Herrschaften. Woran es uns jedoch mangelt, das sind Prediger. Zum gegenwärtigen Zeitpunkt haben wir nur zwei, und beide sind ein wenig verblödet. Einer ist Dreiser, der im Goldenen Westen hockt, und für die Sache der beduselten Kommunisten herumknurrt. Was den anderen betrifft – Woollcott – nun, dieser furchtlose Verfechter des Offenkundigen liegt im Augenblick brach und wartet auf irgendein neues Dideldum, das es zu verteidigen gilt.

In der Fortschen Gesellschaft ist auch noch Raum für alle geübten und hochtrabenden Plappermäuler, die gewillt sind, ihre Zunge für die Botschaft unseres Meisters zu entfesseln. Gern aufnehmen werden wir auch Mitglieder, die sich befleißigen würden, die richtige Nische in der Welt aufzutun für unseren Apostel des Außergewöhnlichen; Hüter der Geister; Beobachter geheimer Strahlen; Rächer Vergessener Theorien, Verlorener Sachen und Umherirrender Kometen – für unseren spaßigen Priester des Unwahrscheinlichen und Aufzeiger von Idiotien.

Verzeihen Sie meinen Seufzer

Ich habe es immer gehaßt, alt zu werden. Der Alterungsprozeß war für mich stets das häßlichste und trübseligste aller Phänomene.

Seit jeher war es mir ein Rätsel, wie die mir an Alter Überlegenen sich um andere Angelegenheiten kümmern konnten als ihren eigenen Zerfall. Alte Staatsmänner, Chefredakteure und Magnaten, denen die Kehllappen beben bei ihren erhitzten Debatten über die Bedeutungen eines Lebens, das sie doch schon so bald hinter sich lassen würden, empfand ich immer als die Demonstration düstersten Heldentums. Welche Bedeutung konnte es für jemanden haben, der mit einem Bein schon im Grab stand, wohin er das andere setzte? Wie konnte

es Leute, die die Altersharpune bereits durchbohrt hatte, kümmern, zu welchem Tanz aufgespielt wurde?
Diese kindischen Vorstellungen von den Schrecken des Alters wichen auch nicht, als ich meinen jugendlichen Anspruch auf sie schon lange verwirkt hatte. Sie sorgten dafür, daß ich weiterhin Abscheu vor allem Reifen hatte, ließen mich an meinen Geburtstagen aufstöhnen, über mein Alter lügen, mit Entsetzen den ersten Frost an meinen Schläfen studieren und heimlich weinen, wenn im Radio »Waltz Me Around Again, Willie« oder »Glow, Little Glow-Worm, Glimmer« erklang.
Neuerdings stellte ich jedoch fest, daß sich meine Haltung verändert hat. Heute erscheint mir das Altwerden – durch die Vierziger hin zur Senilität und Auflösung zu tattern – ein viel geringeres Übel als jung zu sein. Und ich entdecke, wie ich den Jüngling von siebzehn, den ich drei Dekaden lang beneidete, mit plötzlichem Mitleid betrachte. Er ist nicht mehr der Bursche, an dessen Stelle ich gern sein möchte.
Es ist wahrhaft nicht die Zeit, jung zu sein. Denn welchen Platz gibt es für Jugend in dieser Ansammlung politischer Wahlveranstaltungen, zu der die Welt heute geworden ist? Selbst die Straßen sind wie Klassenzimmer voll von Ideen, und sogar in den Saloons wimmelt es von Professoren. Man kann keine zehn Schritte tun, ohne mit irgendeinem Philosophen, Magier oder Erlöser zusammenzustoßen.
Den Siebzehnjährigen von heute sieht man, wie er mit roten Wangen dasteht und sich von den Verirrungen der Erwachsenen verhexen läßt. Und die Erwachsenen sind überall – eine tattrige Ansammlung von Wirrköpfen, die den Himmel hinter und vor unserem Jüngling verdüstern. Das Mondlicht ist von ihren Bombenflugzeugen verdeckt. Auf den Gänseblumenwiesen tobt die Jagd nach Spionen. Und im Oberstübchen unseres Jünglings spielen gelehrte Ökonomen *Halloween*. Ja, es gibt eine Menge Altmännerteufeleien auf der Welt. Und er ist nicht zu beneiden, der neue Siebzehnjährige.

Diktatoren stopfen ihn stündlich mit politischem Sägemehl voll. Und Fortschrittler blasen ihm unentwegt die *Bill of Rights* ins Ohr.

Daß Kriege Jünglinge umkreisen wie Fledermäuse ist nichts Neues. Aber bislang gelang es der Jugend immer, beinahe ebenso viel Genuß aus dem Anblick von Katastrophen zu beziehen wie die Älteren daran hatten, sie herbeizuführen. Aber wer könnte sein Vergnügen an einer Welt haben, die sich selbst zugrunde richtet, die dem Tollhaus noch einen Sprung voraus ist und jeglichen Boden verliert?

In einer Welt wie der unseren wirkt Jugend fast antiquiert, wie etwas, das aus einer naiveren Generation überlebte – eine Einrichtung, die so nutzlos ist und von so fragwürdiger Zierde wie eine Kuckucksuhr.

Der neue Siebzehnjährige wird alt werden, ohne den Erwachsenen je eine lange Nase gemacht zu haben. Von seiner Jugendzeit wird er in Erinnerung behalten, daß sie nicht sein Schatzkästchen war. Das einzige, was *er* öffnen durfte, waren die Luken von Panzern und Jagdbombern. Schwer, sich vorzustellen, welche Sorte Erwachsener er abgeben wird, dieser kleine Zuschauer unseres heutigen Deliriums.

Ja, zum Schluß bin ich doch noch zufrieden mit meinen ergrauenden Schläfen und der gestandenen Zahl von Jahren, die sie verraten. Wäre ich jünger, hätte ich nie die Welt von 1910-1914 gekannt, die letzten vier Jahre Arkadiens. Damals gab es viele, die in dieser Welt nichts Arkadisches entdecken konnten – aber das waren nicht die Jungen.

In jenen Tagen blieben die Älteren an dem Platz, der ihnen gebührte und wo sie niemand anderen als sich gegenseitig mit ihren Strategien, Systemen und Machenschaften zu Tode langweilten. Sie verdunkelten nur die Ecken, in denen sie sich selbst mit ihren Tarifen und ihrem Einmaleins herumdrückten. Der Rest der Welt gehörte uns, und es war eine Welt voller Ego, Eleganz und Sünde.

Ich habe keine Zweifel, daß die Historiker, wenn sie daran gehen, unsere gegenwärtigen Ereignisse zu einem sinnreichen Muster zusammenzufügen, die goldenen alten Tage als bedeutungslos beiseite schieben werden. Dagegen möchte ich meinen Einspruch anmelden.

Armer, veralteter junger Mann von siebzehn – ich beneide ihn nicht mehr, aber ich wundere mich, warum er nichts unternimmt. Ich weiß, daß es in den letzten Jahren eine Anzahl von Jugendbewegungen gegeben hat, und daß in Mitteleuropa eine noch immer zugange ist. Auch über den Flughäfen der Royal Airforce hat sich eine große Jugendbewegung formiert.

Aber es ist noch genügend Raum für eine weitere, und wer weiß, ob sie sich nicht zusammenfindet. Fast alles andere hat sich ja gefunden. Vielleicht erhebt sich ein Stephen, um einen Kinderkreuzzug anzuführen – aus der Welt hinaus; der mit seiner Flöte eine Armee Jugendlicher in ein sonniges Nirgendwo lockt, wo sie Rollschuhlaufen können, Drachen steigen lassen, einander verführen und Dickens und Frank Merriwell lesen, während die Erwachsenen ihr wichtiges Geschäft des Amoklaufs vollenden.

Ich will den Nobelpreis

Die Chinesen verheimlichen uns etwas. Das ist nicht nett von ihnen, wenn man bedenkt, wie loyal wir uns China gegenüber bei seinem Todeskampf mit Nippon verhalten haben. Seine Gesandten wurden üppig bewirtet, und wir hielten ihnen die aufmunterndsten Reden. Noch kein Chinese ist von unseren Bankettischen aufgestanden, ohne zu spüren, welch tiefe Bewunderung uns seine Sache abringt und wie hoch unser Herz schlägt, wenn er für sie den Heldentod stirbt.
Während dieser vergangenen Jahre haben wir eine Menge rednerisches Blut gelassen. Unsere Tischredner marschierten Geist an Geist mit den Finnen, Holländern, Norwegern, Österreichern und Tschechen. Aber unsere Loyalität gegen-

über den Chinesen reicht weiter zurück. Schon vor zwei Jahren redeten wir uns für sie heiser.
All das Zähneknirschen und Auf-die-Brust-Klopfen, das wir auf uns genommen haben, hat seinen Zoll von uns gefordert. Während die Welt darum kämpfte, die Demokratie am Leben zu erhalten, mit deren Erfindung wir sie einst beglückten, haben wir, hinter den Kulissen, den Preis dafür gezahlt.
Ich beziehe mich auf die allgemeine Flaute in unserer Libido. Man kann sich nicht ununterbrochen Sorgen über den Untergang von Nationen und den Zusammenbruch menschlicher Ideale machen, ohne daß das eigene seelische Lustprinzip großen Schaden nähme. Ich könnte eine Reihe bedeutender Psychiater zu diesem Punkt zitieren, aber sie baten mich, ihre Namen nicht in die Zeitung zu bringen. Sie hätten im Augenblick ohnehin mehr Patienten als ihnen lieb sei, versicherten sie mir. Außerdem stellten sie die folgende Behauptung auf: Würden wir endlich aufhören, uns Sorgen zu machen und in den Krieg eintreten, dann käme unser Liebesleben von ganz allein wieder in Ordnung. Soldaten, erklärten sie, haben nie Probleme damit. Nur Tischredner.
Die Chinesen hatten jedoch die ganze Zeit über ein Mittel gegen Impotenz, das weit weniger drastisch ist als eine Invasion in Preußen. Und sie haben es uns nicht nur vorenthalten – es kostete mich auch eine ganze Woche, eine lebenswichtige und entscheidende Woche, ihnen das Geheimnis zu entringen.
Auf die Spur kam ich diesem neuen Allheilmittel für die Menschheit durch reinen Zufall. Ich las eine Zeitungsnotiz, die von der Ankunft einer toten Wildkatze in New York berichtete. Das Tier verweste in einer unzustellbaren geschlossenen Kiste vor sich hin. Das Postpaket war in Brownsville, Texas, aufgegeben worden, von einem Mr. Snake King, und war an einen Mr. Charles King adressiert.
Ein erster aufs Geratewohl durchgeführter, aber wie sich herausstellte von der richtigen Eingebung geleiteter, Telefonan-

ruf bei der Expreßgutabteilung der Eisenbahn ergab, daß jeden Monat um die dreißig Sendungen mit erschreckend lebendigen Wildkatzen von den Chinesen in der Stadt abgeholt werden. Ein zweiter Anruf bei Mr. Thomas Gee, der eine wahre Pandorabüchse von einem Laden im Kellergeschoß in der 76 Mott Street betreibt, ergab, daß Wildkatzen eine geheime chinesische Delikatesse sind und 30 Dollar pro Stück kosten. Täglich kämen Sendungen mit Wildkatzen an. Die Tiere würden getötet, indem man ein Loch in die Kiste bohrt und sie mit einer Schlinge aus den Saiten eines Klaviers garrottiert.

Die Wildkatzen, sagte Mr. Gee, werden normalerweise in Whisky zubereitet.

Mehr wollte er nicht sagen. Seine orientalische Zurückhaltung zwang mich zu einem weiteren Telefonat – mit Dr. Leister vom Bronx Zoo. Dr. Leister sprach vorsichtig von einem Magenstein, einem kalkigen Gewächs, das manchmal in den Blasen von Wiederkäuern zu finden ist und heilende und magische Kräfte besitzen soll. Mr. Raven vom Amerikanischen Museum für Naturgeschichte, den ich als nächsten konsultierte, hatte noch nie irgendwelche Magensteine bei Wildkatzen entdeckt, wollte die Theorie Dr. Leisters aber auch nicht ganz von der Hand weisen.

Da des Weißen Mannes Wissenschaft hier versagte, wandte ich mich an den chinesischen Generalkonsul. Er äußerte sich höflich und sehr vage über das Thema Wildkatzen und Magensteine, wirkte jedoch ein wenig nervös, als ich mit meinen Fragen insistierte. Mit Mr. Yang vom chinesischen Wohlfahrtsverein in der Mott Street Nr. 16 führte ich meine Untersuchung fort. Mr. Yang war höflich, aber unverbindlich. Er fand das ganze Thema wohl eher zum Scherzen und versicherte mir, in Chinatown gäbe es keine Wildkatzen.

Aber schließlich führte die Spur zu James Lee, dem Manager von Lum Fongs exzellenten Restaurants in der Canal Street,

Ecke West 52. Straße. Mr. Lee ist ein eleganter junger chinesischer Gentleman. Bei meinen Fragen lächelte er, und dann lüftete er das Geheimnis, das seine Landsleute so verbissen hüteten.

Nicht der magische Magenstein, der vielleicht oder vielleicht auch nicht nach Art der Perlen im Innern der Wildkatze verborgen liegt, ist der Grund, warum immer mehr Exemplare dieses furchterregenden Tiers nach New York importiert werden. Es geht um das Tier selbst. Angerichtet mit Entenfilets und Pilzen und mit einer reichhaltigen Whiskysoße ist das Fleisch der Wildkatze das unfehlbarste Aphrodisiakum, das die Wissenschaft kennt. Schon beim ersten Bissen regt es den Blutdruck an und erhöht die Aktivität der Schilddrüsen. Das Haar bekommt einen öligen Schimmer. Die Stimme wird tiefer. Und selbst das geschwächteste Opfer erhält seine Manneskraft zurück. Eine Beilage aus Pflanzenfaser, die »chow« heißt und von der kultivierten Ginsengwurzel stammt, macht die Mahlzeit wirkungsvoller als aller Hokuspokus von Freud und seinen Schülern.

Da sehen Sie's, Messrs. Jack und Charlie. Es war nicht nett von den Chinesen, ihre Weisheit für sich zu behalten und uns diesen edlen und lebenswichtigen kulinarischen Genuß vorzuenthalten. Aber jetzt, wo das Geheimnis heraus ist, bin ich sicher, daß viele sich darauf freuen, das Gericht demnächst auf unseren Speisekarten zu sehen.

»Kellner, Wildkatze mit Wurzelfaser bitte«, diesen Ruf werden wir zweifellos bald von unseren führenden Gourmets hören.

Eine Kleinigkeit hätte ich beinahe vergessen zu erwähnen. Laut Auskunft von Mr. Lee muß nach Verzehr dieses Mahls neun Stunden gefastet werden. Wer vorher andere Nahrung zu sich nimmt, hat Koliken zu befürchten.

Aber, aber, Mr. Lee, wer wird denn hier an Essen denken?

Ahmed will zu Allah

Man kann der Einwanderungsbehörde keinen Vorwurf machen. Sie tut nur ihre Pflicht. Und die besteht darin, Asmail Ahmed Abdulla zum Teufel zu schicken, sowie sich sein rehäugiges strahlendes Gesicht bei uns sehen läßt.
Eines fernen Tages wird Ahmed Abdulla Genugtuung widerfahren. Denn im Koran (Kapitel II) steht geschrieben, daß ein Beamter der Einwanderungsbehörde nach dem Tode nur in den Dritten Himmel kommt. Und dort hat er nur drei Haremssklavinnen, die ihm die Füße salben und den Nacken massieren.
Ahmed wird sieben haben, die ihm diesen Dienst erweisen. Und sieben weitere, die ihm Granatäpfel schälen; und sieben

mal sieben Gypsy Rose Lees, die von Morgengrauen zu Morgengrauen ohne Unterlaß für ihn tanzen. Das alles bekommt Ahmed, weil er, im Gegensatz zum Beamten der Einwanderungsbehörde, ein Mann von sanftem und einfachem Gemüte ist.

Im Augenblick, wo ich dies niederschreibe, erfreut sich der sanfte und einfache Ahmed keiner dieser Dinge. Er träumt nicht einmal von ihnen. In seinem einfachen Gemüt träumt Ahmed nur davon, amerikanischer Staatsbürger zu werden. Mit Freuden würde er all seine Haremsdamen für eine Flasche Schampus auf einem Stehplatz bei einem Footballspiel eintauschen. Es ist ein eitler Traum, denn wieder hat die Einwanderungsbehörde ihr Augenmerk auf das rehäugige strahlende Gesicht gerichtet. Und wieder stellt sie Ahmed in den Strafraum und versetzt ihm einen Tritt.

Im Koran (Kapitel V) steht geschrieben, daß der Mensch seinem Schicksal nicht entrinnen kann – es sei denn, Allah selbst beliebt es, für ihn einzuschreiten. Aber angesichts der Einwanderungsbehörde wäre auch Allah machtlos. Er könnte auf einem silbernen Kamel aus dem Himmel herabsteigen – die Einwanderungsbehörde würde er nicht beeindrucken. Um die Wahrheit zu sagen, heutzutage würde Allah bei dieser Behörde überhaupt nicht vorgelassen, weil, wie jedermann weiß, bei uns Numerus clausus für alle Himmlischen besteht. Weder Engeln noch Salamandern noch fremden Göttern irgendwelcher Art gestatten wir, Fuß oder Flügel auf unseren Boden zu setzen.

Sollte die Geschichte von Asmail Ahmed Abdulla Ihnen ans Herz gehen, vergessen Sie sie schnell. Denn es gibt ohnehin nichts, was Sie für ihn tun könnten. Geradesogut können Sie einen Appell an ein Loch in der Wand richten wie an die Einwanderungsbehörde. Der Verstand eines Einwanderungsbeamten ist wie ein überdimensionaler Fliegenfänger. Er existiert nicht, um zu denken, nur, um Fliegen zu fangen.

Ahmeds Geschichte beginnt, als er elf Jahre war. Mit elf war er ein rehäugiger Kajütenjunge. Er verließ Alexandria und fuhr über die Meere. Mit vierzehn kam er in Galveston, Texas, an. Fast vom ersten Augenblick an war er von der Schönheit unseres Landes überwältigt. Er sank auf die Knie, küßte die Erde und schwor, an keinem anderen Ort leben zu wollen als in diesem Paradies, bekannt als die USA. Sechs Monate später kam Ahmed nach New York. Auch hier sank er auf die Knie und küßte unsere wunderbare Erde.
Ein Matrose erzählte Ahmed, an seinem 22. Geburtstag würde er Amerikaner und dürfe sich Sohn der Freiheit nennen. Ahmed küßte den Matrosen. Dann suchte er sich eine Arbeit, um sich bis zu diesem glorreichen Tag durchzubringen. Allah führte ihn ins Altkleidergewerbe und ließ sein Geschäft blühen.
An seinem zweiundzwanzigsten Geburtstag zelebrierte Ahmed seine Verwandlung zum Amerikaner mit zwölfstündigem Beten und Fasten. Unser Held bebte noch vor Freude über seine Errungenschaft, als ein Beamter der Einwanderungsbehörde erschien. Er hatte Ahmeds Namen in den Listen der Musterungskommission entdeckt, bei der Ahmed sich sofort gemeldet hatte. Der Beamte befahl Ahmed, seine Altkleider – im Wert von dreitausend Dollar – zu verkaufen, das Land zu verlassen und sich zum Teufel zu scheren.
Nachdem er drei Monate lang auf Ellis Island festgesessen und die Freiheitsstatue – die dieser Örtlichkeit, nebenbei bemerkt, den Rücken zukehrt – angeseufzt hatte, wurde Ahmed auf ein französisches Schiff gesteckt, das Alteisen nach Japan brachte. Dies war eine doppelte Kränkung. Ahmed haßte Japan als Feind der Demokratie. In Newport News verließ er daher dieses schlechtberatene Schiff und schloß sich als Kohlenschipper der Mannschaft des belgischen Schiffs *Ville de Hasselt* an, das in Richtung Liverpool in See stach.
Die *Ville de Hasselt* wurde torpediert und ging unter. Drei

Tage lang trieb Ahmed in einem Rettungsboot auf dem Meer und wäre beinahe verhungert. Schließlich wurde er von Fischern gerettet, die ihn sicher nach Neufundland brachten. Hier entdeckte ein Beamter der neufundländischen Einwanderungsbehörde das rehäugige strahlende Gesicht, und Ahmed wurde zu seinem Ausgangspunkt zurückbefördert – nach New York. Und wieder fiel der gute, einfache Ahmed auf die Knie und küßte die herrliche Erde der Freiheit.
Dies vollführt, eilte er wiederum hin, um sich als Soldat in der Armee der Freiheit einzuschreiben. Aber kaum hatte er seinen Namen eingetragen, als dieser einem anderen Beamten der Einwanderungsbehörde in die Augen stach. Und von neuem wurde Asmail Ahmed Abdulla mit dem Stock nach Ellis Island getrieben.
Dort befindet sich Ahmed heute – in einem großen Raum, zusammen mit siebzig anderen stummen und unerwünschten Männern, von denen einer eine Erkältung hat und ständig alle Fenster schließt. Eine Reihe von Leuten, denen die traurige Geschichte von Ahmed ans Herz ging, versuchten, sich bei der Einwanderungsbehörde für ihn einzusetzen. Sie wiesen darauf hin, daß dieser gutmütige Alexandriner doch nur Amerikaner sein wolle und begierig darauf sei, in unserer Armee zu kämpfen. Oder wenn nicht kämpfen – in ihr zu singen oder Teller zu waschen. Und daß Ahmed heute längst amerikanischer Bürger wäre, hätte ihn nicht ein als betrunkener Matrose verkleideter böser Dschin, als Ahmed noch ein Knabe war, falsch informiert.
Mit einem Lächeln im Gesicht bittet Ahmed heute auf Ellis Island darum, ihn lieber für die Demokratie sterben zu lassen, als ihn von unseren geliebten Gestaden fortzuschicken. Des Nachts singt sich der vernarrte Ahmed mit dem »Star-Spangled Banner«-Lied und »I Want to Be in Carolina in the Morning« in den Schlaf. Aber es ist alles vergeblich. Ahmed weiß es selbst und hat sich in sein Schicksal gefügt.

Er wird warten müssen, bis er in den Siebten Himmel kommt. Dort wird er seinen Haremsdamen rot-weiß-blaue Bänder in die Haare flechten und bis in alle Ewigkeit dem »Star-Spangled Banner« lauschen dürfen.

Die letzte Rose vom Sumner (John)

Ich besitze ein Exemplar des 67. *Jahrbuchs*, herausgegeben von der New Yorker Gesellschaft zur Unterdrückung des Lasters (herrlicher Titel). Es ist ein rührendes und naives Dokument. Und während ich es durchblättere, werde ich traurig. Ich erinnere mich noch an die Zeit, als das *Jahrbuch* eben dieser *Wizard-of-Oz*-Organisation so aufregend war, als würden einem Gnome das Haus in die Luft jagen.

Die Gesellschaft hat sehr nachgelassen. Dieses Ungeheuer, das zwei Generationen lang ohne Unterlaß Kunst und Literatur in seinen psychotischen Netzen einfing und auf sie einboxte, lispelt und humpelt und sabbert inzwischen. Es ist ein Ungeheuer mit falschen Zähnen und Stützkorsett, das sich mühsam auf seinem Gehstock daherschleppt. Ein kleines Kind könnte auf es zugehen, ihm vors Schienbein treten und ungestraft entkommen.

Ich schreibe ein wenig wehmütig über dieses so schwach ge-

wordene Scheusal. Einst war es ein Wesen, das Pesthauch verbreitete. Als ich jung war, verfolgte es mich. Und glauben Sie mir, es war schon etwas, von diesem Pfui- und wutschnaubenden Wesen gehetzt zu werden. Wie es einem Beine machte, konnte sich sehen lassen, und wie sehr man auch rannte, zum Schluß fiel man meistens doch auf den Bauch.
Aber man wurde auch reich entschädigt. Wenn die Gesellschaft zur Unterdrückung des Lasters einen als wollüstigen, libidogetriebenen Jack-the-Ripper-Romancier verschrie, fühlte man sich sehr ungerecht behandelt, aber gleichzeitig fand man es auch berauschend. Die Öffentlichkeit tat sich vielleicht ein wenig schwer, dein großes Talent zu erkennen, und den Kritikern, insbesondere denen, die unter Hexenschuß litten, entging womöglich die Wucht deiner Ideen. Aber nicht der Gesellschaft zur Unterdrückung des Lasters. Diese braven Leute reagierten sofort. Sie stellten dich an den Pranger, forderten, dich ins Gefängnis zu stecken und die Sprößlinge deines Hirns mit Feuer und Schwert zu zerstören. Das war nicht unbedingt die Reaktion, von der ein junger Romancier in seiner Dachstube träumte. Auf der anderen Seite war es besser als nichts.
Noch ein Gutes hatte die Sache – sie sorgte dafür, daß wir alle mit blitzenden Augen in den Kampf zogen, um die Literatur davor zu bewahren, von einem aus den Seiten Krafft-Ebings entsprungenen, Amok laufenden Fall vernichtet zu werden. So bezeichneten wir in jenen ungestümen Tagen die Zensoren. Heute ist mir klar, daß unsere ganze wilde Kampagne gegen die Schmutz-Spürhunde eine Art Scheingefecht war. Der größte Teil des Feindes ist heute in den Händen von Psychiatern und bereichert jene Wissenschaft mit einer Geschwindigkeit von 10 Dollar die Stunde. Ich bin sicher, unsere Feinde wären auch dort gelandet, hätten wir nicht mit unseren Hackmessern in der Luft herumgefuchtelt.
Im 67. *Jahrbuch* erheben zwei Gentlemen (alte Freunde) noch

immer ihre Stimme – aber nicht wie in den goldenen Tagen. Präsident Bertram Elgas und Sekretär John S. Sumner geben hier ihren Tätigkeitsbericht für das Jahr 1940 ab. Aber ihre Umtriebe wirken sehr vage und naiv. Wie es scheint, hat die Gesellschaft 1940 nur ein einziges Buch unterdrückt. Und dieses Buch scheint das Produkt eines höchst sonderbaren Autors gewesen zu sein. Denn die Pfui- und wutschnaubenden Jungs berichten, dieser Autor habe ihnen das Manuskript eben dieses Buches schon 1930 vorgelegt. Schon damals hätten sie den Autor darüber informiert, daß dessen Veröffentlichung gegen das Gesetz verstieße. Ich zitiere aus Mr. Sumners nostalgisch anmutender Stellungnahme:

»Wie eine Stimme aus dunkler Vergangenheit«, schreibt dieser Veteran von Anstandsritter, »erreichte uns im Februar 1940 ein Brief besagten Autors, in dem er uns an unsere frühere, vor elf Jahren geäußerte Stellungnahme erinnert und uns in Kenntnis setzt, daß er, da er keinen publikationswilligen Verleger für sein Buch habe finden können, es schließlich selbst veröffentlicht habe und über eine Adresse in der West 52. Straße verkaufe. Unser Agent erstand ein Exemplar des Buches, und unser nochmaliges Lesen bestätigte unsere frühere Ansicht. Das eingeleitete Verfahren gegen den Autor-Verleger führte zu dessen Verurteilung und seiner dreißigtägigen Gefängnisstrafe.«

Ganz nebenbei sei bemerkt, daß sich der literarische Stil des großen Zensors nicht verbessert hat. Aber mit meiner Ansicht, daß ein kleines Kind auf unser Ungeheuer zugehen, es vors Schienbein treten und ungestraft entkommen könnte, irre ich mich vielleicht doch. Ich glaube, wenn jemand es nur fest genug tritt, still stehen bleibt und am Daumen lutscht bis es herangewackelt kommt, kann es einen immer noch mit seiner Pranke erwischen.

Das Jahrbuch offenbart, daß 1940 nur dieser höchst sonderbare Autor in die Falle ging, die Literatur ansonsten aber ungeschoren davonkam. Wir wurden 1940 offenbar von keiner schmutzigen Kunst heimgesucht und mußten vor keiner verderblichen Poesie bewahrt werden. Nur 700 Dollar Strafgebühren heimste die Gesellschaft als Ergebnis ihrer Kreuzzüge ein, und dieser kleine Schatz stammt ausschließlich aus den Taschen von unrasierten Gentlemen, die anstößige Postkarten verkaufen und unkeusche Filme für Herrengesellschaften verleihen. Wie es scheint, sind Kunst und Literatur nun sicher vor der Fuchtel unserer Puritaner. Wie es scheint, kann man fast alles schreiben, das deftigste elisabethanische Vokabular benutzen, die wildesten Crébillonschen Szenen erfinden und Nackte mit ihrem vollen Zubehör sekundärer Geschlechtsmerkmale auf die Leinwand bringen, ohne auf den Schinderkarren geworfen zu werden.

Die Schlacht ist vorüber. Es gibt zwar immer noch den Filmzensoren, der Einwände gegen die Tatsache hat, daß manche Frauen einen größeren Busen haben als andere, und der versucht, die kunstbesessenen Produzenten Hollywoods davon abzuhalten, sie zu filmen. Aber dieser Krieg der Brüste ist bloßes Geplänkel. Der große Feldzug, Kunst und Literatur vor der Zerstörung durch den Zensor zu retten, ist siegreich beendet. Dieses 67. *Jahrbuch* ist Cornwallis, der sein Schwert übergibt. Ein wenig traurig stelle ich fest, daß unsere Romanciers, nachdem sie ihren erbitterten Kampf gegen die Kräfte, die sie niederzudrücken trachteten, gewonnen haben, keine besseren Bücher hervorbringen als die vorige Generation. Und auch unsere Maler haben bei ihren Akten keine bemerkenswerten Fortschritte gegenüber ihren Vorgängern gemacht.

Messrs. Elgas und Sumner stoßen einen rührenden Hilferuf um Almosen aus, damit sie ihre Arbeit fortsetzen können. Wenn ich auf die Geschichte moderner Kunst und Literatur zurückblicke, bin ich fast geneigt, ein Abonnement für das Jahrbuch zu unterzeichnen.

Memorandum für *Humpty Dumpty*

An einem ziemlich trostlosen Nachmittag kam mir der Gedanke, daß das Leben so verquer geworden ist, daß es nur noch den Pennern und Bettlern wirklich gut geht.

Auf der Suche nach einem alten Freund hatte ich mich in die Bowery begeben. Einen Vormittag währende Nachforschungen beförderten ihn nicht zutage. Ich traf jedoch auf eine Reihe zerlumpter alter Trunkenbolde, die gut als mein Freund Feeney hätten durchgehen können und die tatsächlich fest behaupteten, mich in meiner Jugend gut gekannt zu haben.

Und während ich diesen wirren Hochstaplern ein Bier spendierte, geschah es, daß ich mich plötzlich über ihre glückliche Gemütsverfassung zu wundern begann. Sie waren wacklig auf den Beinen, rochen schlecht und steckten voller Lügen und Flöhe. Sie plusterten sich auf und schnatterten daher wie eine Herde gerupfter Gänse. Aber sie waren immun.

Nichts von dem, was in unserer aufgewühlten Welt geschah, kümmerte sie. Steuern, Politik, Recht und Unrecht, Demokratie und Totalitarismus – all dies waren ihnen sehr ferne Mythen. Und was den Krieg betraf – ihre Welt war schon vor langer Zeit zerbombt worden. Die meiste Zeit ihres Lebens hatten sie sich in Ruinen herumgetrieben und in Schlupflöchern, Häuserfluren oder auf der Gasse geschlafen.

Sie waren nicht gerade glücklich über die Tatsache, daß im Augenblick fast die ganze zivilisierte Welt in Trümmer ging und daß Hunger und Katastrophen auf den einst so stolzen Boulevards einherspazierten. Aber es beeindruckte sie auch nicht besonders.

Es gibt gewisse Fische, die so tief im Ozean leben, daß weder Sturm noch Springflut ihnen etwas anhaben. Diese alten Jungs aus den Obdachlosenasylen schienen auf ähnliche Weise geschützt in ihrem Element – einem Element, das der übrigen Welt als das größte Unglück erschienen wäre. Mit einer Spur von Neid verließ ich diese Musterbeispiele an Gleichgültigkeit, diese gerupften und sokratischen Gänse, für die kein Aufruhr mehr Schrecken besitzt – und setzte meine Suche nach Mr. Feeney fort, der mir immer eine Geschichte zu erzählen hatte. Denn seit ich zurückdenken kann, war Mr. Feeney immer mein Favorit unter den Kindern des Unglücks. Nach einem Schwätzchen mit Mr. Feeney ging ich immer mit offenem Munde staunend fort, daß er noch lebte.

Mit Hilfe der Akten des Bellevue Hospitals lokalisierte ich diese Zielscheibe des Mißgeschicks schließlich im Rockland State Hospital für Geisteskranke. Und wenige Stunden später servierte Mr. Feeney mir Tee. Sein liebenswerter Charakter hatte ihm offenbar den Posten als Faktotum in der Etage des stellvertretenden Krankenhausdirektors eingebracht.

Aber mein zahnloser und gebeutelter Freund erkannte mich nicht mehr.

»Ich kann's nicht behaupt'n, daß ich mich an Sie erinnere«, grinste er, »aber auf der andern Seite erinner' ich mich an gar nix mehr. Wie zum Beispiel kam ich zu meiner gebroch'nen Nase? Ich weiß es nicht mehr. Vielleicht war ich Preisboxer, vielleicht bin ich aber auch drauf gefallen, als ich betrunken war. Obwohl ich mir's nicht denken kann, daß ich je betrunken gewesen wäre – aber – in den Akten steht ›Gewohnheitstrinker‹. Na, kann ja sein, daß es stimmt, was da steht«, seufzte Mr. Feeney. »Ich kann Ihnen nur eins sagen – daß es 'ne gute Sache ist, rein gar nix über einen selbst zu wissen – ob man verheiratet war oder nich, wer einem was Böses angetan hat und lauter solche Sachen. Müssen 'ne Menge Leute gewesen sein, die mir was angetan haben, aber ich krieg' sie nich mehr zusammen. Ich muß auch an 'ner Menge Orte gewohnt haben, aber auch zu dem Thema meldet sich nix in meinem Kopf.

Alles, was ich weiß«, fuhr Mr. Feeney glücklich fort, »is, daß ich eines nachmittags hier aufgewacht bin und alle mich gut behandelt haben. Dreimal am Tag 'ne anständ'ge Mahlzeit, und jeder lacht über meine Witze. Ich bin ein bißchen zu alt für meinen eignen Geschmack, aber ansonsten hab' ich keine Beschwerden. Und wenn Se sich für int'ressieren, wer ich bin, dann sind Se neugieriger drauf als ich selber. Es gibt nur 'nen einz'gen Hinweis drauf, wer ich sein könnte, und den dürfen Se sich gerne angucken.«

Mr. Feeney überreichte mir ein vergilbtes Photo eines Jünglings von siebzehn Jahren. Auf der Rückseite stand »Für Dad – falls du mal sehen willst, wie ich aussehe – Dein Frank«.

»Man hat das Foto bei mir gefunden«, sagte Mr. Feeney. »Aber ich nehm' an, ich hab's irgendwo gestohlen. Weil, wenn ich irgend jemands Dad bin, das wär mir ’ne große Neuigkeit.«

Ich stellte Mr. Feeney einige Fragen.

»Erinnern Sie sich nicht an die Dame in Süd Chicago, die mit dem Messer auf Sie einstach?«

»Mit dem Messer auf mich eingestochen? ’ne Dame?« Mr. Feeney grinste. »Tut mir leid, aber die Sache ist mir entfallen.«

»Und was ist mit den fünf Jahren, die sie in Joliet absaßen, weil Ihnen jemand einen Einbruch in die Schuhe geschoben hatte?« beharrte ich.

»Machen Sie bloß so weiter«, sagte Mr. Feeney. »Sie veräppeln mich wohl.«

»Und damals, als Sie gegen Johnny Coulon um die Meisterschaft im Bantamgewicht boxten – und verloren haben. Erinnern Sie sich auch daran nicht?«

»Moment mal«, Mr. Feeney grinste. »Jetzt sind Se vielleicht auf ’ner richt’gen Spur. Womöglich bin ich Weltmeister. Glauben Se mir, mit drei Mahlzeiten am Tag, ’nem warmen Bett und keinen Sorgen im Kopf – ich fühl mich wie einer.«

Ich verließ die Etage des stellvertretenden Krankenhausdirektors mit einer zusätzlichen Bestätigung der Theorie, die ich in der Bowery aufgelesen hatte und die besagt, daß in unserer sich auflösenden Welt die Penner, Bettler und Verrückten die einzigen sind, denen es wirklich gut geht.

Essay über Kesselpauker

In der Not sind wir alle Kinder. Wir mögen noch so gelehrt sein und allen möglichen Erwachsenenidealen gegenüber unsere Untertanenpflicht erfüllen. Aber wenn der Sturm bläst, hüpfen wir aus unserem Kinderwagen und stürzen Hals über Kopf zu Mami.

Alle großen Propagandisten wissen das. Liest, sieht oder hört man die Propaganda jener, die uns aus dem einen oder anderen Motiv heraus davon abhalten wollen, Britannien beizustehen, bekommt man den Eindruck, sie alle hätten sich heimlich getroffen und auf eine gemeinsame Waffe geeinigt.

Denn all die vielfältigen Anti-Briten gehen mit der gleichen List vor. Sie alle versuchen, uns zu ängstigen. Sie bilden ein Orchester von Kesselpaukern, die alle mit dem gleichen Ziel

draufloshämmern: uns den Mumm aus den Knochen zu saugen und jeden mutigen Gedanken in uns zu unterdrücken.
Angst ist unser ältestes Gefühl. Als Kinder hatten wir Angst vor Stürmen, Strafen, der Dunkelheit und vor allem vor der Unbesiegbarkeit der gut bewaffneten Erwachsenen. Diese Angst ist noch in uns. Zwar liegt sie begraben unter den vielen Schichten von Erfahrung und Wissen, aber sie ist immer noch da, läßt uns aufschrecken, zu Kreuze kriechen und schlecht träumen.
Der Propagandist schert sich nicht um unseren schwer errungenen Erfahrungs- und Wissensschatz. Mit seinen Kesselpauken zielt er nicht auf unseren Verstand, sondern auf unseren Magen – unseren Kleinkindermagen, der immer noch so empfindlich ist, daß er sich uns vor Angst herumdreht.
Das ist der Grund, warum uns Captain Patterson in den *Daily News* täglich Karikaturen von wollüstigen Damen mit Totenköpfen offeriert, die die Inschrift *Erster Weltkrieg* und *Zweiter Weltkrieg* tragen. Sie sollen uns Angst machen. Zu anderen Zeiten trugen diese Damen mit den ansehnlichen Hinterteilen und Totenköpfen die Inschrift *Syphilis* und sollten uns davon abhalten, uns in Bordellen zu amüsieren und uns Krankheiten zuzuziehen.
Das ist der Grund, warum Herr Hitler, wenn er seine Reden schwingt, so wild und kriegslüstern klingt. Auch seine Winkelzüge gelten unseren Eingeweiden. Er attackiert sie mit Drohungen, und seine Propagandamaschinerie bombardiert uns mit Horrorfilmen und Übertreibungen von Tod und Zerstörung, die die Nazimacht austeilt.
Das ist der Grund, warum Colonel Lindbergh unentwegt sein Hosianna auf die Naziluftwaffe und deren Unbesiegbarkeit singt.
Das ist der Grund, warum die Hearst-Zeitungen uns täglich Fakten darbieten, die beweisen, daß die USA in einem Riesenbankrott enden werden, falls sie Britannien helfen.

Das ist der Grund, warum Senator Wheeler täglich über die amerikanischen Jungen weint, die auf fremder Erde in Stücke gerissen würden, und warum Bertie McCormick von der *Chicago Tribune* uns eine Schreckensernte prophezeit, sollten wir einen Finger rühren, um die Demokratien zu retten.

Sie alle hauen schlau oder zynisch oder hysterisch auf die Kesselpauken der Panik ein. Sie unternehmen geringe Anstrengungen, diese Propagandisten, sich dabei an unseren Erwachsenenverstand zu richten; sie machen erst gar nicht den Versuch, uns unter rationalen Vorwänden davon zu überzeugen, daß unsere Pflicht darin besteht, dem Hairachen des Nazi die Welt auf einem Silbertablett zu servieren. In dieser Debatte ist Vernunft nicht angesagt. Nur den dümmsten unter den Hitler-Verkäufern unterläuft so etwas wie eine vernünftige Äußerung. Alle anderen nehmen den direkten Weg der Angstmache, um immer mehr auf ihre Seite zu ziehen. Wir sind Kinder, die, sind wir in Not, wieder eine solche Angst vor den gut bewaffneten Erwachsenen bekommen, daß wir nicht wagen, unsere winzigen Hände gegen sie zu erheben.

Daß Patterson, Lindbergh, Hitler, Wheeler, Hearst und ihre verbündeten Hausierer mit der Angst, die offen für das Hakenkreuz arbeiten, eine gemeinsame Waffe gefunden haben, mit der sie versuchen, uns in eine Nation schreckensbleicher Kinder zu verwandeln, ist die Wahrheit. Aber daß sie alle von dem gleichen Motiv geleitet würden, auf ihre Kesselpauken zu hauen, ist nicht die Wahrheit. Und darin liegt die Schwierigkeit, mit den Jungs der Pro-Hitler-Paukenfront fertig zu werden. Denn es handelt sich weniger um eine Front als ein Krankheitsbild.

Angst wird am wirkungsvollsten von jenen verbreitet, die selbst Angst haben. Lindbergh zum Beispiel hat wahrscheinlich wegen der Tragödie seines Lebens Angst vor den Deutschen, denn ein Deutscher tötete sein Kind. Senator Wheelers Angst, obzwar augenfälliger als Lindberghs, ist schwerer zu erklären. Selbst die kleinste Äußerung des Senators strotzt vor Schrecken. Er wirkt wie ein Mann, der um sein Leben rennt und auf seiner wilden Flucht um Sicherheit alles zu Boden wirft, was er liebt. Schon allein wie der Senator aussieht und klingt, verbreitet Panik. Er ist unser wahrster Angstschürer.

Aber ich kenne den Senator nicht und wage nicht den Versuch, die Pandorabüchse seiner Ängste zu erklären, die ihn antreibt, auf die Kesselpauken zu hauen.

Mit Patterson, McCormick und Hearst ist es dasselbe. Diese Hausierer mit der Angst verhüllen sich unter mehr psychologischen Schleiern als Salome. Bis es ihnen beliebt, aufs Podium herauszutreten, die Schleier fallen zu lassen und uns einen Blick auf ihre Nacktheit zu gewähren, kann wirklich niemand um die Geheimnisse wissen, die sie mit sich herumtragen.

Wir können zwar die Furcht dieser Hausierer mit der Angst sehen und hören, aber die tiefen, fernen Quellen, aus denen ihr Schrecken entspringt, sind uns verborgen.

Was Hitler betrifft, hier haben wir einen Kesselpauker, den selbst der verträumteste Student durchschauen kann. Bei ihm zeigt sich das Krankheitsbild am schärfsten. Adolf, der lauteste und besessenste Handlungsreisende in Sachen Angst, fürchtet sich heute mehr als irgend jemand sonst auf der Welt. Sein Entsetzen steht in seinem Geschrei und in dem verzweifelten Mut seiner Luftwaffe geschrieben. Adolf, der Hauptkesselpauker, hat Angst vor dem Tod. Und um ihn drängen sich all seine Kumpel, Handlanger und Anhänger und schleudern uns ihre Drohungen entgegen, um uns den Schneid abzukaufen – aber sie alle fürchten sich bis ins Mark.

Vielleicht haben auch ihre amerikanischen Fürsprecher Angst vor dem Tod. Und vielleicht ist es nichts anderes als diese Todesangst, die sie krank an Vernunft und Seele macht und den Wunsch in ihnen entfacht, auch dem Rest von uns

angst zu machen. Gegen eine solche tiefsitzende Angst gibt es kein Heilmittel, aber es gibt einen guten Spruch, den ein amerikanischer Marinesoldat im letzten Krieg ausrief:
»Kommt schon, ihr Dummköpfe, wollt ihr ewig leben?« – und das in einer Welt, in der es sich nicht zu leben lohnt.

Dies waren einst die Sieger

Wenn Sie wissen wollen, warum die Deutschen den Krieg verlieren werden, sehen Sie sich das obige Bild* an. Es zeigt die deutsche Seele in ihrer vollen Entfaltung.
Fünf deutsche Flieger – der fünfte springt fröhlich mit seiner Kamera herum – haben in den Straßen von Warschau einen Juden mit dem Lasso eingefangen und machen sich einen Spaß mit ihm. Der schmalgesichtige Offizier auf der Linken ist der Anführer dieser Gruppe auf Vergnügungstour. Ernst und mit dem krampfhaften Anschein von Höflichkeit rasiert er seinen in die Enge getriebenen Juden. Er benutzt ein Taschenmesser für diese Aufgabe. Um genau zu sein, rasiert er den Juden gar nicht. Mit Hilfe seines Taschenmessers und Daumens zieht er ihm die Barthaare aus, so wie man einem toten Huhn die Federn ausrupfen würde.
Wenn Sie weise sind, werden Sie sich dieses Foto ausschnei-

* Dieses Foto wurde aus dem von Nazis besetzten Gebiet herausgeschmuggelt und der polnischen Exilregierung in London übergeben. Es ist eines aus einer Serie, die angeblich »nur so zum Spaß« von der Gestapo aufgenommen wurde.

den und aufheben. Aber schon jetzt können Sie es mit der Unterschrift versehen »Dies waren einst die Sieger«.
Je mehr Zeit verstreicht, desto ironischer wird die Unterschrift werden. Es ist sogar denkbar, daß sich (in nicht allzu ferner Zeit) das Leidvolle in dem Bild von dem Juden auf die Deutschen verschiebt. Vier derart glückliche deutsche Gesichter werden eines Tages herzzerreißende Gefühle auslösen – nicht gerade bei mir – aber bei jenen, die kommen werden, um dort zu regieren, wo zuvor der Nazi-Fürst hofhielt. Jedes Souvenir an untergegangene Größe hat etwas Anrührendes.
Aber Sie müssen nicht bis morgen warten, um die Ironie dieser Unterschrift zu spüren. Dies sind die Sieger, sagt der Fotograf, aber selten sah man auf einem Foto ein unbesiegteres Gesicht als das unseres Juden, dem die Barthaare ausgerupft werden. Es ist ein junger Jude, und in seinem Land ist der Bart, den er trägt, ein Symbol für Kultur und Frömmigkeit. Er ist ein junger Jude mit großer Willenskraft und von großer Weisheit, denn er zuckt nicht zurück vor dem Taschenmesser, das ihm den Bart ausrupft. Er steht ruhig da und blickt geradeaus in die abgewandten Augen seines Peinigers. Hätte dieser junge Jude vor vielen Jahren auf einer Rednertribüne in Jerusalem gestanden und den Beifall seines Volks entgegengenommen – sein Blick hätte nicht stolzer sein können.
Kein Zorn liegt in den Augen dieses jungen Juden. Keine Spur von Angst ist in ihnen und keine Scham. Im Blick dieses jungen Juden liegt mehr als Mut. Es ist die Geschichte, die ruhig und streng ins Gesicht eines deutschen Clowns blickt – die Geschichte des menschlichen Fortschritts und einer unbesiegbaren Kultur. Die englischen Staatsmänner, die eines Tages inmitten der Ruinen des Nazilands stehen werden, um zu dem gebeugten Kopf des Deutschen zu sprechen, werden ihm ähnlich sein, diesem jungen Juden.
Unter den vier deutschen Gesichtern ist das von dem stämmi-

gen Flieger hinter dem Juden besonders interessant. Die Freude dieses breiten Mannes ist beinahe ansteckend. Das Schauspiel, wie ein Jude gequält wird, ist dazu angetan, sein deutsches Herz mit einem köstlichen Glühen zu erfüllen und sein Gesicht strahlen zu lassen wie das vom Nikolaus. Keine Grausamkeit ist in seinem Gesicht – nur Glückseligkeit.
Das Glück dieses stämmigen deutschen Fliegers ist das Maß dafür, wie weit er sich vom Leben entfernt hat. Er ist das liebenswerte Monster, das das Dritte Deutsche Reich erschuf – das Kind des Todes, ohne Gefühl und ohne Hirn, das so weit abseits von der Menschheitsfamilie steht wie der blaunäsige Mandrill – ein Affe, dessen Schönheitssinn ihn dazu inspirierte, sich einen Regenbogen aus dem Hinterteil wachsen zu lassen.
Der nicht ganz so stämmige Flieger auf der anderen Seite des Bildes ist auch sehr glücklich. Seine deutsche Seele labt sich offensichtlich am Humor, den der Offizier mit dem Taschenmesser versprüht. Er lacht, daß ihm fast die Tränen kommen. Ich kann mir den Humor des messerschwingenden Offiziers sehr gut vorstellen: »Zufrieden mit dem Rasiermesser, mein guter Jude? Beste deutsche Wertarbeit ist das! ... Du wirst sehr hübsch aussehen, wenn ich mit dir fertig bin – ein bißchen blutig, aber sehr hübsch. Alle Mädchen werden dich küssen wollen.«
Diesen übermütigen Deutschen, der sich an einer Straßenecke in Warschau vergnügt – wie die Hinterwäldler höre ich ihn sich auf die Schenkel klopfen und sagen: »Hab' nicht mehr so gelacht, seit mein kleines Schwesterchen von den Schweinen aufgefressen wurde.«
Der dritte Held, der in die Kamera sieht, ist ein wenig schwerer zu verstehen. Er lacht eigentlich gar nicht. Um genau zu sein, er sieht aus, als sei sein Geist getrübt. Offensichtlich ist er ein leicht zurückgebliebener Deutscher, denn seine Augen sind klein und stehen zu eng zusammen, und sein Kopf läuft

nach oben hin ein wenig zu spitz zu. Er hat seinen Mund zu einem breiten Grinsen verzogen, aber in seiner Heiterkeit liegt eher Gehorsam als Spontaneität. Vielleicht hat er einen alten Vater zu Hause, der auch einen Bart trägt; vielleicht ist er auch einfach zu schwer von Begriff, um den Spaß am deutschen Sport des Judenquälens voll zu erfassen. Wie dem auch sei, er bringt eine leicht verdrießliche Note in dieses kleine Warschauer Fest, und wenn der deutsche Zensor dieses Photo herauszugeben hätte, würde er zweifellos eine kernigere und glücklichere Visage einmontieren.
Der schmalgesichtige deutsche Offizier, der sich den ganzen Spaß offenbar ausgedacht hat und sein Taschenmesser, seine Arbeit und seinen Humor einbringt, ist besonders interessant – fotografisch gesehen. An der Neigung seines Kopfes erkennt man, daß er sich eigens in Szene setzt – so tut, als ginge er mit großer Behutsamkeit ans Werk. Ferner kann man erkennen, daß er dem Juden nicht in die Augen sieht. Angestrengt lenkt er den Blick seine Nase entlang auf des Juden Bart – der ist leichter anzublicken. Der Schatten des Mützenschirms verbirgt diese Tatsache beinahe. Aber die Augen des jungen Juden enthüllen sie hinreichend. Die Augen des Juden warten. Sie wollen dem Blick dieses humorvollen Deutschen begegnen. Ich habe mir das Foto lange angesehen, und ich glaube, wenn dies geschähe, wenn ihr Blick sich begegnete, würde der Deutsche seinen Humor verlieren. Er würde sein Taschenmesser zuschnappen lassen und unserem Juden unter einem Schwall von Flüchen in das blasse Gesicht schlagen. Dies wäre ein kleiner Sieg – errungen von unserem jungen Juden in den Straßen des eroberten Warschaus.
Ich sagte, das Foto würde Ihnen zeigen, warum die Deutschen den Krieg verlieren werden. Kein Krieg wurde je von Hyänen gewonnen. Noch wurde die Welt je von ihnen regiert – außer für kurze Zeit an ein paar wenigen Straßenecken.

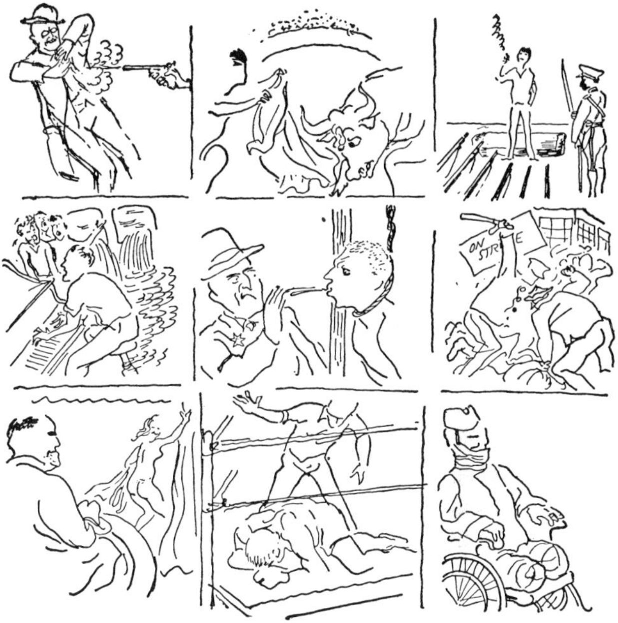

Testament eines Reporters

Ich sah, wie Jack Dempsey in Atlantic City aus dem Ring geschlagen wurde, wieder hochstieg und gewann.
Ich sah, wie Ben Jeby dreimal zu Boden ging, sich noch einmal aufkämpfte und einen K.-o.-Schlag landete.
Ich sah, wie Pepe Ortiz von einem Stier auf die Hörner genommen wurde, auf den Füßen landete, und, blutüberströmt, seine *Toreros* zur Seite winkte, um dem Stier selbst den Todesstoß zu versetzen.
Ich sah die Grubenarbeiter von Herrin, Illinois, unbewaffnet auf die donnernden Geschütze der Milita losgehen, haufenweise tot umfallen und ihren Arbeitskampf gewinnen.
Ich sah Blackie Weed auf dem Galgen stehen und dem Sheriff

ins Gesicht spucken, lachen, als ihm die Schlinge um den Hals gelegt wurde, und schallend auflachen, als sie sich zuzog.
Ich sah Joe Gans, wie er in einem Notarztwagen zu seinem Totenbett fuhr, die Fäuste immer noch geballt und zuckend, und sein Kinn vor Bat Nelson in Deckung gehend.
Ich sah Chris Haggerty von AP bei der Überschwemmung in Dayton einen vereisten Telegraphenmasten hochklettern und seine letzte Nachricht durchgeben: »Dayton, Ohio – AP überall« und dann bewußtlos den Mast hinuntergleiten.
Ich sah Hugo Haase vor der ersten deutschen Nationalversammlung in Weimar aufstehen und verkünden: »Ich bin ein Deutscher, der glaubt, daß uns die Macht von Gewehren nur einen sehr schlechten Platz in der Menschheitsfamilie einbringt. Wenn dies Verrat ist, tötet mich.« Sie töteten ihn auf der Treppe des Reichstags in Berlin.
Ich sah Lou Gehring, wie er – sein Rückgrat schon ein Knochenknäuel – sein letztes Schlagmal austeilte.
Ich sah Jesús María Lopez vor dem Exekutionskommando in Chihuahua 1928 seine letzte Zigarette rauchen, die auf ihn gerichteten Gewehre angrinsen und sagen: »Eure Kugeln, meine Freunde, werden keinerlei Eindruck auf die Gedanken in meinem bescheidenen Kopf machen. Sie werden in anderen bescheidenen Köpfen weiterleben.«
Ich sah Teddy Roosevelt am Morgen von einem Attentäter angeschossen, am gleichen Abend, die Kugel immer noch in seinem Zwerchfell, in einer Versammlungshalle in Milwaukee stehen und die beste Rede seiner Laufbahn halten. Wenn ihm als Folge des morgendlichen Zwischenfalls irgend etwas zustieße, rief er der Menge zu, dann hoffe er, daß die Trauer um ihn durch die Erinnerung daran gemildert würde, welch teuflisch gute Zeit er in seinem Leben gehabt habe.
Ich sah Ben Welch, blind wie eine Fledermaus, auf die Bühne des Palace Theaters tänzeln und Witze vom Stapel lassen, daß sich das Publikum vor Lachen bog.

Ich sah Eugene Debs, den Sozialistenführer, aus dem Atlanta Gefängnis herauskommen und sagen: »Amerika ist das großartigste Land auf der Welt mit der glänzendsten Zukunft. Ich hoffe nur, daß nichts geschieht, diese Zukunft zu verdüstern.«

Ich sah George Gershwin die letzten Melodien für die *Goldwyn Follies* schreiben, während ein Hirntumor ihm einen Eispfriem durch den Schädel trieb.

Ich sah Billy Petrolle, zweimal geschlagen, in seiner alten indianischen Wolldecke in den Madison Square Garden zurückkehren und Jimmy McLarnin einheizen, daß ihm Hören und Sehen verging.

Ich sah, wie die Arbeiter der Bekleidungsindustrie in Chicago singend in die Doppelreihen berittener Polizei marschierten, zu Tode getrampelt wurden und ihren Streik gewannen.

Ich sah eine Überlebende der *Titanic*, ein Dienstmädchen aus Galway, die mir erzählte, wie ihre Freunde im Zwischendeck gestorben waren. Da sie keinen Platz in den Rettungsbooten fanden, hatten sie sich in dem verbotenen, aber nun verlassenen Salon der ersten Klasse zusammengedrängt, Besitz von dem eleganten Piano ergriffen und irische Melodien gespielt und gesungen, während das Schiff unterging und sie mit ihm.

Ich sah Bill Haywood in der Nacht, in der er seine Kaution verspielte und aus seiner Heimat USA nach Rußland floh, um dort zu sterben. Er stand als Radikaler vor Gericht. Ich traf ihn auf der Galerie eines Burleskentheaters. Er war durch die Stadt gelaufen und hatte einen letzten Blick auf sein geliebtes Land geworfen. »Die Vorstellung hier ist großartig«, sagte er, auf einer Handvoll Erdnüsse kauend. »Ich geh' immer gern an Orte wie diesen, nur um zuzugucken, wie diese Penner im Publikum lachen.«

Ich sah einen AEF-Soldaten in seinem Krankenhausbett, beide Beine fehlten ihm, und da, wo sein Gesicht gewesen

war, saß ein künstlicher Kiefer – diesen Soldaten sah ich die steifen Lippen bewegen und wie eine Mamapuppe quieksen: »Wir haben gesiegt.«
Diese und viele ähnliche Dinge habe ich gesehen.
Neben der endlosen Saga von Unglück, auf die das Auge eines Reporters fällt, bekommt er auch diese wundersame Lebenskraft von kleinen Leuten in großen Schwierigkeiten zu sehen. Ihm wird ein privilegierter Blick auf die unerschrockenen Momente gewährt, die die Seele der menschlichen Geschichte sind. Er sieht eine Menge an Katastrophen und Trümmern, aber wenn er die Augen offenhält, dann entdeckt er auch immer wieder die Flagge der Menschlichkeit, die immer noch über einigen Ecken des Trümmerfelds weht.
Hunderte Male habe ich diese Flagge gesehen, wo niemand sie vermutet hätte. Ich habe sie aus den vielen großen und kleinen Höllen in den Herzen der Menschen herauskommen und siegreich flattern sehen. Und ich werde sie wieder sehen. Ich werde England siegen sehen.

25 Die Zeitung *PM*, herausgegeben von Ralph McAllister Ingersoll, geb. 1900. Mit seiner Neugründung der New Yorker Tageszeitung *PM* (erste Ausgabe erschien am 18. Juni 1940) erregte Ingersoll in ganz Amerika Aufsehen, denn sie war gleich in mehrerer Hinsicht eine Neuheit: Sie enthielt keine einzige Anzeige und keine Zeile Werbung, informierte die Leserschaft jedoch im redaktionellen Teil über günstige Einkaufsmöglichkeiten. Auch in technischer Hinsicht unterschied sie sich von anderen Tageszeitungen: sie war kleinformatiger, und jeder Artikel wurde zusammenhängend auf einer Seite gedruckt (Fortsetzungen s. S. gab es nicht). Zur Illustration der Texte brachte sie sowohl Fotos wie auch Karikaturen und Zeichnungen bekannter Künstler.
Im Gegensatz zu den zwei anderen New Yorker Tageszeitungen, J. M. Pattersons *Daily News* und W. R. Hearsts *Daily Mirror*, die millionenschwere private Finanziers im Hintergrund hatten, startete Ingersoll mit einem relativ kleinen Kapital, das von einer Gruppe von Aktionären aufgebracht wurde, die jedoch keinerlei Einfluß auf den Inhalt der Zeitung nahmen.
Welche inhaltlichen Vorstellungen Ingersoll hatte, macht das Rundschreiben deutlich, das er vor Erscheinen der ersten Nummer an mögliche Abonnenten sandte: Ziel der Zeitung sei, so viel Wahrheit wie möglich zu verbreiten. Wörtlich heißt es dann weiter: »Wir sind gegen Leute, die andere Menschen allein des Spaßes halber herumstoßen. Wir sind gegen Betrug und Täuschungen, gegen Gier und Grausamkeit und werden danach trachten, die Exponenten solcher Praktiken bloßzustellen. Wir sind für Menschen, die freundlich, mutig und ehrlich sind. Wir haben Respekt vor Intelligenz, sinnvoller Leistung, Offenherzigkeit und religiöser Toleranz. Wir sind davon überzeugt, daß es im Augenblick kein gesellschaftliches System gibt, das die Probleme der Menschheit angemessen löst, unser eigenes tut es ganz gewiß nicht. Wir werden für all jene eine Lanze brechen, die auf konstruktive Weise versuchen, das Zusammenleben der Menschen besser zu gestalten. Wir sind Amerikaner und ziehen die Demokratie jeder anderen Staatsform vor.«

Der Name *PM* kam rein zufällig zustande. Ein Setzer hatte *Newspaper* auf die Titelseite einer Probenummer gesetzt, und Ingersoll fand diesen Namen zum provisorischen Gebrauch während der Aufbauphase der Zeitung recht passend. In allen Korrespondenzen und Verhandlungen wurde der Name benutzt. Ein Klatschkolumnist, der irgendeinen Gag über das neu entstehende Blatt völlig mißverstanden hatte, nannte die Zeitung in seiner Kolumne plötzlich *PM*. So viele Outsider benutzten dann diesen Namen, daß Ingersoll beschloß, es dabei zu belassen. Der Name inspirierte sogar zu einem Schlager mit dem Titel *6 PM* (6 Uhr nachmittags), worüber Ingersoll sich so freute, daß er den Liedtextern zusätzliche Tantiemen bezahlte.

45 *Albertina Rasch* (1896-1962), Österreichische Ballettänzerin, arbeitete ab 1911 in den USA als Choreographin für Bühne (meistens am Broadway) und Film.

46 *Archibald MacLeish* (1892-1982), amerikanischer Schriftsteller, neben Gedichten Epos über die Eroberung Mexikos und politische Essays.

53 *John Guts*, ungefähre Bedeutung »ein Kerl mit Saft und Kraft«.
Daniel Boone, Held aus dem Wilden Westen, einer der großen Pioniere.
Tin Lizzi, das Ford-Modell T-2.
David Harum, Hauptcharakter aus dem gleichnamigen Roman von Edward Noyes Westcott (1846-1898), Held des einfachen, rechtschaffenen Lebens, ein Mann mit rauher Schale und weichem Kern.

88 *Gene Fowler*, Journalist, Schriftsteller, Drehbuchautor; viele Hollywood-Drehbücher Ben Hechts entstanden in Zusammenarbeit mit ihm.

109 *RCA*, Radio Corporation of America. Das RCA-Gebäude war derzeit einer der höchsten Wolkenkratzer in New York.

117 *Billy Rose*, Komponist, schrieb viele Musicals für den Broadway.

118 *Maxixe*, Brasilianischer Tanz, der sich möglicherweise aus der europäischen Polka, deren Choreographie er hat, und aus der kubanischen Habanera, der er im Rhythmus ähnlich ist, entwickelt hat. Wurde um 1915 in Europa zum Modetanz.

126 *Houdinis*, Harry Houdini, berühmter amerikanischer Entfeßlungskünstler in der ersten Hälfte unseres Jahrhunderts.

136 *Shape-up, Kick-back, Star-Gang*, bezieht sich auf das System, nach dem die Schauermänner angeheuert werden. Aus Hunderten von Arbeitern, die sich jeden Morgen an den Piers anstellen, werden nur wenige – zumeist die kräftigsten und willfährigsten (die »Star-Gang«) ausgewählt. Nur gewerkschaftlich organisierte Arbeiter dürfen antreten, die jedoch andererseits keinerlei Arbeitsschutz oder -garantie von der Gewerkschaft erhalten.

177 *AEF*, American Expeditionary Forces – amerikanische Streitkräfte in Übersee.

WPA, Works Progress Administration – mit der Wohlfahrtsbehörde zusammenarbeitendes Amt, das Stellungslosen Arbeiten zuweist.

186 *Pollyanna*, überzeugte Optimistin (nach einer Romangestalt von E.H. Porter).

197 *Wobbly*, Mitglied der Industrial Workers of the World.

211 *Rose Caylor*, langjährige Lebensgefährtin und spätere (zweite) Ehefrau Ben Hechts.

Charles Lederer, Autor, Drehbuchschreiber. Verfaßte mehrere Hollywood-Drehbücher zusammen mit Hecht.

212 *Fanny Brice*, bekannte Schauspielerin, mit Hecht befreundet.

221 *Wendell Willkie*, geb. 1892 – wurde bei der Präsidentenwahl 1940 von der republikanischen Partei als Kandidat nominiert.

226 *Blindenbürstenverkäufer*, im Original »Fuller brush salesmen«. Die Firma Fuller war die erste in Amerika, die ihre Produkte durch von Tür-zu-Tür-Verkäufer absetzte. Fuller brush salesmen steht heute als Synonym für diese Art von Vertretern.

228 *Anson Cap* (Adrian Constantine Anson) (1851-1922), legendärer amerikanischer Baseballspieler.

229 *Norman Bel Geddes* (1893-1958), amerikanischer Bühnenbildner, der sich seit Ende der zwanziger Jahre auch dem modernen Industriedesign zuwandte.

231 *Lindy*, Charles Lindbergh (geb. 1902), Lindbergh überquerte 1927 als erster im Alleinflug den Atlantik von New York nach Paris. Dieses Gedicht greift Lindberghs Aktionen gegen Amerikas Eintritt in den Krieg an.

241 *Die Traurige Nacht* (Noche Triste), 30. Juni 1520 – Flucht der Spanier aus der Stadt Mexiko.

264 *Sir Roger David Casement* (1864-1916), trat 1892 in den britischen Konsulardienst ein. Kehrte 1913 nach Irland zurück, wo er für die Unabhängigkeit eintrat. Nach Kriegsausbruch suchte er 1914 in Deutschland Unterstützung. 1916 von den britischen Behörden verhaftet und wegen Hochverrats hingerichtet.

265 *Humpty Dumpty*, Figur aus einem englischen Kinderlied.

272 *Holy Rollers*, Nordamerikanische Sekte, deren Gottesdienst oft zur körperlichen Ekstase führt.

284 *Jascha Heifetz* (1901-1987), amerikanischer Violinist.

295 *Jack Dempsey* (geb. 1895), amerikanischer Boxer, wurde 1919 Schwergewichtsweltmeister.

298 *Evzone*, Soldat einer griechischen Elite-Gebirgstruppe.

316 *das Wahrzeichen der Weltausstellung in New York 1939-1940, Trylon and Perisphere:* ein gigantisch in die Luft ragendes speerspitzenförmiges Gebilde, daneben ein riesiger Globus.

330 *The Lady Shalott*, nach dem gleichnamigen Gedicht von Alfred Lord Tennyson. Der Lady von Shalott wurde prohezeit, der Anblick von Camelot (König Arthurs Hof) bringe ihr den Tod. Die Prophezeiung erfüllt sich, als die Lady von Shalott in ihrem Kahn an Camelot vorbeigleitet.

333 *Joseph M. Schenck* (1878-1961), von 1917-1955 Produzent zahlreicher Hollywood-Filme.

Coquelins, Constant Coquelin (1841-1909), französischer Schauspieler, vor allem berühmt wegen seiner komödiantischen Rollen. Unternahm mehrere Tourneen nach Amerika.

344 *Irving Berlin* (geb. 1888), amerikanischer Schlagerkomponist. Schrieb die Musik zu vielen Broadway-Musicals, u.a. *Annie Get Your Gun.*

Damon Runyon (1884-1946), amerikanischer Journalist, Schriftsteller und Drehbuchautor (für Hollywood); schrieb viele Kurzgeschichten über Figuren, die in den Zwanziger und Dreißigern ihr Glück am Broadway versuchten.

Oscar Levant (geb. 1906), amerikanischer Schauspieler/Pianist, der in mehreren Filmen die Rolle des liebenswerten »Miesepeters« spielt (u.a. in »Ein Amerikaner in Paris«).

Billy Rose, Komponist, schrieb viele Musicals für den Broadway.
Lindy, Charles Lindbergh.

351 *Arthur Tatum* (1910-1956), farbiger amerikanischer Jazzmusiker, von Jugend an fast blind.
Ignacy Jan Paderewski (1860-1941), polnischer Pianist, Komponist und Politiker; unternahm erfolgreiche Konzertreisen in Europa und Amerika, wo er während des Ersten Weltkrieges für die Wiedererrichtung eines unabhängigen Polen warb.

355 *Oberst Patterson*, Joseph Medill Patterson, Herausgeber der New Yorker *Daily News*. »Oberst« wurde er allgemein wegen seiner militärischen Auszeichnungen im Krieg gegen Mexiko (1916) und im Ersten Weltkrieg genannt.
Zusammen mit seinem Cousin Robert Rutherford McCormick (Herausgeber des *Chicago Tribune*) und seiner Cousine Eleanor Patterson (Herausgeberin des *Washington Times-Herald*) – beide wie er selbst leitende Figuren im »Isolationist-Movement« – bildete er eine Meinungsmacht in der amerikanischen Zeitungslandschaft.
Hamilton Fish (geb. 1888), amerikanischer politischer Führer. Tat sich besonders durch seine Attacken auf die kommunistische Partei hervor sowie auch durch seine Gegnerschaft gegen einen Eintritt Amerikas in den zweiten Weltkrieg.

356 *Edward Frederick Lindley Wood Viscount Halifax* (geb. 1881), ab 1940 britischer Botschafter in den Vereinigten Staaten.

359 *Peter Arno* (1904-1968), amerikanischer Karikaturist, nahm besonders die »feine Gesellschaft« Amerikas aufs Korn.

369 *J. David Stern*, Schriftsteller und Drehbuchautor.
Booth Tarkington (1869-1946), amerikanischer Schriftsteller, zeitweise politisch tätig, schrieb zahlreiche erfolgreiche Romane über die Gesellschaft des Mittelwestens.
Burton Rascoe (1892-1957), Literaturkritiker, Kolumnist und Schriftsteller (schrieb u.a. ein Buch über Theodore Dreiser).
Alexander Woollcott (1887-1943), amerikanischer Essayist und Journalist, startete um 1930 ein populäres Radioprogramm mit dem Titel »The Town Crier«. Später schrieb er die Kolumne »Shouts and Murmurs« für den *New Yorker*.

John Cowper Powys (1872-1963), englischer Schriftsteller, Lyrik, Essays und phantastisch traumhafte Romane.

Theodore Dreiser (1871-1945), amerikanischer Schriftsteller, verfaßte vom Naturalismus geprägte, gesellschaftskritische Romane.

383 *Gypsy Rose Lee*, bekannte amerikanische Varietékünstlerin der dreißiger und vierziger Jahre. Nach ihr wurde das Musical »Gypsy« benannt.

389 *Richard Frhr. von Krafft-Ebing* (1840-1902), Psychiater.

391 *Claude Prosper Jolyot Crébillon* (1707-1777), französischer Schriftsteller, schrieb erotische Romane über die Libertiner der zeitgenössischen Gesellschaft.

Charles Marquis and Earl of Cornwallis (1738-1805), englischer General und Staatsmann, kämpfte im amerikanischen Unabhängigkeitskrieg.

398 *Burton Kendall Wheeler* (1882-1975), amerikanischer Senator, hielt sich während vier Amtsperioden, bis er 1946 eine Niederlage erlitt. In den Jahren vor dem Eintritt der USA in den Zweiten Weltkrieg war er einer der Führer des »Isolationist-Movement«.

Robert Rutherford McCormick, Bertie McCormick (1880-1955), Herausgeber der *Chicago Tribune*. Heftiger Gegner des amerikanischen Eintritts in den Zweiten Weltkrieg.

406 *Christian Dane Haggerty* (geb. 1876), Reporter, im Laufe seines Lebens für die *Chicago Daily News, Associated Press* und den *Chicago Herald Examiner* tätig.

Lou Gehring (geb. 1903), amerikanischer Baseball-Star.

407 *Eugene Debs* (1855-1926), Gewerkschaftler und Sozialist, verbüßte wegen seiner politischen Aktivitäten mehrere Gefängnisstrafen.

Inhalt

Zu dieser Ausgabe

insel taschenbuch 1323
Ben Hecht, 1001 Nachmittage in New York

Titel der Originalausgabe: 1001 Afternoons in New York. By Ben Hecht. With Illustrations by George Grosz. The Viking Press, New York 1941. Published by arrangement with Viking Penguin, a division of Penguin Books USA Inc. Aus dem Amerikanischen von Helga Herborth. Mit einem Vorwort von Helga Herborth und Karl Riha. Deutsche Erstausgabe: Insel Verlag Frankfurt am Main und Leipzig 1992. Die Illustrationen von George Grosz werden mit freundlicher Genehmigung von Peter M. Grosz reproduziert.

Englische und amerikanische Literatur
im insel taschenbuch

Jane Austen: Die Abtei von Northanger. Aus dem Englischen von Margarete Rauchenberger. Mit Illustrationen von Hugh Thomson. it 931
– Anne Elliot. Aus dem Englischen von Margarete Rauchenberger. Mit Illustrationen von Hugh Thomson. it 1062
– Emma. Aus dem Englischen von Charlotte Gräfin von Klinckowstroem. Mit Illustrationen von Hugh Thomson. it 511
– Lady Susan. Ein Roman in Briefen. Die Watsons. Sanditon. Zwei Romanfragmente. Aus dem Englischen von Angelika Beck und Elizabeth Gilbert. it 1192
– Stolz und Vorurteil. Aus dem Englischen von Margarete Rauchenberger. Mit Illustrationen von Hugh Thomson und mit einem Essay von Norbert Kohl. it 787
Harriet Beecher-Stowe: Onkel Toms Hütte. In der Bearbeitung einer alten Übersetzung. Herausgegeben und mit einem Nachwort versehen von Wieland Herzfelde. Mit 27 Holzschnitten von Georg Cruikshank aus der englischen Ausgabe von 1852. it 272
Ambrose Bierce: Aus dem Wörterbuch des Teufels. Auswahl, Übersetzung und Nachwort von Dieter E. Zimmer. it 440
– Mein Lieblingsmord. Erzählungen. Mit einem Nachwort von Edouard Roditi. Aus dem Amerikanischen von Gisela Günther. it 39
– Der Mönch und die Henkerstochter und andere Schauermärchen. Deutsch von Karl Bruno Leder. it 1268
Anne Brontë: Agnes Grey. Aus dem Englischen von Elisabeth von Arx. it 1093
Charlotte Brontë: Jane Eyre. Eine Autobiographie. Aus dem Englischen von Helmut Kossodo. Mit einem Essay und einer Bibliographie herausgegeben von Norbert Kohl. it 813
– Shirley. Aus dem Englischen von Johannes Reiher und Horst Wolf. it 1145
– Über die Liebe. Herausgegeben von Elsemarie Maletzke. Übertragen von Eva Groepler und Hans J. Schütz. it 1249
Emily Brontë: Die Sturmhöhe. Aus dem Englischen von Grete Rambach. it 141
Edward George Bulwer-Lytton: Die letzten Tage von Pompeji. Aus dem Englischen von Friedrich Notter. it 801
Lewis Carroll: Alice hinter den Spiegeln. Mit einundfünfzig Illustrationen von John Tenniel. Übersetzt von Christian Enzensberger. it 97
– Alice im Wunderland. Mit zweiundvierzig Illustrationen von John Tenniel. Übersetzt und mit einem Nachwort von Christian Enzensberger. it 42

153/1/10.90

Englische und amerikanische Literatur im insel taschenbuch

Lewis Carroll: Briefe an kleine Mädchen. Herausgegeben und übersetzt von Klaus Reichert. Erweiterte Ausg. mit dreißig Fotografien des Autors. it 172

– Geschichten mit Knoten. Eine Sammlung mathematischer Rätsel. Herausgegeben und übersetzt von Walter E. Richartz. Mit Illustrationen von Arthur B. Frost. it 302

– Die Jagd nach dem Schnark. Übersetzt und ausgeleitet von Klaus Reichert. Mit Illustrationen von Henry Holiday. it 598

Geoffrey Chaucer: Die Canterbury-Erzählungen. Vollständige Ausgabe. Aus dem Englischen übertragen und herausgegeben von Martin Lehnert. Mit Illustrationen von Edward Burne-Jones. it 1006

Gilbert Keith Chesterton: Alle Pater-Brown-Geschichten. 2 Bände in Kassette. it 1263/1149

– Neue Pater-Brown-Geschichten. Die Ungläubigkeit des Pater Brown. Das Geheimnis des Pater Brown. 19 Detektivgeschichten. it 1263

– Pater-Brown-Geschichten. 24 Detektivgeschichten. Mit einem Nachwort von Norbert Miller. it 1149

James Fenimore Cooper: Der Lederstrumpf. Vollständige Ausgabe in fünf Bänden. In der Bearbeitung der Übersetzung von C. Kolb durch Rudolf Drescher. Mit Illustrationen von O. C. Darley. it 760

– Der letzte Mohikaner. Vollständige Ausgabe. In der Bearbeitung der Übersetzung von C. Kolb durch Rudolf Drescher. Mit Illustrationen von O. C. Darley und einem Nachwort von Peter Härtling. it 1212

Daniel Defoe: Glück und Unglück der berühmten Moll Flanders, die, im Zuchthaus Newgate geboren, nach vollendeter Kindheit noch sechzig wertvolle Jahre durchlebte, zwölf Jahre Dirne war, fünfmal heiratete, darunter ihren Bruder, zwölf Jahre lang stahl, acht Jahre deportierte Verbrecherin in Virginien war, schließlich reich wurde, ehrbar lebte und reuig verstarb. Beschrieben nach ihren eigenen Erinnerungen. Deutsch von Martha Erler. Mit Illustrationen von William Hogarth und einem Essay von Norbert Kohl. it 707

– Robinson Crusoe. Mit Illustrationen von Ludwig Richter. In der Übersetzung von Hannelore Novak. it 41

Charles Dickens: Bleak House. Aus dem Englischen von Richard Zoozmann. Mit Illustrationen von Phiz. it 1110

– David Copperfield. Mit Illustrationen von Phiz. it 468

– Detektivgeschichten. Aus dem Englischen von Franz Franzius. it 821

– Eine Geschichte aus zwei Städten. Mit Illustrationen von Phiz. it 1033

– Große Erwartungen. Aus dem Englischen von Margit Meyer. Mit Illustrationen von F. W. Pailthorpe. it 667

153/2/10.90

Englische und amerikanische Literatur im insel taschenbuch

Charles Dickens: Harte Zeiten. Aus dem Englischen von Paul Heichen. Mit Illustrationen von F. Walker und Maurice Greiffenhagen. it 955
– Das Leben unseres Herrn Jesus Christus. Von Charles Dickens geschrieben für seine Kinder. Mit Zeichnungen von Gunter Böhmer. Aus dem Englischen von Hans Mardersteig. it 1154
– Martin Chuzzlewit. Mit Illustrationen von Phiz. it 1233
– Oliver Twist. Aus dem Englischen von Reinhard Kilbel. Mit einem Nachwort von Rudolf Marx und 24 Illustrationen von George Cruikshank. it 242
– Die Pickwickier. Mit Illustrationen von Robert Seymour, Robert William Buss und Phiz. it 896
– Der Raritätenladen. Aus dem Englischen von Leo Feld. Mit Holzschnitten von George Cattermole, H. K. Browne, George Cruikshank und Daniel Maclise. it 716
– Weihnachtserzählungen. Mit Illustrationen von Leech, Stanfiels, Stone u. a. it 358
Charles A. Eastman: Indianergeschichten aus alter Zeit. Deutsch von Elisabeth Friederichs. Mit einem Nachwort herausgegeben von Dietrich Leube. Illustrationen und Anmerkungen von Frederick Weygold. it 861
Henry Fielding: Mr. Jonathan Wild der Große. Die Geschichte eines Helden. Aus dem Englischen übersetzt von Horst Höckendorf. it 535
– Tom Jones. Die Geschichte eines Findelkindes. 2 Bde. Mit Illustrationen von Gravelot und Moreau le jeune. Herausgegeben und mit einem Nachwort von Norbert Kohl. it 504
Bret Harte: Goldgräbergeschichten. Aus dem Amerikanischen von Wilhelm Lange. Mit zeitgenössischen Fotografien. it 803
Nathaniel Hawthorne: Der Marmorfaun. Aus dem Englischen von Gisela Günther. Mit Zeichnungen von Michael Schroeder. it 1043
Samuel Johnson: Reisen nach den westlichen Inseln bei Schottland. Nach einer anonymen Übertragung aus dem Jahr 1775. Herausgegeben von Volker Wolf und Bernd Zabel. Mit zahlreichen Abb. it 663
James Joyce: Die Katze und der Teufel. Eine Geschichte von James Joyce. Deutsche Übertragung von Fritz Senn. Mit Bildern von Richard Erdoes. Vierfarbendruck. it 2024
Edward Lears kompletter Nonsens. Limericks, Lieder, Balladen und Geschichten. Ins Deutsche geschmuggelt von Hans Magnus Enzensberger. Mit Illustrationen von Edward Lear. it 1119

153/3/10.90

Englische und amerikanische Literatur im insel taschenbuch

Matthew Gregory Lewis: Der Mönch. Aus dem Englischen von Friedrich Polakovics. Mit einem Essay und einer Bibliographie von Norbert Kohl. it 907

Lord Byron. Ein Lesebuch mit Texten, Bildern und Dokumenten. Herausgegeben von Gert Ueding. it 1051

Charles Robert Maturin: Melmoth der Wanderer. Roman. Aus dem Englischen von Friedrich Polakovics. Mit einem Nachwort von Dieter Sturm. it 1279

Herman Melville: Moby Dick. 2 Bde. Übertragen von Alice und Hans Seiffert. Mit einem Nachwort von Rudolf Sühnel. Mit Illustrationen. it 233

Samuel Pepys: Das geheime Tagebuch. Herausgegeben von Anselm Schlösser und übertragen von Jutta Schlösser. Mit Abbildungen. it 637

Edgar Allan Poe: Der entwendete Brief und andere Erzählungen. Ausgewählt von Franz-Heinrich Hackel. Aus dem Amerikanischen von Werner Beyer u. a. Mit Holzschnitten von Fritz Eichenberg. Großdruck. it 2309

– Das Geheimnis der Marie Rogêt und andere Erzählungen. Aus dem Amerikanischen von Werner Beyer, Felix Friedrich und anderen. it 783

– Grube und Pendel. Und andere Erzählungen. Mit einem Nachwort von Franz Rottensteiner und Illustrationen von Harry Clarke. Aus dem Amerikanischen von Günther Steinig. ›Grube und Pendel‹ wurde von Elisabeth Seidel übersetzt. it 362

Walter Scott: Im Auftrag des Königs. Die gefährlichen Abenteuer des Quentin Durward. Mit Illustrationen aus dem neunzehnten Jahrhundert und einem Nachwort von Traude Dienel. it 188

– Ivanhoe. Roman. Deutsch von Leonhard Tafel. Textrevision und Nachwort von Paul Ernst. it 751

Charles Sealsfield: Das Kajütenbuch oder Nationale Charakteristiken. Herausgegeben von Alexander Ritter. it 1163

William Shakespeare: Hamlet. Prinz von Dänemark. Aus dem Englischen von August Wilhelm von Schlegel. Durchgesehen von Levin L. Schücking. Mit Illustrationen von Eugène Delacroix. Herausgegeben und mit einem Essay versehen von Norbert Kohl. it 364

– Richard III. Aus dem Englischen von Thomas Brasch. it 1109

– Was ihr wollt. Aus dem Englischen von Thomas Brasch. it 1205

Mary W. Shelley: Frankenstein oder Der moderne Prometheus. Mit einem Essay von Norbert Kohl. it 1030

153/4/10.90

Englische und amerikanische Literatur
im insel taschenbuch

Muriel Spark: Mary Shelley. Eine Biographie. Deutsch von Angelika Beck. Mit zahlreichen Abbildungen. it 1258

Laurence Sterne: Leben und Meinungen von Tristram Shandy Gentleman. In der Übersetzung von Adolf Friedrich Seubert. Durchgesehen und revidiert von Hans J. Schütz. Mit einem Essay und einer Bibliographie von Norbert Kohl. Illustrationen von George Cruikshank. it 621

– Yoricks Reise des Herzens durch Frankreich und Italien. Aus dem Englischen übersetzt und mit einem Nachwort versehen von Helmut Findeisen. Mit zwölf Holzschnitten nach Tony Johannot. it 277

Robert Louis Stevenson: Entführt oder Die Erinnerungen des David Balfour an seine Abenteuer im Jahre 1751. Mit einem Vorwort von E. Y. Meyer. Aus dem Englischen übersetzt von Michael Walter. Mit den Illustrationen der Erstausgabe. it 321

– Die Schatzinsel. Aus dem Englischen von Karl Lerbs. Mit Illustrationen von Georges Roux. it 65

– Der seltsame Fall von Dr. Jekyll und Mr. Hyde. Deutsch von Grete Rambach. Mit Illustrationen von S. G. Hulme Beaman. it 572

Bram Stoker: Dracula. Aus dem Engl. von Karl Bruno Leder. it 1086

Jonathan Swift: Ausgewählte Werke in drei Bänden. Herausgegeben, eingeleitet und kommentiert von Anselm Schlösser. Mit einem Essay von Martin Walser. it 654

– Ein bescheidener Vorschlag, wie man verhindern kann, daß die Kinder der Armen ihren Eltern oder dem Lande zur Last fallen und andere Satiren. Mit einem Essay von Martin Walser, Die notwendigen Schritte. Übersetzt von Felix Paul Greve. Revision der Übersetzung von Walther Freisburger und Klaus Reichert. it 131

– Gullivers Reisen. Mit Illustrationen von Grandville und einem Vorwort von Hermann Hesse. Aus dem Englischen übersetzt von Franz Kottenkamp. Vervollständigt und bearbeitet von Roland Arnold. it 58

William Makepeace Thackeray: Das Buch der Snobs. Aus dem Englischen von H. Conrad. Mit Illustrationen von W. M. Thackeray. Herausgegeben von Norbert Kohl. it 372

– Jahrmarkt der Eitelkeit. Ein Roman ohne Held. 2 Bde. Mit Illustrationen von Thackeray. Herausgegeben und mit einem Nachwort von Norbert Kohl. Dem deutschen Text wurde eine Übertragung aus dem Nachlaß von H. Röhl zugrunde gelegt. it 485

153/5/10.90

Englische und amerikanische Literatur im insel taschenbuch

Mark Twain: Gesammelte Werke in 10 Bänden. Ausgewählt und zusammengestellt von Norbert Kohl. it 831-840

– Band 1: Durch dick und dünn. Deutsch von Hans J. Schütz. Mit Illustrationen von Klaus Ensikat. it 831

– Band 2: Tom Sawyers Abenteuer. Bearbeitet von Karl Heinz Berger. Mit Illustrationen von True W. Williams. it 832

– Band 3: Tom Sawyer im Ausland. Tom Sawyer als Detektiv. it 833

– Band 4: Bummel durch Europa. Deutsch von Gustav Adolf Himmel. Mit Illustrationen der Erstausgabe von W. Fr. Brown, True W. Williams, B. Day u. a. it 834

– Band 5: Prinz und Bettelknabe. Deutsch von Walter Scherf. Mit Illustrationen der Erstausgabe von Frank T. Merill, John J. Harley und L. S. Ipsen. it 835

– Band 6: Leben auf dem Mississippi. Deutsch von Helene Ritzerfeld. Mit Illustrationen von Klaus Ensikat. it 836

– Band 7: Huckleberry Finns Abenteuer. Deutsch von Barbara Cramer-Nauhaus. Mit Illustrationen von Edward W. Kemble. it 837

– Band 8: Ein Yankee am Hofe des Königs Artus. Deutsch von Maja Ueberle. Mit Illustrat. der Erstausgabe von Daniel C. Beard. it 838

– Band 9: Der berühmte Springfrosch und andere Erzählungen. it 839

– Band 10: Der geheimnisvolle Fremde und andere Erzählungen. Deutsch von Walter Hasenclever u. a. Mit Illustrationen der Erstausgabe von Lucius Hitchcock, W. T. Smedley und N. C. Wyeth. it 840

– Der gestohlene weiße Elefant und andere Erzählungen. Ausgewählt von Franz-Heinrich Hackel und Norbert Kohl. Mit zahlreichen Abbildungen. Großdruck. it 2308

Horace Walpole: Die Burg von Otranto. Aus dem Englischen von Joachim Uhlmann. Mit farb. Illustrationen der Ausgabe von 1796, einem Aufsatz von Walter Scott und einem Essay von Norbert Kohl. it 1087

Oscar Wilde: Gesammelte Werke in zehn Bänden. Herausgegeben von Norbert Kohl.

Band 1: Das Bildnis des Dorian Gray
Band 2: Märchen und Erzählungen
Band 3: Theaterstücke I
Band 4: Theaterstücke II
Band 5: Gedichte
Band 6: Essays I
Band 7: Essays II
Band 8: Briefe I
Band 9: Briefe II
Band 10: Briefe III it 582

153/6/10.90

Französische Literatur
im insel taschenbuch

Honoré de Balzac: Das Chagrinleder. Aus dem Französischen von Hedwig Lachmann. Herausgegeben von Erika Wesemann. it 1278
– Eugénie Grandet. Aus dem Französischen von Gisela Etzel. Herausgegeben von Eberhard Wesemann. it 1127
– Die Frau von dreißig Jahren. Aus dem Französischen übertragen von Werner Blochwitz. it 460
– Glanz und Elend der Kurtisanen. Aus dem Französischen von Felix Paul Greve. it 1232
– Das Mädchen mit den Goldaugen. Aus dem Französischen von Ernst Hardt. Mit einem Vorwort von Hugo von Hofmannsthal. Zehn Illustrationen von Marcus Behmer. it 60
– Tolldreiste Geschichten. Aus dem Französischen von Benno Rüttenauer. Mit Illustrationen von Gustave Doré. it 911
– Vater Goriot. Aus dem Französischen von Franz Hessel. Herausgegeben von Erika Wesemann. it 1167
Charles Baudelaire: Die Blumen des Bösen. Übertragen von Carlo Schmid. it 120
Pierre Augustin Caron de Beaumarchais: Die Figaro-Trilogie. Der Barbier von Sevilla oder Die nutzlose Vorsicht. Der tolle Tag oder Figaros Hochzeit. Die Schuld der Mutter oder Ein zweiter Tartuffe. Deutsch von Gerda Scheffel. Nachwort von Norbert Miller. Mit zeitgenössischen Illustrationen. it 228
William Beckford: Vathek. Aus dem Französischen von Franz Blei. Mit einem Vorwort von Stéphane Mallarmé. it 1172
Hector Berlioz: Groteske Musikantengeschichten. Aus dem Französischen von Elly Ellès. it 859
George Clémenceau: Claude Monet. Betrachtungen und Erinnerungen eines Freundes. Mit farbigen Abbildungen und einem Nachwort von Gottfried Boehm. it 1152
Alphonse Daudet: Briefe aus meiner Mühle. Aus dem Französischen übertragen von Alice Seiffert. it 446
– Montagsgeschichten. Aus dem Französischen von Eva Meyer. it 1251
– Tartarin von Tarascon. Die wunderbaren Abenteuer des Tartarin von Tarascon. Mit 45 Zeichnungen von Emil Preetorius. it 84
Denis Diderot: Erzählungen und Gespräche. Übersetzt von Katharina Scheinfuß. it 554
– Jakob und sein Herr. In der Übersetzung von Mylius. Herausgegeben von Horst Günther. it 772
– Die Nonne. Mit einem Nachwort von Robert Mauzi, die Übersetzung des Nachworts besorgte Margaret Carroux. it 31

152/1/8.91

Französische Literatur im insel taschenbuch

Denis Diderot: Rameaus Neffe. Le Neveu de Rameau. Ein Dialog. Zweisprachige Ausgabe. Übersetzt von Goethe. Mit Zeichnungen von Antoine Watteau. Herausgegeben und mit einem Nachwort versehen von Horst Günther. it 775

– Die Verräter. Herausgegeben von Horst Günther. Aus dem Französischen von Friedrich Ludwig Wilhelm Meyer. Mit zeitgenössischen Illustrationen. it 1379

Alexandre Dumas: Die drei Musketiere. Aus dem Französischen von Herbert Bräuning. it 1131

– Der Graf von Monte Christo. 2 Bde. Bearbeitung einer alten Übersetzung von Meinhard Hasenbein. Mit Illustrationen von Pavel Brom und Dagmar Bromova. it 266

– Die Kameliendame. Aus dem Französischen von Walter Hoyer. Mit Illustrationen von Paul Gavarni. it 546

Marguerite Duras: Der Vize-Konsul. Roman. Deutsch von W. M. Guggenheimer. Großdruck. it 2312

Dominique Fernandez: Süditalienische Reise. Aus dem Französischen von Julia Kirchner. Mit farbigen Fotografien von Martin Thomas. it 1076

Gustave Flaubert: Bouvard und Pécuchet. Aus dem Französischen übersetzt von Georg Goyert. Mit Illustrationen von András Karakas. Mit einem Vorwort von Victor Brombert und einem Nachwort von Uwe Japp. it 373

– Drei Erzählungen. Trois contes. Übersetzt und herausgegeben von Cora van Kleffens und André Stoll. it 571

– Lehrjahre des Gefühls. Geschichte eines jungen Mannes. Übertragen von Paul Wiegler. Mit einem Essay und einer Bibliographie von Erich Köhler. it 276

– Madame Bovary. Revidierte Übersetzung aus dem Französischen von Arthur Schurig. it 167

– November. Aus dem Französischen übersetzt von Ernst Sander. Mit einem Nachwort von Monika Bosse. it 411

– Reise in den Orient. Ägypten. Nubien. Palästina. Syrien. Libanon. Aus dem Französischen von Reinhold Werner und André Stoll. Mit Photographien von Maxime Du Camp, einem Register und einem Nachwort. Herausgegeben von André Stoll. it 619

– Salammbô. Herausgegeben und mit einem Nachwort versehen von Monika Bosse und André Stoll. Aus dem Französischen übersetzt von Georg Brustgi. it 342

152/2/8.91

Französische Literatur
im insel taschenbuch

Gustave Flaubert: Ein schlichtes Herz und andere Erzählungen. Aus dem Französischen von Cora van Kleffens und André Stoll. Großdruck. it 2314

– Wörterbuch der Gemeinplätze. Die Albumblätter der Marquise. Katalog der schicken Ideen. Aus dem Französischen von Monika Petzenhauser. Mit einem Vorwort von J. Rudolfo Wilcock. it 1303

Anatole France: Blaubarts sieben Frauen und andere Erzählungen. Mit Illustrationen von Lutz Siebert. Aus dem Französischen von Irmgard Nickel. it 510

Die geheimen Papiere der Gräfin Dubarry. Mit einem Nachwort von Franz Blei. it 1262

Edmond und Jules de Goncourt: Germinie Lacerteux. Aus dem Französischen von Curt Noch. it 1054

– Tagebücher. Aufzeichnungen aus den Jahren 1851-1870. Nach der ersten Gesamtausgabe der Académie Goncourt ausgewählt, übertragen und herausgegeben von Justus Franz Wittkop. it 692

Victor Hugo: Notre-Dame von Paris. Aus dem Französischen von Else von Schorn. Mit zeitgenössischen Illustrationen. it 298

Choderlos de Laclos: Schlimme Liebschaften. Mit 14 Kupferstichen. Übertragen und eingeleitet von Heinrich Mann. it 12

Madame de Lafayette: Die Prinzessin von Clèves. Roman. Aus dem Französischen von Julia Kirchner. Mit einem Nachwort von Emile Magne. it 768

Briefe der Ninon de Lenclos. Aus dem Französischen von Lothar Schmidt. Mit zehn Radierungen von Karl Walser. it 1173

Alain René Le Sage: Die Geschichte des Gil Blas von Santillana. Aus dem Französischen von Konrad Thorer. Mit Illustrationen von Daniel Chodowiecki. it 949

Pierre Carlet de Marivaux: Die Abenteuer des jungen Brideron. Eine Parodie. Übersetzt und herausgegeben von Gerda Scheffel. it 1035

– Betrachtende Prosa. Aus dem Französischen übertragen und mit einem Nachwort herausgegeben von Gerda Scheffel. it 1049

– Das Spiel von Liebe und Zufall. Und andere Komödien. Aus dem Französischen und mit einem Nachwort von Gerda Scheffel. it 805

Guy de Maupassant: Bel-Ami. Aus dem Französischen von Josef Halperin. Mit zeitgenössischen Illustrationen. it 280

– Die Brüder. Novelle. Deutsch von Ernst Weiß. Mit Illustrationen von Géo Dupuis. it 712

152/3/8.91

Französische Literatur im insel taschenbuch

Guy de Maupassant: Das Haus Tellier. Und andere Erzählungen. Ausgewählt und mit einem Nachwort versehen von Werner Berthel. Mit zeitgenössischen Illustrationen. Aus dem Französischen übersetzt von Helmut Bartuschek und Karl Friese. it 248

– Pariser Abenteuer. Und andere Erzählungen. Ausgewählt von Werner Berthel. Mit zeitgenössischen Illustrationen. Aus dem Französischen von Helmut Bartuschek und Karl Friese. it 106

– Unser einsames Herz. Herausgegeben und mit einem Nachwort versehen von Dolf Oehler. Mit zeitgenössischen Illustrationen. Aus dem Französischen von Josef Halperin. it 357

Louis Sébastien Mercier: Das Jahr 2440. Ein Traum aller Träume. Herausgegeben von Herbert Jaumann. it 1162

Prosper Mérimée: Carmen. Mit Zeichnungen von Pablo Picasso. Aus dem Französischen übersetzt von Franz Schnabel. it 361

Jules Michelet: Die Frauen der Revolution. Herausgegeben und übersetzt von Gisela Etzel. Mit zahlreichen Abbildungen. it 726

Honoré-Gabriel Mirabeau: Der gelüftete Vorhang oder Lauras Erziehung. Aus dem Französischen von Eva Moldenhauer. Nachbemerkung von Norbert Miller. it 32

– Preußische Monarchie und Französische Revolution. Briefe nach Deutschland und Kapitel aus der »Preußischen Monarchie« in der Übersetzung von Jakob Mauvillon. Herausgegeben von Horst Günther. it 1118

Molière: Der eingebildete Kranke. Aus dem Französischen von Johanna Walser und Martin Walser. it 1014

– Der Menschenfeind. Nach dem Französischen des Molière von Hans Magnus Enzensberger. it 401

Michel de Montaigne: Essais. Herausgegeben und mit einem Nachwort versehen von Ralph-Rainer Wuthenow. Revidierte Fassung der Übertragung von Johann Joachim Bode. it 220

– Tagebuch einer Reise durch Italien. Aus dem Französischen von Otto Flake. it 1074

Michel de Montesquieu: Perserbriefe. Aus dem Französischen von Jürgen von Stackelberg. Mit Anmerkungen zum Text und einem Nachwort. it 458

Blaise Pascal: Größe und Elend des Menschen. Aus den »Pensées«. Auswahl, Übersetzung und Nachwort von Wilhelm Weischedel. it 441

– Über die Religion und über einige andere Gegenstände. Aus dem Französischen übertragen und mit einem Nachwort herausgegeben von Ewald Wasmuth. it 1008

152/4/8.91

Französische Literatur im insel taschenbuch

Abbé Prévost: Manon Lescaut. Geschichte des Ritters Des Grieux und der Manon Lescaut. Mit einem Nachwort von Josef Heinzelmann. Illustrationen von Franz von Bayros. Aus dem Französischen von Elisabeth von Hase und Walter Hoyer. it 518

Marcel Proust / Eugène Atget: Ein Bild von Paris. Texte und Photographien. Herausgegeben von Arthur D. Trottenberg. it 669

Marthe Princesse Bibesco: Begegnung mit Marcel Proust. Aus dem Französischen von Eva Rechel-Mertens. it 1349

Renate Wiggershaus: Marcel Proust. Leben und Werk in Texten und Bildern. it 1348

François Rabelais: Gargantua und Pantagruel. Mit Illustrationen von Gustave Doré. Herausgegeben von Horst und Edith Heintze. Erläutert von Horst Heintze und Rolf Müller. 2 Bände. Übersetzung auf Grund der maßgebenden französischen Ausgabe, unter Benutzung der deutschen Fassung von Ferdinand Adolf Gelbcke. it 77

Jean-Jacques Rousseau: Bekenntnisse. Aus dem Französischen von Ernst Hardt. Mit einer Einführung von Werner Krauss. it 823

Marquis de Sade: Justine oder Die Leiden der Tugend. Mit einem Essay von Albert Camus. Aus dem Französischen von Raoul Haller. it 1257

– Schriften aus der Revolutionszeit. Herausgegeben von Georg Rudolf Lindt. it 1117

George Sand: Geschichte meines Lebens. Aus ihrem autobiographischen Werk ausgewählt und mit einer Einleitung versehen von Renate Wiggershaus. it 313

– Indiana. Aus dem Französischen von A. Seubert. Mit einem Essay von Annegret Stopczyk. it 711

– Lélia. Aus dem Französischen von Anna Wheill. Mit einem Essay von Nike Wagner. it 737

– Lucrezia Floriani. Roman. Aus dem Französischen von Anna Wheill. it 858

– Das Teufelsmoor. Aus dem Französischen von Helene und Herbert Kühn. Mit Illustrationen von Tony Johannot. it 943

Eugène Scribe: Die erste Liebe oder Erinnerungen an die Kindheit. Aus dem Französischen von Reinhard Palm. Mit einem Essay von Sören Kierkegaard. it 1396

Misia Sert: Pariser Erinnerungen. Aus dem Französischen von Hedwig Andertann. Mit einem Bildteil. it 1180

Madame de Sévigné: Briefe. Herausgegeben und übersetzt von Theodora von der Mühl. Mit zeitgenössischen Kupferstichen. it 395

152/5/8.91

Französische Literatur im insel taschenbuch

Anne Germaine Madame de Staël: Über Deutschland. Vollständige und neu durchgesehene Fassung der deutschen Erstausgabe von 1814 in der Gemeinschaftsübersetzung von Friedrich Buchholz, Samuel Heinrich Catel und Julius Eduard Hitzig. Herausgegeben und mit einem Nachwort versehen von Monika Bosse. Mit einem Register, Anmerkungen und einer Bilddokumentation. it 623

Stendhal: Die Kartause von Parma. Vollständige Ausgabe. Aus dem Französischen von Arthur Schurig. it 1222

– Lucien Leuwen. Aus dem Französischen übersetzt und mit einem Nachwort versehen von Otto von Tauber. it 758

– Rom, Neapel und Florenz im Jahre 1817. Aus dem Französischen von Katharina Scheinfuß und Bernhard Frank. it 1073

– Rot und Schwarz. Vollständige Ausgabe. Aus dem Französischen von Arthur Schurig. Mit einem Nachwort von Uwe Japp. it 1210

– Über die Liebe. Vollständige Ausgabe. Aus dem Französischen und mit einer Einführung von Walter Hoyer. it 124

Eugène Sue: Die Geheimnisse von Paris. 3 Bde. in Kassette. Aus dem Französischen von Helmut Kossodo. Mit zeitgenössischen Illustrationen. it 1080

Paul Verlaine: Galante Feste. Fêtes Galantes. Zweisprachige Ausgabe. Aus dem Französischen von Hans-J. Weitz. Mit Zeichnungen von Robert Pudlich. it 938

François Villon: Sämtliche Dichtungen. Zweisprachige Ausgabe. Aus dem Französischen von Walther Küchler. it 1039

Voltaire: Candide oder der Optimismus. Mit Zeichnungen von Paul Klee. it 11

– Philosophisches Wörterbuch. Nach der Textauswahl von Rudolf Noack. Herausgegeben und eingeleitet von Karlheinz Stierle. Aus dem Französischen von Erich Salewski und Karlheinz Stierle. it 855

– Sämtliche Romane und Erzählungen. Mit einer Einleitung von Victor Klemperer und Stichen von Moreau le jeune. Aus dem Französischen übersetzt von Ilse Lehmann. it 209

Emile Zola: Germinal. Aus dem Französischen von Armin Schwarz. Mit Illustrationen von Renate Sendler-Peters. it 720

– Nana. Aus dem Französischen und mit einem Nachwort versehen von Erich Marx. Illustrationen von Renate Sendler-Peters. it 398

– Thérèse Raquin. Aus dem Französischen von Ernst Hardt. it 1146

152/6/8.91